VERS UN NOUVEAU DEVELOPPEMENT DES TIERS MONDES ?

* * *

Olivier de Solages

VERS UN NOUVEAU DEVELOPPEMENT DES TIERS MONDES ?

* * *

L'Harmattan
5-7, rue de l'École-Polytechnique
75005 Paris - FRANCE

L'Harmattan Inc
55, rue Saint-Jacques
Montréal (Qc) - CANADA H2Y 1K9

Fidèle à sa volonté de maintenir vivant l'ensemble du catalogue et de continuer à rendre accessible à tous la richesse de son contenu, Les marques du groupe L'Harmattan proposent les ouvrages, même s'ils sont épuisés dans leur premier tirage, et les impriment à la demande.
Au vu de l'ancienneté de ce titre, un exemplaire original a été numérisé pour être réimprimé, ce qui pourrait altérer légèrement la qualité de certains passages.

ISBN : 2-7384-6305-3

Deux volumes précèdent celui-ci chez le même éditeur.

Réussites et déconvenues du développement dans le tiers monde parcourt l'histoire d'un mal-développement, résultat d'une théorie qui ne concevait le développement qu'à l'imitation des pays riches d'Occident, et d'une aide au développement dont l'expérience a montré l'équivoque. Le bilan, s'il comporte d'indéniables réussites économiques, doit aussi faire état du coût social élevé de bien des expériences.

Croissance ou développement des tiers mondes, rédigé avec plusieurs collaborateurs, retrace l'évolution des différents acteurs de développement, des théories et des expériences. À l'égard d'un tiers monde diversifié dont il convient désormais de parler au pluriel, des orientations différentes ont été suggérées. Soucieux de leurs intérêts propres, les pays développés ont opposé une résistance tenace à toute transformation significative des rapports Nord-Sud. Quant aux dirigeants des pays en développement, ils se sont généralement montrés plus soucieux de croissance économique et quantitative que d'évolution équilibrée des hommes et des sociétés.

Cependant, soutenus par des organisations de solidarité internationale et par les experts non conformes des pays développés, en rupture avec la théorie dominante, bien des gens, bien des groupements ouvrent la voie d'un développement différent.

Ces efforts communs *vers un nouveau développement des tiers mondes,* ces réalisations, les difficultés nouvelles résultant de la mondialisation des économies dans le contexte d'une dérégulation généralisée, et les perspectives offertes font l'objet de ce volume de conclusion.

Mes remerciements vont à quelques spécialistes qui ont participé à la réalisation du deuxième volume et qui ont accepté de prendre connaissance, en partie ou en totalité, de cette conclusion et de me communiquer remarques et critiques, ou même d'en rédiger certains paragraphes complétant leur apport antérieur : Jacques Berthelot, Anne-Sophie Boisgallais, Patricia Buirette, Pierre-Marie Martin, Roselyne du Parc Locmaria.

INTRODUCTION

Trois décennies du développement se sont succédé, ouvertes, la première dans l'enthousiasme, la deuxième avec résolution, la troisième dans la désillusion. En 1990, l'ouverture de la quatrième décennie n'éveille aucun écho dans les médias, ni dans l'opinion publique, tellement l'attention générale est tournée vers la guerre du Golfe. Couverte par le bruit que font les suites de l'effondrement tout récent du bloc soviétique et les événements du Moyen-Orient, la Déclaration des Nations unies annonce pourtant un changement notable d'orientation. Au bout de quinze ans de tergiversations, les Nations unies abandonnent toute velléité de donner suite au Nouvel ordre économique international réclamé par les dirigeants du tiers monde depuis 1974. Moyennant quelques mesures en faveur des pays en voie de développement, l'économie mondiale va se conformer aux lois du marché. Et l'on invoque les grands objectifs habituels que le choix libéral est censé atteindre : allégement de la dette, auto-suffisance alimentaire, élimination de la pauvreté et de la faim... Le rituel a été accompli. Comme le conclut un spécialiste du droit du développement, "les problèmes débattus ne sont évidemment pas ceux du développement commercial du Tiers Monde, mais ceux qui préoccupent les grands de l'économie"(1).

Dans les pays développés, l'opinion publique est d'ailleurs déconcertée devant une réalité qu'elle ne reconnaît plus. "Faut-il encore aider le tiers monde ?", se demande-t-on souvent(2). Car certains pays en développement apparaissent maintenant comme de dangereux concurrents dont il faudrait plutôt se protéger ; d'autres, au contraire, semblent ne pas pouvoir progresser malgré l'aide que l'on croit — sur la foi du discours officiel — leur avoir si longuement fournie. Quelle coopération imaginer encore avec eux ?

Des théories diverses ont été proposées et expérimentées, dont la justesse s'est révélée partielle et temporaire. Quelles que soient les statistiques et les analyses complexes sur lesquelles ils peuvent s'appuyer lorsqu'ils s'essaient à la prospective, les experts sont donc devenus prudents. Ils savent désormais que les évolutions ne se produisent pas selon les schémas et les plans, qu'elles libèrent des phénomènes imprévus et que le devenir social échappe le plus souvent à la rationalité à laquelle ils auraient aimé le voir se conformer(3).

Aussi, lorsqu'on les interroge, les hommes et les femmes réellement familiers d'une région des tiers mondes répondent avec beaucoup de retenue et de prudence : nous savons à peu près ce qu'il ne faut pas faire ; quant à dire ce qu'il faudrait faire... Ils conviennent cependant que les trois décennies écoulées ont laissé quelques leçons et que leur propre expérience les autorise tout de même à donner certaines indications : celles précisément qu'ont négligées les officiels du Nord comme ceux du Sud, celles que la plupart d'entre eux ont tenacement refusées. Formulés par les acteurs non officiels de développement et les experts non conformes — car il semble utile, en ce domaine, d'être non conforme pour penser justement — plus ou moins soutenus ensuite par des fractions, minoritaires mais grandissantes, de l'opinion publique, certains thèmes se sont finalement imposés au point que les pouvoirs publics n'ont pu se dispenser de les reprendre à leur compte, tout en les contredisant souvent dans les faits. On s'étonne, écrivait un familier de l'Afrique, Guy Belloncle, au milieu des années quatre-vingt, "on ne peut que s'étonner de voir qu'il ait fallu si longtemps pour découvrir un certain nombre d'idées apparaissant aujourd'hui comme autant d'évidences"(4).

Qu'ils soient ou non mentionnés explicitement, quelques textes récents sont sous-jacents aux pages qui suivent. C'est d'abord le rapport demandé en 1988 à l'ambassadeur Stéphane Hessel par Michel Rocard et présenté au Premier ministre en 1990 sous le titre *Les relations de la France avec les pays en développement*. Connu sous le nom de "Rapport Hessel", du nom de son principal rédacteur, il n'eut pas l'heur de plaire au gouvernement d'alors et ne put être imprimé. C'est ensuite les actes d'un colloque : *Coopérer autrement*, organisé à Montpellier en janvier 1992, sous le patronage de deux membres du gouvernement dont Edwige Avice, ministre de la

Coopération et du développement.

Le même ministre avait déjà constitué un groupe de travail animé par Serge Michailof, directeur de l'agence régionale de la Caisse française de développement à Dakar. C'est ainsi qu'une trentaine de personnalités aux engagements divers se sont efforcées de formuler un avis indépendant sur la situation de l'Afrique et sur l'efficacité de la Coopération française. Pour éviter que ces "interpellations dérangeantes" ne soient enfouies prématurément dans l'oubli par les soins de ceux qu'elles dérangeraient effectivement, l'ouvrage collectif résultant de ce travail, *La France et l'Afrique. Vade-mecum pour un nouveau voyage*, a été publié chez un éditeur jugé libre de toute dépendance gouvernementale [(5)].

On connaît donc maintenant quelques orientations nécessaires. On les connaît d'autant mieux que mille réalisations vivantes, à travers le monde, en montrent le bien-fondé. Ces orientations ne peuvent être suivies partout, mais peuvent l'être du moins dans certains pays et sous certaines conditions. Elles n'assureront peut-être pas, à elles seules, le développement, mais il est trompeur de parler de développement et vain de poursuivre une coopération si l'on n'en tient pas compte. Elles sont susceptibles tout au moins d'améliorer la situation des populations pauvres des pays en voie de développement. Ces thèmes d'avenir ont progressivement été mis en relation les uns avec les autres, éclairés les uns par les autres. Sans constituer un système, ils ne se présentent pas non plus comme un catalogue de mesures disjointes. D'un domaine de réflexion à l'autre, d'un champ d'activité à l'autre, ils s'articulent et forment un ensemble cohérent [(6)]. Comme l'a souligné le rapport *Nord-Sud* de la Commission Brandt, certains aspects relèvent en priorité de la politique intérieure des pays concernés des tiers mondes ; d'autres dépendent des rapports internationaux et relèvent donc également, et en priorité, de la responsabilité des pays économiquement développés. La mise en œuvre de cet ensemble cohérent de mesures dépend donc des responsabilités associées du Nord et du Sud [(7)].

Pour chaque point traité, nous commencerons par la présentation des domaines qui dépendent plus directement de l'action des dirigeants du tiers monde, pour aborder ensuite ceux qui supposent une réforme des relations internationales et donc un engagement beaucoup plus déterminé des pays développés.

Les orientations proposées seront regroupées sous trois titres généraux :

1 – Une nouvelle démarche politique

2 – De nouveaux rapports économiques

3 – Un nouvel ordre culturel

NOTES

(1) M. Flory, "La quatrième décennie pour le développement. La fin du Nouvel ordre économique international ?", *Annuaire français de droit international*, t. XXXVI, 1990, p. 606-613.

(2) H. Le Masson, *Faut-il encore aider les pays en développement ?*, éd. du Félin, 1992.

(3) J. Lesourne, "Y a-t-il crise de la science économique ?", *Études*, mars 1984, p. 329-344. A. Lipietz, *Mirages et miracles. Problèmes de l'industrialisation dans le tiers monde*, La Découverte, 1985. Introduction et chapitre 1er, "Question de méthode".

(4) G. Belloncle, dans *Recherche, vulgarisation et développement rural en Afrique noire*, Ministère de la Coopération, 1987. Introduction, p. 30.

(5) *Les relations de la France avec les pays en développement*, Rapport à M. le Premier ministre, 1990 (Rapport Hessel).

Coopérer autrement, Actes du colloque coordonné par la Maison des tiers mondes et le CNEARC, Montpellier, 1992.

La France et l'Afrique. Vade-mecum pour un nouveau voyage, sous la dir. de S. Michailof, Karthala, 1993.

(6) Voir la formulation d'un tel projet exposé au sommet social de Copenhague (mars 1995) par le jésuite Xavier Gorostiaga, recteur de l'université centre-américaine de Managua. Extraits parus sous le titre "La globalisation par le bas", *Cultures et développement. Quid pro quo*, n° 24, 4 / 1996, p. 33-36.

(7) "Un double effort doit être conduit simultanément : un effort vers plus de justice économique et sociale sur le plan international ; un effort en vue des mêmes objectifs à l'intérieur des pays du tiers monde, et celui-là revient en premier lieu aux intéressés". Commission Willy Brandt, *Nord-Sud : un programme de survie*, Gallimard, 1980. Chapitre 8, "La tâche du Sud", p. 221-246.

1 – UNE NOUVELLE DÉMARCHE POLITIQUE

Après avoir rappelé les difficultés de la démocratisation et le problème particulier que pose le remboursement de la dette publique par les gouvernements nouveaux, nous aborderons deux aspects de la vie sociale dont l'expérience a montré qu'ils sont aujourd'hui, dans la plupart des pays du tiers monde, une urgence et une priorité : les besoins essentiels et les droits humains. Dans chacun de ces domaines, où le développement du tiers monde est en jeu, pays en voie de développement et pays développés doivent agir en complémentarité.

L'établissement d'un régime démocratique

Écarter du pouvoir les chefs de bande et les criminels, les corrompus et les truands n'est qu'un premier pas en direction de la démocratie. Renoncer aux règlements de comptes inter-ethniques, établir, si l'on veut, le multipartisme et un système parlementaire ne suffisent pas non plus pour que l'on puisse qualifier un régime de démocratique. Il faut encore que les dirigeants de tous niveaux — et, plus que les autres, ceux du sommet — découvrent le bien commun, c'est-à-dire les profondes nécessités collectives du moment dans leur dimension nationale, et se consacrent à y répondre.

— Un esprit démocratique

Le titulaire du pouvoir, en Afrique en particulier, devra renoncer à utiliser les ressources de l'État comme un bien patrimonial, à traiter les affaires publiques comme s'il s'agissait d'affaires personnelles et à puiser dans le Trésor public comme dans son propre compte en banque. L'État démocratique établit une distinction entre le domaine public et le domaine privé ; des mécanismes institutionnels doivent être prévus pour éviter l'autoritarisme et l'arbitraire découlant de cette confusion. Quelle qu'en soit la difficulté, éliminer les pratiques patrimoniales devenues habituelles est une "condition de survie"[1].

Gérer le corps social dans la perspective du bien commun suppose que les dirigeants s'efforcent d'en écouter les voix multiples, de façon que chaque groupe et chaque personne trouvent leur place, jouent leur rôle et voient leur dignité reconnue. Car la démocratie est aussi une certaine conception de la société et des rapports sociaux ; elle ne peut vivre sans un souci de concerter les efforts pour que des composantes sociales qui restent diverses trouvent les voies de l'unité.

Dans tous les domaines doivent donc s'articuler valeurs, normes et pratiques ; dans tous les domaines, des institutions appropriées doivent exprimer ces valeurs, déterminer ces normes, assurer la continuité de ces pratiques. On est loin du compte. Il est admis que la démocratie puisse prendre des formes diverses, car on s'interroge sur la validité du modèle occidental pour des sociétés différentes par tant de traits[2]. Il est normal que son établissement demande du temps et des étapes, et que la transition puisse connaître des moments difficiles. Les pays en voie de démocratisation souffrent, en effet, de plusieurs handicaps. Les dictatures les ont généralement privés des moyens nécessaires d'information et des débats publics qui auraient permis la maturation des opinions ; elles ont contraint à l'exil ou assassiné quelques-unes des personnalités les plus capables d'exercer une responsabilité ; le tissu social a été partiellement détruit par la répression ; l'économie est souvent ruinée, le pays parfois endetté au-delà de toute possibilité de relèvement. En conséquence, l'affaiblissement de l'État permet aux clivages ethniques, politiques et religieux de se manifester jusqu'à la rupture ; les rivalités s'affrontent pour le pouvoir, des occasions nouvelles s'offrent aux ambitions personnelles, à la corruption, à l'enrichissement illicite — et l'on réalise même que le passage à la démocratie est réversible[3]. Inaugurant un colloque consacré à la modernisation du secteur de la fonction publique dans les pays africains, le président Soglo, du Bénin, constatait que les administrations avaient été "gangrenées par la paresse et par la corruption" ; il souhaitait une refonte complète des textes qui en définissaient le statut et le fonctionnement. À ce colloque, mené par les ministres et les experts africains, participèrent le ministre français de la Coopération avec quelques hauts fonctionnaires, et les bailleurs de fonds. Rapports et discussions portèrent sur deux problèmes : la maîtrise des coûts et l'amélioration de l'efficacité de la fonction publique. Parviendrait-on à faire d'une administration rénovée un facteur de dynamisme et de développement ? Pour contribuer à l'opération, le président Soglo avait suggéré qu'une partie au moins des quatre milliards de dollars consacrés chaque année à l'importation en Afrique de l'assistance technique soit employée à enrayer la fuite des cerveaux en offrant à ses fils les mieux formés des salaires décents, suffisamment attractifs pour les retenir chez eux"[(4)].

Recomposer les appareils d'État se présente presque partout comme une tâche immense et indispensable. Remettre (ou mettre ?) les fonctionnaires, soucieux de leur propre intérêt, au service du public ; remettre au service de la nation une armée qui a fait siens les errements et les ambitions du dictateur ; rendre au pouvoir judiciaire, parfois domestiqué mais plus souvent entravé dans son exercice par le pouvoir politique, la liberté de veiller aux libertés[(5)] ; remettre au service du droit et de la liberté une police souvent dévoyée ; faire retrouver à un système pénitentiaire déshumanisant le sens de la dignité de l'homme[(6)] ; transformer en organes vivants des bureaucraties improductives et irresponsables : cela constitue un programme que l'on voit se poursuivre bien au-delà de l'horizon. Et il faut encore créer les institutions politiques en correspondance avec la demande démocratique, assouplir les structures sociales et moraliser la vie publique : la corruption, chez nous, "est de l'ordre du crime", a écrit un Africain, "puisque ce sont des hôpitaux, des écoles, des entreprises qui ne sont pas construits ou le sont si mal qu'ils sont inutilisables"[(7)].

Les pouvoirs rénovateurs ne peuvent guère compter sur les milieux politiques, le plus souvent compromis, dévalorisés, attachés à leurs archaïsmes et aux avantages acquis. Mais ils peuvent s'appuyer sur bien des groupes vivants : des associations, dont l'existence même est le signe de la liberté renaissante et dont les activités expriment généralement la revendication d'une vie politique et d'un système social plus démocratiques[(8)] ; des syndicats, que leurs problèmes internes, analysés pour l'Afrique par une sociologue béninoise, Dominique Aguessy, et les obstacles souvent mis à leur fonctionnement n'empêchent pas de contribuer à une humanisation de la vie économique et à un débat politique plus soucieux des droits humains[9] ; des ONG originaires du pays, des communautés chrétiennes de base partout présentes et partout actives. Toutes les composantes de la société civile doivent être appelées à collaborer pour *Réinventer la démocratie*[10]. Mais il faut aussi des appuis extérieurs.

— Le soutien de la communauté internationale

Avec toutes les précautions qu'impose un processus peu maîtrisable, qui relève essentiellement des populations concernées et de leurs dirigeants[11], les pays développés pourraient offrir à la démocratie un appui plus clair et plus déterminé ; ils pourraient rendre moins chaotique la marche vers une forme de gouvernement acceptable dans laquelle les gouvernés puissent se reconnaître. La ligne politique définie officiellement : celle d'une faveur marquée aux démocraties naissantes, gagnerait à être poursuivie avec une fermeté perceptible. Les puissances occidentales éviteraient ainsi des comportements équivoques et parfois ridicules : au Togo, en dépit du courage personnel de l'ambassadeur de France[12], au Tchad[13], au Rwanda[14], mais aussi à Madagascar, au Zaïre, au Cameroun... la France officielle s'est montrée finalement fort tiède à l'égard des aspirations libérales. On l'a vue s'accommoder sans peine du maintien ou du rétablissement des dictatures[15]. Et elle ne saurait arguer du principe de non-ingérence quand elle continue à fournir armes et instructeurs militaires au dictateur. Cependant l'opinion publique apprécierait que l'aide soit accordée en priorité aux pays qui s'engagent à instaurer chez eux la démocratie, à respecter les droits de l'homme et à lutter contre les injustices sociales[16]. Un appui efficace devrait donc être apporté, si la demande en est faite — mais l'offre officieuse peut précéder la demande — à la mise en place des institutions appropriées.

La Communauté européenne semble avoir plus clairement apprécié l'enjeu. Son budget de 1993 a prévu de dégager une somme relativement importante pour contribuer de différentes façons au renforcement de l'État de droit : financement d'un pouvoir judiciaire indépendant, appui fourni à la presse et aux moyens d'information libre, soutien apporté aux ONG locales représentant la société civile[17].

L'appui étranger requiert moins l'envoi d'experts ou de juristes car il n'en manque pas dans le tiers monde — et peut-être les institutions trouveront-elles plus facilement avec eux un enracinement coutumier[18] — que la faveur politique, diplomatique et financière clairement marquée aux gouvernements qui s'engagent dans cette voie. Nous devons cela aux populations : le soutien du Nord aux dictatures des tiers mondes a été si prolongé, en contradiction avec les idéaux républicains proclamés, que nous devrions maintenant enfin manifester notre soutien à des régimes qui seraient un peu mieux en correspondance avec ces idéaux s'ils sont efficacement soutenus. Peut-être alors les populations seraient-elles enfin libres de faire vivre les relations nouvelles, les associations nouvelles, les réseaux originaux dans lesquels pourraient s'enraciner les démocraties africaines, latino-américaines et asiatiques. La coopération étrangère — et précisément celle de la France, comme le souhaite le rapport Hessel — peut favoriser l'engagement plus libre des acteurs de la société civile. Le développement dépend de leur engagement dans la vie démocratique. Un rapport parlementaire suggère de conditionner l'aide publique française aux progrès réalisés dans le fonctionnement des États, selon des "critères de performance" institutionnels, parmi lesquels l'amélioration du processus de la justice et la lutte contre la fraude[19].

Un régime démocratique, il faut le reconnaître, n'est pas une garantie de réussite. Certaines démocraties n'ont obtenu que de médiocres résultats économiques. Au contraire, certains régimes autoritaires, surtout en Asie : Corée, Taiwan, Indonésie, Malaisie et Chine, ont su créer les conditions d'une croissance économique, favoriser certaines initiatives privées tout en réalisant les investissements publics d'accompagnement et de rentabilisation de ces initiatives. De plus, sans être démocratiques, ils ont eu la préoccupation de limiter les inégalités sociales et d'élever le niveau de vie, si bien que la démocratisation des institutions a fini par s'imposer, même si l'on en reste encore loin des standards européens de la liberté. En revanche, la stagnation économique de l'Afrique est probablement imputable, surtout à l'heure actuelle, à l'absence d'États forts, d'États de droit qui se donneraient les moyens de réprimer la corruption et d'assurer avec quelque vigueur le respect de règles du jeu économique claires et incitatives pour les entreprises. "L'État mou" ne réussit ni la croissance, ni la démocratisation[20].

Cependant, sur le long terme, pourrait-on parler de développement si la croissance n'est pas accompagnée de l'exercice des droits, pour les individus et les collectivités ? Pour un occidental, de nos jours, un gouvernement démocratique respectant les droits humains est considéré comme un besoin essentiel ; même s'il reste susceptible de déviations propres à le dénaturer, un régime politique reconnaissant à l'homme une responsabilité sur le devenir collectif et lui permettant effectivement l'exercice de ce droit, lui paraît préférable à celui qui ne le reconnaît pas. Et pour tous ceux qui ont, un moment de leur vie, goûté ou perçu cette liberté, l'espoir demeure que leur pays, un jour, la découvre (21).

Il arrive que des propos très officiels soient tenus, qui témoignent d'une certaine intelligence des situations nouvelles et pourraient même faire croire à un engagement. C'est ainsi que les chefs d'État africains réunis au Nigeria et les latino-américains au Mexique, en 1991, ont envisagé des modes de gouvernement plus représentatifs, qui associeraient la population à la gestion du pays : "En tant que dirigeants, ont dit les Africains, nous devons répondre aux demandes de ceux que nous représentons. Aucune force (...) ne peut indéfiniment empêcher les populations de décider, comme elles en ont le droit, de la façon dont elles veulent être gouvernées" (22). Mais il y a loin d'une déclaration à un engagement.

Le traitement de la dette

Les difficultés dues au remboursement de la dette sont souvent invoquées comme excuse au retard mis à la démocratisation : comment démocratiser un régime quand les contraintes du remboursement obligent les gouvernements à prendre des mesures impopulaires et donc à réprimer l'agitation ? Bien que cette argumentation soit trop facilement utilisée par des gouvernements dépourvus de tout scrupule pour justifier leurs politiques autoritaires et antisociales, le problème ne peut être écarté.

La grande peur du début des années quatre-vingt s'est dissipée. Les États du tiers monde restent, pour la plupart, incapables de rembourser leurs emprunts, mais les prêteurs ont pris leurs dispositions ; diverses mesures que nous avons vues ont éloigné la catastrophe et garantissent l'avenir : rééchelonnements, conversions, fonds de désendettement et facilités d'ajustement structurel ont rempli leur office. La dette latino-américaine, principalement d'origine commerciale, a fait trembler les banques, et la dette africaine a désespéré les organismes internationaux et les bailleurs de fonds. Mais les créanciers, publics ou privés, se sont mis à l'abri pour ne pas avoir à assumer leur responsabilité dans cette crise. Aujourd'hui, bien que la dette des pays en développement ait dépassé, depuis 1995, les 10 000 milliards de francs, le système bancaire mondial ne risque pas de s'effondrer(23).

— Les responsabilités

Cependant, les politiques de traitement de la dette adoptées jusqu'ici ont dissimulé la perversité du système de relations Nord-Sud : rien n'empêche une partie du tiers monde de continuer à s'endetter. Et une question demeure : le tiers monde doit-il rembourser sa dette ?

L'analyse des rapports commerciaux Nord-Sud pendant trois décennies, mais aussi l'examen critique des conditions de l'aide, du financement des projets et des garanties assurées aux investisseurs mettent en évidence la part de responsabilité des pays riches — dirigeants politiques et financiers ou chefs d'entreprise — dans l'endettement des pays du tiers monde. On ne voit donc pas pourquoi le contribuable du Nord aurait à payer les imprudences de certains dirigeants de son hémisphère — même si, finalement, c'est bien lui qui paiera lorsque, pour en finir avec la fiction, les dettes impayées seront inscrites au budget des pays créanciers(24).

Le gaspillage de l'aide et les détournements de fonds par les dirigeants du Sud constituent un autre problème. La dette soustrait une fraction importante des ressources, elle éloigne les investisseurs. Enfin elle empêche l'instauration paisible de la démocratie. Lorsqu'un président issu du suffrage universel remplace un dictateur corrompu, tout en remboursant l'argent que son prédécesseur a souvent détourné à son profit personnel, la population ne comprend pas pourquoi les ponctions continuent malgré la démocratie. On ne voit pas non plus pourquoi les populations du Sud qui, dans leur ensemble, n'ont jamais vu arriver jusqu'à elles — pour la satisfaction élémentaire de leurs besoins essentiels — les sommes empruntées, seraient tenues de les rembourser.

Mais il apparaît très clairement que le voleur doit restituer. Or les voleurs sont connus depuis très longtemps, tout au moins les principaux d'entre eux ; le monde politique et financier international est depuis longtemps fixé à ce sujet. Parmi bien d'autres fraudeurs, beaucoup de chefs d'État sont connus pour avoir personnellement organisé les détournements de fonds à leur profit.

Ne rappelons qu'un exemple, celui du président Mobutu. Au début des années quatre-vingt, le rapport du banquier allemand placé par le FMI à la tête de la Banque nationale du Zaïre avait révélé l'ampleur des détournements opérés par le président [25]. Il ne semble pas que celui-ci ait été, par la suite, gêné le moins du monde dans sa lucrative activité. Politiques et financiers ont-ils sérieusement songé à l'entraver de quelque manière : par le gel de ses avoirs à l'étranger, par exemple ? Interrogé a ce sujet, l'un des diplomates qui ont en charge le dossier du Zaïre a répondu en 1992 : "Nous n'en avons jamais discuté" [26]. Il est vrai que l'entreprise n'est pas simple : les enquêteurs pressentent la complexité des montages financiers imaginés par les conseillers du président. La récupération de cinq milliards de dollars — dont le Zaïre est, en principe, tenu de rembourser capital et intérêt — justifierait cependant d'y occuper quelques équipes de fins limiers. Pourquoi la mansuétude refusée au petit délinquant a-t-elle été accordée, quinze ans durant et malgré des répercussions désastreuses sur 35 millions de Zaïrois, au truand de haut vol ?

La Suisse a fini par comprendre qu'elle ne pourrait bien longtemps rester "au-dessus de tout soupçon" en continuant à couvrir du secret bancaire les fonds publics détournés par les dictateurs. Elle a reçu les plaintes formulées par les pays spoliés ; des procédures ont été engagées : par les Philippines à l'encontre du couple Marcos, par la Roumanie au sujet du couple Ceaucescu, par le Panama au sujet du général Noriega, par le Mali pour récupérer l'argent caché du président Traoré. Des enquêtes sont en cours [27]. Au début de 1997, le président Mobutu ne semble pas avoir à s'inquiéter : sa tirelire — probablement l'une des mieux garnies — reste en sécurité.

C'est qu'une deuxième raison garantit l'impunité des fraudeurs du Sud. En clarifiant les processus et le montant des détournements, les équipes de fins limiers risqueraient, si une main vigilante ne les rattrape au col, de mettre au jour des filières de financement de campagnes électorales au Nord, et des liens inavouables entre fraudeurs du Sud et fraudeurs du Nord. Aucun pays occidental n'est pressé d'affronter le tremblement de terre qui atteindrait alors les milieux politiques de tous bords, mais aussi ceux de la finance et de l'entreprise [28].

Ce n'est pourtant qu'une fois la restitution exigée, et mis en œuvre les moyens appropriés, que l'on pourrait se poser la question du remboursement ou de l'annulation de la dette dont le montant dépasse parfois de beaucoup celui des détournements gouvernementaux. Ainsi raisonne volontiers le non spécialiste un peu informé de ces problèmes. Mais il saisit bien que la responsabilité de la communauté internationale est beaucoup plus large et que le souci des droits de l'homme doit s'étendre aux pratiques des institutions financières. Un consultant, à Caritas Suisse, l'a exprimé avec clarté : "Lorsque le droit élémentaire à la vie et au développement de millions d'hommes est en jeu, les acteurs financiers, économiques et politiques ont le devoir de veiller à la moralité de leurs investissements, c'est-à-dire de s'assurer que la destination prioritaire de ceux-ci est l'amélioration des conditions d'existence des populations, les pauvres devant être les premiers bénéficiaires." En reconnaissant que ses propositions sont une hypothèse de travail, une orientation dont la mise en pratique supposerait des études supplémentaires, notre auteur conclut que "toute mesure répressive ayant pour but de contraindre (les pauvres) à se sacrifier pour le paiement d'une dette qui n'a jamais été leur affaire et dont ils n'ont pas profité, devrait donc être considérée comme une atteinte grave aux droits de l'homme"[29].

— La légitimité du remboursement

Or des juristes s'interrogent. Ils savent que la logique du système permet d'exiger le remboursement : un État a emprunté, il doit rembourser. Mais ne manquerait-on pas à la justice tout en respectant la légalité ? Ne faut-il pas tenir compte, en aval d'une telle décision, des risques d'asphyxie pour une économie fragile et des inévitables conséquences sociales ? En amont, la question est plus fondamentale : ces juristes font valoir que les Nations unies ont introduit des valeurs dans le droit international élaboré depuis 1945. La Charte des Nations unies, puis les déclarations et les Pactes internationaux font état de droits de l'homme et de droit du développement ; ils utilisent les termes de communauté, d'humanité, de patrimoine commun — toutes notions qui font référence à une "transcendance morale". Le droit est au service d'une éthique.

C'est donc au regard du droit international que certains juristes mettent en doute la légitimité de la dette du tiers monde à l'égard des pays développés. Cette légitimité ne peut être défendue seulement à partir d'un dispositif légal ; elle ne peut être appréciée qu'en fonction d'une éthique : celle que les Nations unies ont voulu mettre à la base de leur action et reconnaître comme sa finalité ; celle qu'elles se sont efforcées de faire accepter universellement. Il nous importe peu ici que certaines de ces valeurs aient été contestées comme occidentales par les représentants d'autres cultures, puisque c'est précisément aux prêteurs occidentaux qu'est posée la question de la légitimité de la dette[30].

À côté de l'annulation pure et simple de la dette, il y a place pour des formules d'annulation partielle et conditionnelle. C'est ainsi qu'à Libreville, en octobre 1992, la France a signé un accord concernant quatre pays africains : le Cameroun, le Congo, la Côte d'Ivoire et le Gabon. Un fonds de conversion de créances pour le développement a été créé, qui lie l'annulation de la dette à la mise en œuvre de projets de développement. L'annulation n'est donc accordée qu'en contre-partie d'une réalisation. Quand aux pays les plus pauvres, les pays riches ont décidé, à l'automne 1996, d'en réduire la dette, moyennant quelques engagements de bonne gestion [31].

Ainsi peut-on chercher des solutions diverses, en fonction des situations, des responsabilités et des ressources des pays concernés, de façon que ne soient mis en péril ni les budgets des États, ni l'équilibre des banques, ni la crédibilité des pays en voie de développement. Le changement de l'état des esprits dans ce domaine relève sans doute de l'utopie, mais il n'en constitue pas moins l'une des priorités pour l'assainissement des rapports Nord-Sud. Tandis que, dans les sociétés du Sud, moyennant l'existence d'une volonté politique droite, la satisfaction des besoins essentiels et le respect des droits humains pourraient en être facilités.

Les besoins essentiels

— Des besoins non satisfaits

Nous ne reviendrons pas ici sur la critique faite à la notion de besoin essentiel, ni sur sa justification [32]. Ces besoins sont d'autant moins en voie de satisfaction que les dictatures ont, un peu partout, laissé en sombrant des situations économiques désastreuses [33]. Les politiques adoptées depuis ont eu pour but le redressement économique, mais non les besoins sociaux. L'intégration au libre-échange mondial et la privatisation des entreprises, ainsi que les mesures d'ajustement structurel imposées par le FMI, ont eu les conséquences connues : augmentation du chômage, inégalité accrue dans la distribution du revenu national, migration rurale et croissance des bidonvilles. Pour des centaines de millions d'êtres humains qui sont mal payés ou chassés de leur terre, qui n'ont ni emploi stable, ni logement décent, qui se nourrissent mal, ne peuvent guère se soigner et restent analphabètes, pour les millions d'enfants qui meurent chaque année du manque de soins et de malnutrition, les conditions de vie se sont dégradées, les besoins essentiels sont de moins en moins couverts.

Rappelons brièvement quelques données. Dans le domaine de l'enseignement, l'UNESCO a estimé en 1990, année mondiale de l'alphabétisation, qu'un milliard d'adultes étaient analphabètes. Cette évaluation paraît d'ailleurs nettement inférieure à la réalité. Pour certains experts, il se pourrait que plus du quart de la population mondiale soit pratiquement exclu du monde de l'écrit. "Autant dire exclu tout court, dit Claude Dalbéra, dans un univers économique, politique, social et culturel totalement dominé par la communication écrite"[(34)]. Les exclus des systèmes de santé se comptent en aussi grand nombre. Selon le rapport publié par l'OMS en 1995, un habitant de la planète sur cinq vit dans un tel dénuement que les progrès acquis sont mis en question : pour la moitié de la population mondiale, les médicaments jugés essentiels sont inaccessibles, et près du tiers des enfants du monde sont sous-alimentés. Le rapport 1996 de l'UNICEF précise les données concernant les femmes et les enfants dont les conditions d'existence sont étroitement dépendantes les unes des autres. 600 000 femmes meurent chaque année de causes liées à la grossesse et à l'accouchement, laissant quelques millions d'orphelins supplémentaires ; des millions d'autres femmes survivent avec des lésions permanentes ou des infirmités chroniques graves[(35)].

— Une distribution plus équitable du revenu national

La question des besoins essentiels est donc à replacer au premier plan. Il faut redire que, pour un milliard d'hommes, de femmes et d'enfants — ou pour deux milliards ? — c'est la première urgence. Et que, s'il faut produire davantage lorsqu'une population double en trente ans, le choix des méthodes de production ne peut avoir pour seul critère une production accrue. Ce choix doit, en outre, tendre à assurer au plus grand nombre l'accès à un moyen de vivre et une distribution plus équitable du revenu, sous des formes diverses. Les moyens sont connus.

Il est sûrement plus difficile d'enrichir les pauvres que d'enrichir les riches. On sait comment, dès le début de la modernisation d'une économie, un processus normal permet aux mieux placés de gagner plus et comment, progressivement, les écarts se creusent[(36)]. Mais lorsque, au bout de trois décennies, ceux qui sont aux commandes n'ont pas mis en place des mesures compensatoires, on est conduit à penser qu'ils admettent cette inégalité croissante et que la marginalisation de larges secteurs de la population est intégrée au plan de croissance.

Or, malgré l'interdépendance contraignante des économies, les dirigeants du tiers monde disposent d'une marge de manœuvre ; ils peuvent réviser leurs priorités et utiliser autrement les fonds publics. Défendre les intérêts à courte vue de la partie la plus favorisée de la population a pour prix la destruction du lien social et compromet l'équilibre économique du pays. On le sait depuis trente ans. Parfois, chez les quatre dragons asiatiques par exemple, les pouvoirs politiques ont su en tenir compte dans une certaine mesure, mais cela reste l'exception.

Nous rappellerons la responsabilité des facteurs internationaux, mais une historienne de l'Amérique latine contemporaine n'a sûrement pas tort de s'en prendre aux "élites conservatrices" — et ceci peut être répété à propos des autres continents du tiers monde : "Obstinément, stupidement, elles se refusent à mettre en chantier les réformes de fond — agraire, urbaine, fiscale, éducative — sans lesquelles aucun accès à la modernité, ni à la stabilité, n'est possible"[(37)]. Un ancien président du Brésil, le général Figueiredo, a évoqué la possibilité d'une explosion sociale : les habitants des favelas pourraient bien, un jour, descendre massivement vers les quartiers riches. "Il n'y a ni armée, ni forces policières capables de les arrêter. Nous devrions faire face à une véritable explosion sociale"[(38)]. Sachant possible une telle éventualité, les dirigeants d'Amérique latine n'ont, pas plus qu'auparavant, entrepris les réformes qui donneraient aux populations défavorisées les moyens de vivre dans la dignité. La tactique la plus courante est restée celle de la répression[(39)].

La marche vers la démocratie est la seule voie qui puisse rendre possible la satisfaction des besoins essentiels. Seul un régime où la population participerait aux décisions sociales, disait le rapport Bariloche, pourra entendre l'expression de ces besoins ; seul il aura le souci d'éviter que des "inégalités arbitraires soient imposées aux individus et aux groupes sociaux", à cette partie de l'humanité pour laquelle la catastrophe annoncée par certains analystes n'est pas pour demain, mais constitue la réalité quotidienne ; seul il saura tenir compte de l'originalité culturelle de la population qu'il représente, de l'évaluation que celle-ci propose de ses propres besoins et de la façon dont elle souhaite les satisfaire. Les difficultés du développement harmonieux de l'humanité ne tiennent qu'en partie à la rareté des ressources disponibles ou à des problèmes techniques ; elles sont essentiellement, disaient les experts latino-américains que nous citons, d'ordre socio-politique ; elles tiennent à "la répartition du pouvoir tant au niveau international qu'à l'intérieur de chaque pays"[40]. Les sociétés modernes, nous le savons, disposent des moyens techniques de satisfaire les attentes élémentaires, au moins dans les domaines de l'alimentation et de la santé, et elles seraient en mesure d'atténuer de façon très sensible les carences ressenties dans les autres domaines. Il s'agit d'une orientation politique, d'un choix de société, et de l'adaptation des moyens existant aux priorités qui seraient alors définies.

Depuis longtemps, des voies ont été tracées en vue d'un mode de croissance qui viserait la satisfaction des besoins essentiels. Des spécialistes reconnus — Ignacy Sachs, par exemple, et ses collaborateurs du CIRED — ont analysé les processus conduisant à un développement de ce type[41]. Depuis longtemps, des expériences réussies sont connues, en matière de nourriture et de santé, d'habitat et de petite industrialisation.

— La communauté internationale concernée

La coopération étrangère ne peut ignorer que la satisfaction des besoins essentiels est une priorité ; elle ne peut soutenir une politique de croissance qui la néglige. Cela pourrait se traduire par l'octroi ou le refus de crédits. L'Europe parfois semble l'avoir compris[42].

Nos pays européens, à l'époque où ils s'industrialisaient, ont été incapables de satisfaire les besoins essentiels de la population ouvrière en voie de constitution. Il a fallu des décennies de luttes sociales, de grèves, de révoltes, pour que celle-ci obtienne l'invention progressive d'un système de protection sociale. Or ce système aujourd'hui craque. Des processus en partie analogues causent ici la nouvelle pauvreté pour une fraction croissante de la population active et, dans le tiers monde, la marginalisation d'une fraction, elle aussi croissante, de la population. Il y a là un champ de recherche commun, urgent et prioritaire. Cette recherche doit être abordée dans un esprit de collaboration plutôt que dans la concurrence et l'opposition, car nous ne pourrons trouver qu'ensemble l'amorce des solutions.

Or, en mars 1995, s'est tenu à Copenhague un sommet mondial sur le développement social. Différentes Organisations des Nations unies, qui se disent soucieuses des besoins essentiels et des droits humains — le PNUD, le BIT, l'UNICEF, l'UNRISD[43] en particulier

— ont pris en charge la préparation de ce sommet. Le PNUD voulait élargir la notion de sécurité du domaine de la défense du territoire, qui concerne les États, à l'ensemble des éléments qui menacent la sécurité de l'existence : chômage, faim, maladie, violence. La "sécurité humaine", celle dont chacun ressent le besoin dans sa vie quotidienne, devrait être assurée par la garantie d'un revenu minimum, par l'accès aux ressources alimentaires et aux soins de santé, et enfin par la certitude que les droits fondamentaux seront respectés par la société [44]. Pouvait-on espérer que soient prises des mesures concrètes susceptibles de modifier en profondeur les processus conduisant à la pauvreté et d'assurer la satisfaction des besoins essentiels ? Il fallait s'attendre alors à ce que soit mise en question une doctrine économique trop sûre d'elle-même.

Sans atteindre la netteté espérée par certains, les déclarations signées par les cent dix chefs d'État présents à Copenhague marquent une avancée très sensible dans la présentation officielle des problèmes abordés. C'est d'abord la priorité, affirmée au Nord comme au Sud, de la lutte contre la pauvreté, considérée comme une condition indispensable du maintien de la paix ; c'est aussi la jonction de l'économique et du social dans la conception du développement, et le lien reconnu entre la démocratie et le développement.

Par quel type d'action se propose-t-on de donner corps à ces propositions ? D'abord, chaque pays s'engage à mettre sur pied un système de protection sociale proportionné à ses moyens et à organiser la lutte contre la pauvreté ; à cette lutte devraient collaborer les pouvoirs publics, les associations privées et les exclus eux-mêmes. Chaque pays en développement s'engage aussi à consacrer 20% de son budget à des programmes visant à la satisfaction des besoins essentiels, tandis que l'aide publique venue des pays riches sera, dans la même proportion, affectée à ces programmes. Des remises de dette seront même consenties à condition que les sommes économisées soient investies par l'État débiteur dans des programmes en faveur des couches les plus pauvres de sa population.

L'analyse des milieux défavorisés et des groupes sociaux les plus vulnérables témoigne d'une connaissance précise des problèmes : les dirigeants du monde ont su écouter les porte-parole des exclus. Les mesures proposées, sans être toujours neuves, sont généralement jugées intéressantes ; leur principal intérêt est d'être ici regroupées, agencées dans un ensemble qui en fait une vraie stratégie de développement social. Les Nations unies prévoient enfin qu'un examen annuel sera effectué : on saura quelles mesures auront été prises par chaque État et quelles réalisations tentées ; on saura si le budget social s'approche des 20% [45].

Mais quelles sont les chances de succès de ce programme ? Les chefs d'État signataires savent que le progrès social "ne peut être assuré par le libre jeu des forces du marché". Ils font mention des mesures qui seront nécessaires pour en corriger les effets sociaux, et du rôle de l'État dans ce domaine. Cette mention est importante, mais quel poids aura-t-elle devant la force du courant libéral auquel se rallient les acteurs principaux de développement ? Quelles chances donne au développement humain et aux besoins essentiels l'environnement international que ces mêmes chefs d'État contribuent à définir ? Il est permis de douter de la cohérence du projet global lorsque l'on entend le président de la Banque mondiale déclarer l'importance qu'auront à ses yeux le progrès social, la justice sociale, la dimension humaine du développement et les mesures concrètes qui les traduisent — en même temps que la satisfaction qu'il éprouve à voir les pays en développement s'engager sur la voie de l'économie de marché [46], sachant sous quelle forme les États-Unis tentent de l'imposer au monde et quelles en sont les répercussions sociales.

Les droits humains

Les discussions Nord-Sud dans le domaine du droit international ont amené les partenaires à distinguer des droits de différents niveaux et des urgences différentes dans l'application de ces droits [47]. Pour les représentants du tiers monde, ce sont les droits économiques de la collectivité qui importent avant tout. Cette conception, inspirée de celle des pays socialistes, a été généralement admise par les accords internationaux [48]. Il serait donc logique que les pays du tiers monde, exigeant des pays riches le respect de leurs droits économiques, prennent, eux aussi, les mesures propres à satisfaire ces mêmes droits pour le plus grand nombre sur leur territoire. En vertu de leur conception des droits de l'homme s'imposent une distribution équitable des ressources nationales, l'accès de tous aux biens élémentaires et, par ce moyen, la réinsertion des groupes sociaux marginalisés. Nous retrouvons ici les besoins essentiels tels que, précisément, les représentants du tiers monde les définissent.

— Des droits à portée universelle ?

Mais il est indispensable d'aller plus loin, comme tentent de l'imposer les textes internationaux signés, bon gré, mal gré, par les dirigeants du tiers monde, en particulier à la Conférence mondiale sur les droits de l'homme réunie à Vienne en juin 1993. Même si certaines notions ont été élaborées au Nord sans la collaboration des pays du Sud, et introduites malgré leur dirigeants dans des textes tenus pour normatifs, on ne peut désormais négliger les droits civils et politiques : le respect de la vie et de la dignité humaine, la liberté d'opinion et de croyance, les libertés d'information, d'expression et d'association. L'association "Reporters sans frontières" recueille toute l'information concernant la liberté de la presse dans le monde et apporte son soutien aux journalistes emprisonnés pour délit d'opinion [(49)]. Lorsque les États concernés arguent de situations particulières et de traditions culturelles originales pour obtenir l'exemption ou le report de telles obligations, ils se montrent oublieux de leurs propres traditions : Joseph Ki-Zerbo a bien montré, en effet, que les cultures africaines, par exemple, ont su, avec des modalités originales, manifester leur respect des droits humains, "et nul ne peut s'y dérober, conclut-il, en invoquant je ne sais quelle identité culturelle comme un alibi ; car le droit à la différence ne peut aller en l'occurrence jusqu'à la différence du droit" [(50)].

De même, des militants vietnamiens des droits de l'homme refusent la théorie de l'exception asiatique en matière de liberté d'opinion et de conscience que les autorités communistes de leur pays voudraient faire admettre par l'opinion internationale. Il n'existe pas en Asie, disent-ils, de spécificités culturelles qui seraient incompatibles avec les droits de l'homme. La civilisation vietnamienne, en particulier, est profondément imprégnée de bouddhisme et de confucianisme ; elle reconnaît l'égale dignité des hommes et leur place primordiale au centre du monde. Ce serait renier la culture vietnamienne que de ne pas reconnaître le caractère universel des droits de l'homme [(51)]. On ne peut mettre au compte d'un ethnocentrisme culturel occidental la proclamation de la dignité humaine comme une valeur universelle [(52)]. Il faut donc maintenir la reconnaissance de ces droits comme une exigence pressante. D'ailleurs la revendication des opprimés se fait plus forte.

L'individu, jadis membre anonyme de sa tribu, puis sujet soumis du Père du peuple, s'est découvert autonome, sujet de droit et capable de liberté ; il est né à la vie sociale et s'efforce de prendre place dans la vie politique. Cette émergence de l'individu moderne sous l'influence des théories et des exemples donnés par l'Occident, ne concerne plus seulement quelques milliers de ceux que l'on appelait naguère "les évolués", mais des millions d'hommes et de femmes dans les tiers mondes. Les turbulences dont cette naissance s'accompagne ne peuvent masquer l'importance du phénomène [53]. La revendication des valeurs démocratiques, des droits et des libertés, devient donc plus impatiente. Et, chez ceux qui n'ont pas encore clairement accès à cette forme de pensée, comment ne pas entendre l'immense lassitude qu'ils éprouvent de tant d'injustice, de tant de mensonge, de tant de violence exercés par les appareils d'État et par les possédants ? Les revendications explicites, et celles qu'exprime aussi la voix des sans-voix, vont à l'encontre de pratiques gouvernementales encore en honneur dans les trois continents du tiers monde. Et, si l'on n'en tient pas compte, comment parler de développement ? Comment concevoir un accomplissement de l'homme sans le respect de ses droits ?

— Des droits menacés

Car, malgré les engagements pris, les violations des droits par les pouvoirs publics ou par des groupes proches du pouvoir et couverts par lui, sont innombrables. La criminalité gouvernementale est-elle en hausse ? Cela a été dit. Elle se maintient, en tout cas, à un taux élevé sous l'œil vaguement réprobateur des représentants officiels de la Communauté internationale : la torture et l'assassinat politique, la pratique de la disparition des opposants, le massacre de populations civiles n'ont pas cessé partout [54]. L'amnistie accordée, par réalisme politique mais en négation de toute justice, à certains des auteurs de ces crimes, ne rend pas leur conduite moins criminelle [55]. Les mêmes personnages ont aussi leur part de responsabilité dans le maintien à un niveau de vie misérable de couches importantes des populations. L'expérience a montré d'ailleurs combien les deux domaines sont liés : le respect des droits civils et politiques est une certaine garantie que les droits économiques et sociaux seront satisfaits ; l'inverse est également vrai [56]. En fait, en quelque domaine que l'on vérifie le respect des droits, on est loin du compte.

— L'intervention de la Communauté internationale

La Communauté internationale est concernée par cette question. S'inspirant des plus anciennes traditions où se sont exprimés la valeur et la dignité de l'homme, son droit à la liberté, son "droit d'être un homme"[57], les Nations unies ont élaboré et soumis à la ratification des États membres des conventions internationales qu'elles tentent de faire respecter. Elles disposent de procédures diverses de contrôle de la situation des droits de l'homme. Le Conseil économique et social et le Comité des droits de l'homme reçoivent les rapports officiels des États. À ces textes, dont la fiabilité est généralement faible, s'ajoutent les rapports des Organisations internationales ainsi que les plaintes déposées par un État contre un autre et les communications des particuliers ; de plus, les organismes officiels ne peuvent ignorer les enquêtes menées par les associations privées. Qu'ils l'acceptent bien ou mal, les États ne peuvent maintenant éviter un certain droit de regard de l'extérieur que l'évolution du droit international autorise désormais sur les affaires intérieures.

Cependant les possibilités d'intervention sont limitées. Les travaux des comités d'expert, en effet, ne sont pas soumis au contrôle des Nations unies et ne sont donc pas revêtus de son autorité. Ce statut assure aux experts l'indépendance nécessaire, mais prive leurs conclusions d'une sanction, d'une confirmation plus haute et en réduit les chances d'application. La mise en œuvre effective des mesures de défense des droits de l'homme est également diminuée, selon une étude récente, par le manque de cohérence des procédures et par la pusillanimité de certains organismes chargés du suivi des affaires[58].

De la première Conférence des Nations unies consacrée aux droits de l'homme, à Téhéran en 1968, à la seconde, tenue vingt-cinq ans plus tard à Vienne, en 1993, les textes — sinon leur application — manifestent cependant un approfondissement de la théorie : le document final de 1993 a affirmé le principe de l'universalité, de l'indivisibilité et de l'interdépendance des droits humains ; il reconnaît aussi que les droits de la femme font partie intégrante des droits de l'homme — nous allons en reparler. Cependant, malgré l'insistance de la Commission internationale des juristes, les responsables de violations graves restent presque toujours impunis. On a donc envisagé la création d'une Cour pénale internationale et la comparution en justice des responsables d'atteintes graves au droit humanitaire. Mais la France, après avoir soutenu le projet, s'oppose, en 1996, à la création de cette Cour[59].

La Communauté européenne, de son côté, semblait avoir pris la question fort à cœur. Elle sait la "situation alarmante" des droits de l'homme dans le monde et a décidé que la promotion de ces droits constituerait désormais l'un des fondements de ses rapports avec les pays tiers : les mécanismes de contrôle devraient être renforcés, les victimes mieux assistées et un soutien actif fourni aux pays instaurant la démocratie. Les accords de coopération établis par la Communauté avec les pays tiers font référence aux principes de la Charte des Nations unies ; de plus, depuis 1990, des clauses relatives aux droits de l'homme sont insérées dans les textes [60]. Cependant, à l'épreuve, ces convictions ne paraissent pas d'une grande fermeté : l'impuissance de l'Union européenne à intervenir dans l'épuration ethnique et les massacres perpétrés dans l'ex-Yougoslavie [61], les égards singuliers manifestés par les dirigeants occidentaux à Boris Eltsine tout occupé à massacrer les Tchétchènes [62], l'extrême discrétion gardée à Bangkok au cours de la grande rencontre euro-asiatique de mars 1996, puis les précautions prises pour éviter à la Chine toute question embarrassante au sujet des droits de l'homme au Tibet ou ailleurs [63] constituent autant de contre-exemples. Les opinions publiques auront fort à faire pour que les droits humains soient réellement pris en compte, aussi bien par les gouvernements du Nord que par ceux du Sud.

Mais le respect par le Sud des droits politiques et économiques dépend aussi, pour une part, de l'organisation du commerce mondial. Nous en parlerons plus loin. Rien ne sera obtenu non plus des gouvernements du Nord et des Organisations internationales dans le sens d'une humanisation du marché sans une pression tenace des mêmes opinions publiques.

Étant donné les limites que rencontre ce genre d'intervention diplomatique, deux questions sont maintenant posées. Lorsqu'un État ne respecte pas les droits de l'homme, lorsque les violations commises sont graves et répétées, d'autres États, ou la Communauté internationale, sont-ils habilités à intervenir directement et par la force pour imposer au pouvoir récalcitrant le respect de ces droits ? Le principe de l'intervention s'oppose à celui de la non-ingérence qui est l'une des règles du jeu de la vie internationale : chaque État étant souverain, les autres États doivent s'abstenir de se mêler de ses affaires intérieures.

Les défenseurs des droits de l'État mettent en avant la souveraineté et l'égalité des États pour écarter toute intervention extérieure, à quelque titre que ce soit. L'intervention serait d'autant moins justifiée qu'il revient à chaque État, non seulement de gérer comme il l'entend ses affaires intérieures, mais de définir les droits de l'homme et de choisir ceux qu'il reconnaît en fonction de son niveau de développement économique et social et en fonction de sa culture.

À cela d'autres répondent que l'État n'a pas sa fin en soi, qu'il est "une institution de service, appelée à exercer ses compétences au service de la personne, au service de la communauté des hommes qui vivent sur son territoire, au service aussi de la communauté mondiale". L'État, ayant pour finalité de favoriser l'accomplissement des personnes et des groupes sociaux qui le composent, ne peut mener à bien sa tâche de gestion globale sans respecter les droits de ceux-ci ; il ne peut être, en son domaine, solidaire de la communauté des hommes sans respecter des principes, des valeurs et des normes qui parfois le dépassent. Les droits, tels que la Communauté internationale peu à peu s'accorde à les définir et qu'elle tient pour universels, font partie de ces valeurs prééminentes, de ces valeurs dont la violation justifierait l'intervention directe de la Communauté internationale [(64)]. Cependant les interventions internationales en Somalie, au Rwanda et dans l'ex-Yougoslavie montrent à quel point l'approche théorique et pratique de ce problème est encore peu claire.

La seconde question est celle de la "clause sociale" que certains voudraient intégrer aux règles du commerce international. Les pays en développement refusent cette clause, voyant en elle une mesure protectionniste déguisée à l'avantage des pays industriels. Ils ont manifesté leur opposition à Marrakech, lors de la signature de l'Uruguay Round (mars 1994) et au sommet social de Stockholm (mars 1995). L'orientation à prendre en ce domaine ne serait pas d'exiger que soient versés aux travailleurs du Sud des salaires d'un niveau comparable à ceux que touchent les travailleurs du Nord. Il s'agirait d'obtenir que soient respectées les normes sociales de base — par exemple sur le travail des enfants, la liberté syndicale et la négociation collective — que l'OIT a inclues dans les conventions signées par les pays membres [(65)] : aucune spécificité culturelle ne peut aujourd'hui justifier le maintien de millions d'adultes et d'enfants — nous allons parler de ces derniers un peu plus loin — dans des conditions de travail assimilables à l'esclavage [(66)].

— Deux catégories négligées : les minorités, les femmes

Arrêtons-nous un instant sur deux catégories sociologiques particulièrement maltraitées : les minorités, ou négligées : les femmes.

Au début des années quatre-vingt-dix, l'opinion publique n'est guère sensible à la situation des ethnies minoritaires. Même la longue lutte des Kurdes pour résister à l'étouffement, ou la résistance des populations de Timor aux troupes indonésiennes d'occupation, ou le génocide en cours au Sud-Soudan n'émeuvent guère les chancelleries. Ces violations permanentes des conventions internationales ne sont apparemment pas assez graves, aux yeux des dirigeants occidentaux, pour justifier une intervention diplomatique de poids. Selon une "logique sélective" éclairée par leurs intérêts, ces dirigeants choisissent les minorités qui méritent d'être soutenues, les droits qui valent la peine d'être défendus et ceux que l'on peut ignorer. On notera l'appréciation portée sur le rôle de la France à Timor par J.R. Horta, porte-parole en exil de la résistance timoraise, recevant le prix Nobel de la paix : "La seule chose que nous connaissons de la France sont les hélicoptères Puma utilisés à Timor depuis des années par l'armée indonésienne. Les chars de combat français y ont aussi causé beaucoup de souffrances, alors que nous n'avons jamais entendu un seul mot de soutien de la part de la France, quels que soient les gouvernements, depuis 1975"[(67)]. Le problème n'est pas neuf : la Société des Nations s'en est préoccupée au sujet des minorités européennes[(68)]. Cependant le monde des juristes ne paraît guère actif dans l'élaboration d'un droit des minorités. Si bien que, malgré les efforts des Organisations humanitaires, malgré l'appui généralement acquis des Églises aux revendications des minorités, malgré les mesures administratives prises parfois en faveur des populations marginalisées, la situation ne semble pas s'améliorer de façon sensible.

En effet, les textes sont constamment violés, les mesures juridiques ne sont presque jamais appliquées : les terres ne sont pas restituées, les zones territoriales promises ne sont pas délimitées. Au contraire, des mesures vexatoires, des manœuvres d'intimidation et des menaces entravent l'existence quotidienne des minorités, souvent avec l'appui direct des autorités locales et la complicité de l'État. Les associations de soutien — Amnesty International, en particulier, dans ses rapports de 1990 et 1995 — ne cessent de dénoncer la violation des accords et des droits[(69)].

Il revient à la Communauté internationale d'élaborer, de voter, puis de faire ratifier par les États et de garantir — par des organes à créer ou revitaliser — les droits des minorités. L'entreprise n'est pas simple, car elle suppose un aménagement délicat du droit classique selon deux de ses perspectives fondamentales. D'une part, depuis plus d'un siècle, l'affermissement de l'État-nation ne fait guère de place aux revendications des minorités : les exigences de l'unité nationale tendent à l'emporter sur une diversité qui reste porteuse d'un risque d'éclatement. D'autre part, le grand mouvement de protection des droits de l'homme mené par les Nations unies s'appuie sur "la dignité et la valeur de la personne humaine", sur une conception individualiste et universelle de l'homme qui ignore pratiquement la collectivité minoritaire dont il se réclame. Aussi le renouvellement du droit ne peut-il s'effectuer que par de prudentes avancées : en 1992, la Déclarations des droits des personnes appartenant à des minorités nationales ou ethniques, religieuses et linguistiques, si elle reconnaît bien les minorités et les introduit dans le droit, ne les approche que par le biais des personnes dont les droits doivent être protégés (70). D'autres avancées du droit sont possibles : "Il faut proclamer et faire admettre que la protection des minorités est une question d'intérêt international", écrit un juriste en conclusion de l'étude que nous utilisons ici (71).

Jusqu'où sera-t-il nécessaire et raisonnable de consentir aux revendications des minorités ? Quels compromis faudra-t-il établir entre l'unité et la diversité ? Quels accords trouver entre les exigences, que parfois les populations marginalisées formulent simultanément, d'un traitement égal pour tous et d'un traitement particulier respectant leurs différences spécifiques (72) ? Une organisation fédérative sera parfois la seule formule permettant la coexistence pacifique de collectivités différentes. Longue et délicate entreprise, qui ne peut être menée que par un dialogue constant avec les représentants des communautés ethniques concernées — mais entreprise urgente si l'on ne veut pas que des peuples sans territoire et sans droits, ou opprimés sur leur propre terre, demeurent un facteur de déstabilisation pour chaque pays ; urgente en raison surtout du respect dû aux personnes et aux collectivités (73).

C'est ce motif fondamental de dignité qui se trouve à la base de la revendication des droits de la femme. Quels que soient les droits que les textes lui reconnaissent — généralement les mêmes qu'à l'homme, conformément à la Charte des Nations unies de 1945 — la femme a, en fait, à peu près partout, un statut inférieur à celui de l'homme. Même dans les pays où les discriminations légales ont été éliminées, les femmes ne se trouvent qu'exceptionnellement dans les "espaces du pouvoir" (74) et elles y sont trop minoritaires — dans l'économie, la politique ou la diffusion des connaissances, dans les Églises également — pour parvenir à influencer le droit ou les structures sociales. Il arrive encore que leur présence soit refusée au sein d'instances nationales de délibération ou de décision. Ainsi au Niger, où la Commission préparatoire de la Conférence nationale a rejeté la participation de l'Association des femmes du Niger : une seule femme serait autorisée à siéger parmi les 68 membres ; il a fallu une manifestation des femmes dans la rue pour obliger la Commission à admettre six femmes. Mais en juillet 1991, l'Association des femmes n'a eu finalement que deux représentantes parmi les 884 participants et les 320 experts de la Conférence nationale. Ainsi encore au Gabon, où la timide ouverture des débuts de l'indépendance a été suivie d'un mouvement de reflux ; les dispositions discriminatoires à l'égard des femmes se sont multipliées, annulant le principe de l'égalité des citoyens devant la loi : il est bien entendu que les avantages politiques d'une société libre sont réservés à la moitié masculine de la population [75]. Assez généralement dans les tiers mondes, lorsque des mesures officielles sont prises en faveur des femmes, elles sont neutralisées par des coutumes et des mentalités qui leur demeurent étrangères [76].Nous en redirons plus loin les graves répercussions sur le développement.

Préparant la Conférence mondiale sur les femmes, tenue à Pékin en septembre 1995, le PNUD a consacré son rapport de l'année à l'inégalité entre les sexes. Dès leur création, les Nations unies se sont préoccupées d'inscrire dans le droit l'égalité des sexes : le préambule de la Charte en fait foi. Mais la pratique tarde à se conformer au principe énoncé ; il fallut donc y veiller de plus près. À la Conférence de Mexico, en 1975, les déléguées analysent la condition féminine dans le monde. La Conférence est suivie de la Proclamation de la Décennie des Nations unies pour la femme. À Copenhague en 1980 et surtout à Nairobi en 1985, où 16 000 femmes viennent du monde entier pour évaluer les résultats de la Décennie et proposer les moyens d'une promotion de la femme, à Vienne enfin en 1990, le constat est à peu près le même : les programmes envisagés et votés sont intéressants, mais les pesanteurs institutionnelles, reflet du poids des traditions et des attitudes mentales, l'ont partout emporté sur la nécessité de l'innovation et le respect des textes adoptés par la Communauté internationale ; dans la vie privée comme dans la vie publique, la violation des droits de la femme est permanente [77].

Le rapport du PNUD fait le point sur l'évolution récente. Il constate, comme cent autres documents, que nulle part les femmes ne bénéficient des mêmes chances que les hommes. Dans le domaine de l'enseignement, de notables progrès ont été réalisés : les taux d'alphabétisation et de scolarisation des femmes, sans atteindre les taux masculins, se sont élevés sensiblement ; de même, les femmes ont-elles gagné en espérance de vie. Mais les femmes sont partout moins payées que les hommes à travail égal : leur salaire moyen ne représente que 50% de celui des hommes en Corée du Sud et au Japon (mais 90% en Tanzanie et en Islande). Quant à leur participation à la vie politique et au pouvoir de décision dans tous les domaines, il reste très faible [78]. Une Africaine résume ainsi la situation : "Comme par le passé, les Africaines des années 90 vivent dans des conditions d'infériorité par rapport aux hommes : elles sont plus ou moins soumises selon les pays, mais jamais complètement libres ; elles sont plus ou moins dominées, mais jamais tout à fait maîtresses de leur vie et de leur futur ; elles sont aussi inégalement actives dans la société, mais souvent reléguées à des fonctions subalternes". D'autres que les Africaines pourraient dire cela. Partout, l'expérience a appris aux femmes qu'elles n'ont pas grand chose à attendre des promesses officielles ; elles savent que les rapports de pouvoir entre hommes et femmes ne seront ébranlés que "par leur détermination quotidienne à les remettre en question" [79].

Les droits de l'enfant ne sont évidemment pas mieux respectés dans le monde que les droits de la femme. Le rapport annuel de l'UNICEF ne cesse de dénoncer les situations de violence faites à des millions d'enfants. Le rapport de 1997, confirmé par celui du BIT, rappelle que 250 millions d'enfants sont exploités à des fins commerciales dans des travaux inadaptés à leur âge et souvent dangereux, dans des conditions de travail assimilables à l'esclavage, qui ruinent leur santé, les privent de toute formation et compromettent gravement leurs chances d'avenir [80]. Par millions, des enfants sont livrés à la prostitution : "Un million d'enfants entrent chaque année sur le marché du sexe" ; un congrès international s'est réuni, en 1996, à Stockholm, pour traiter de l'exploitation sexuelle des enfants [81]. Des millions d'enfants, enfin, sont les victimes de conflits : au cours des dix dernières années, estime, en 1996, la directrice générale de l'UNICEF, Carol Bellamy, "plus de deux millions d'enfants sont morts du fait des guerres, quatre fois plus en sont restés mutilés à vie, plus de dix millions en demeurent définitivement traumatisés" [82]. Et l'on constate que le nombre des enfants enrôlés de gré ou de force par les groupes armés ne cesse d'augmenter [83].

Cependant, une Convention internationale sur les droits de l'enfant a été adoptée en 1990 par les Nations unies et ratifiée par la plupart des pays du monde [84].

Chacun des droits humains exprime un aspect de la dignité de la personne. Aucun projet de société ne peut être élaboré [85], aucune coopération sérieuse et prolongée ne peut être envisagée sans en tenir compte.

*

*   *

Une politique de la paix

“J’ai hâte de quitter ce pays qui se suicide lentement”, écrivait un Français en mars 1993. Résidant au Rwanda depuis trente ans, il avait essayé, avec ses amis rwandais et comme bien d’autres expatriés, de rendre l’ordre des choses, dans son domaine d’activité, un peu plus humain.

Ce pays qui se suicide, ces pays... De temps à autre paraît dans la presse une carte des “points chauds” du globe : pays de dictature vieillissante où le responsable du drame national est un “dinosaure” décidé à rester au pouvoir quoi qu’il en coûte à son peuple[(86)], pays de troubles sociaux où une oligarchie toute-puissante défend ses intérêts, pays de guerre civile où s’affrontent des ethnies irréconciliables. Le danger, la peur et la souffrance se déplacent parfois d’une région à une autre, mais ne quittent pas la planète[(87)]. Quels que soient les auteurs et sous quelque forme que les crimes soient accomplis, le pays qui se suicide pourrait être, à côté du Rwanda[(88)], le Soudan[(89)], l’Angola[(90)], le Libéria[(91)], ou la Somalie[(92)]. Des pays se sont “suicidés” également sur d’autres continents : le Guatemala[(93)], le Cambodge[(94)], l’Afghanistan[(95)]. Même si le mal n’est pas universel, où sont vraiment respectés droits de l’homme, besoins essentiels et valeurs démocratiques ?

Réduire les injustices et les inégalités à l’intérieur de chaque pays comme dans les rapports internationaux, établir les garanties institutionnelles des droits de l’homme et de la dignité humaine, en ordonner la pratique quotidienne par des dispositifs adéquats et prendre les moyens pour rendre ces dispositifs efficaces n’est pas une affaire parmi d’autres dont il serait permis de la repousser à plus tard, lorsque des urgences plus manifestes auraient été satisfaites. Le soutien aux démocraties n’est pas, pour le Nord, une matière à option.

Les droits de l’homme selon leurs deux composantes — celle des libertés individuelles et celle du développement collectif — sont liés aux besoins essentiels de l’homme ; ils dépendent étroitement de la démocratie, de la paix sociale et de la paix entre les pays. Les institutions internationales attachées à l'une ou l'autre de ces démarches ont pu en reconnaître la convergence lors de la Conférence mondiale des Nations unies sur les droits de l'homme, réunie à Vienne en juin 1993 : ce qui est humain forme un tout. Comme le dit, en conclusion, le délégué du Saint-Siège, "réfléchir sur les droits fondamentaux de l'homme et les codifier, (...) c'est dire ce qui est humain et ce qui est inhumain" [96]. C'est poser les bases d'une politique de la paix.

Qui peut agir dans ce sens ? Les Nations unies ont pour mission essentielle le maintien de la paix et la protection des libertés fondamentales. Après un temps d'embellie — à la fin de la guerre froide entre l'Est et l'Ouest qui les paralysait — elles ont renoué avec l'irrésolution et l'impuissance. En Somalie et au Rwanda, dans l'ex-Yougoslavie, elles ont manifesté les contradictions et l'absence de volonté politique des puissances occidentales dont elles sont le reflet. Avec juste raison, des critiques sont énoncées au sujet de la représentativité insuffisante de l'Organisation : les vainqueurs de la Deuxième guerre mondiale, qui occupent les places de membres permanents du Conseil de sécurité, ne peuvent plus aujourd'hui prétendre représenter la société internationale ; des critiques encore au sujet de son incapacité à se conformer elle-même à ses propres principes et à en garantir l'application par des dispositions contraignantes ; au sujet de sa pesanteur bureaucratique enfin.

Cependant l'instrument existe, qui offre un cadre de discussion encore acceptable à tous les États de la planète : 184 d'entre eux sont membres des Nations unies en 1995. De plus, les fondements d'une éthique ont été progressivement définis et ont fait l'objet d'une ratification internationale, des mécanismes de contrôle sont au moins ébauchés et des suggestions ont été faites en vue de l'amélioration du système. Si l'accord des gouvernements est loin d'être acquis et si, telle quelle, l'institution aura du mal à remplir sa mission essentielle au service de la paix et du respect des droits, les Nations unies demeurent le lieu où peuvent être définis les principes politiques d'une organisation renouvelée du monde, où peuvent être négociées les modalités d'application de ces principes, où une chance peut être offerte à la paix [97].

Les États sont-ils mieux à même d'assurer les fondements de la paix ? Longtemps, l'État-nation a constitué l'unité de base du système politique occidental : il décidait souverainement de la paix et de la guerre, il était reconnu comme le modérateur de la vie sociale et des échanges commerciaux, et l'on ne contestait généralement pas son droit de définir l'intérêt du pays. Ces divers monopoles lui échappent désormais. Deux spécialistes de politique internationale, Bertrand Badie et Marie-Claude Smouts, ont décrit,— aussi clairement que le permet la confusion du monde contemporain, — les conditions nouvelles dans lesquelles s'exerce le pouvoir étatique : une instabilité mondiale accrue, en raison de l'éclatement des blocs et de la dispersion du pouvoir et des ambitions entre un grand nombre d'États rivaux ; l'entrée en scène d'acteurs internationaux variés poursuivant des objectifs spécifiques hors de toute visée d'intérêt général ; la diversité des flux transnationaux — migrations, flux commerciaux et financiers, courants idéologiques et religieux, courants d'information — indifférents aux frontières et aux souverainetés, déployant leurs activités dans un espace qui déborde le cadre étatique national. Si les Nations unies se montrent inaptes à penser un ordre mondial et à le contrôler, à plus forte raison les États n'ont-ils plus les moyens d'agir efficacement sur les stratégies autonomes des acteurs transnationaux et de prévenir les conflits qui les opposent(98).

Les États sont d'autant plus impuissants qu'ils mettent en place des structures lourdes qu'ils ne parviennent plus, ensuite, à transformer lorsque la convergence des pouvoirs et des intérêts en a renforcé le poids et que l'évolution des sociétés les a rendus inadaptés et inefficaces. Le monde actuel est ingouvernable, expliquait, lors d'une session de travail, le Centre de Villemétrie, né au sein de l'Église réformée avant de s'ouvrir à des collaborateurs venus d'autres horizons spirituels. Ingouvernable, non seulement à cause de sa complexité d'aujourd'hui et de son imprévisibilité de demain, mais en raison de ces structures lourdes qui ne prennent plus en compte la réalité contemporaine et que les hommes d'institution ne peuvent guère modifier, car ils font eux-mêmes partie du problème posé. Chacun peut constater le décalage qui grandit entre la rapidité des opérations commerciales et financières et la lenteur des processus d'analyse, de contrôle et de régulation.

Comment gérer l'imprévisible ? se demandaient Jacques Lesourne et ses collaborateurs en rédigeant pour l'OCDE le rapport *Interfuturs* : et ils tentaient d'en déterminer les évolutions possibles grâce à la méthode des systèmes qui permet d'identifier, d'un sous-système à l'autre, les causes et les effets, l'interaction des éléments et les répercussions possibles des décisions prises en un lieu du système(99). Mais la méthode manifeste maintenant ses limites : la complexité du système international avec ses innombrables acteurs aux initiatives imprévisibles défie les capacités d'analyse, l'évolution rapide de chacun des acteurs oblige à une réévaluation constante des synthèses établies[100].

Face à l'ingouvernabilité du monde, face aux situations inacceptables qui caractérisent nos sociétés — inacceptables "pour tous ceux qui en sont victimes évidemment, mais aussi pour tous ceux qu'anime une éthique de fraternité humaine" — l'équipe de Villemétrie avait, en 1983, lancé un appel "aux hommes de bonne volonté". Elle en appelle à la société civile. S'il y a quelque chance d'établir un ordre international qui rende possible la paix, ce ne peut être que par la collaboration des hommes, des groupes sociaux et des États[101]. À une époque où tout est évalué en milliards : les hommes, les tonnages, les dollars, l'ère des masses est moins que jamais dépassée. Mais elle ne s'oppose pas au "retour du sujet", au rôle joué par l'acteur personnel, par sa conscience et son engagement. C'est avec tous les hommes de bonne volonté, hommes d'action et de pensée, innombrables acteurs de la vie, que doivent être conçus les instruments d'une gestion rationnelle du monde, que doivent être cherchées et formulées les exigences éthiques que la confusion contemporaine rend indispensables.

Les "hommes de bonne volonté" comportent probablement une majorité de femmes. Aussi, parmi les groupes et associations actifs et influents qui composent la société civile, citons ici la Ligue internationale des femmes pour la paix et la liberté. Pendant la première Guerre mondiale, en 1915, près de 1 500 femmes venues de 14 pays s'étaient réunies à La Haye pour proposer les moyens d'un retour à la paix. De ce congrès naquit la Ligue. Implantée aujourd'hui dans 38 pays sur tous les continents, la Ligue jouit du statut consultatif auprès des Nations unies, de l'UNESCO, et de la CNUCED jusqu'à la disparition de cet organisme ; elle est représentée dans les Organisations internationales.

La Ligue ne travaille pas seulement en faveur du désarmement et de la solution négociée des conflits. Elle sait que les diverses formes de discrimination et d'exploitation, le racisme et la xénophobie, l'injustice sociale et la pauvreté sont des facteurs permanents d'affrontement et d'instabilité. Elle agit donc pour l'éducation à la paix en sensibilisant le public au danger que toutes ces conduites violentes représentent pour la paix. Elle intervient dans tous les domaines où les besoins essentiels des personnes et des groupes humains sont négligés par les choix politiques, dans toutes les occasions où les droits fondamentaux sont menacés ou violés. Elle s'efforce, en particulier, de favoriser l'éducation et la formation des femmes, surtout dans les pays en voie de développement, et d'agir en vue de leur participation pleine et entière à toutes les activités de la société, ainsi que de leur accès aux postes de décision.

Les publications de la Ligue, les analyses qu'elle propose des problèmes contemporains et ses prises de position sont généralement en avance par rapport à l'opinion publique et aux notions admises dans le monde politique. Elles montrent la conception globale que la Ligue s'est formée de la paix et des processus — politiques, sociaux et culturels — qui permettraient de l'établir et de la conserver(102).

Que peut-on attendre des Églises et des religions qui célèbrent la paix — *Salam, shalom* — dans toutes les langues ? Il s'en faut de beaucoup qu'elles aient été, au cours de leur histoire, même récente, des facteurs d'unité et de paix ; elles se sont souvent montrées sectaires, plus disposées à exclure et condamner qu'à comprendre et accueillir(103). Il n'est pas exceptionnel, en effet, qu'elles se trouvent aujourd'hui encore, par certains de leurs éléments, activement mêlées à des conflits, engagées dans la défense d'intérêts de classe, compromises par la caution donnée à des politiques contraires à ce que prescrivent généralement les textes fondateurs(104). Mais il est possible d'énumérer quelques faits significatifs de leur fidélité à ces textes, quelques tendances durables.

Au plan le plus universel, il faut mentionner, en tête, le Parlement des religions du monde, dont le premier congrès s'est tenu à Chicago en 1893, à l'occasion de l'exposition universelle célébrant le quatrième centenaire de la "découverte" de l'Amérique par Christophe Colomb. Aujourd'hui, déclara le principal organisateur du congrès dans son allocution de bienvenue, "aujourd'hui se lève sur le monde le soleil d'une ère nouvelle de paix religieuse et de progrès, qui bannit les sombres invectives de nos luttes sectaires (...). Aujourd'hui, dans notre monde de progrès humain, une fraternité nouvelle est en train de naître". Mais la fraternité des religions tarde à s'établir. Un siècle plus tard, en 1993, et encore à Chicago, s'est tenu le deuxième congrès du Parlement des religions. La tâche principale proposée aux 6 500 délégués fut la discussion et l'adoption d'un *Manifeste pour une Éthique planétaire* rédigé par le théologien catholique Hans Küng à la demande du Conseil. Rencontre interreligieuse sans équivalent, ce congrès fut l'occasion de rappeler aux dirigeants religieux leur responsabilité dans la gestion et la solution des problèmes cruciaux de l'humanité. Un ancien vice-secrétaire général des Nations unies interpella l'auditoire : "Si le monde n'accepte pas une nouvelle naissance spirituelle, la civilisation est condamnée à disparaître (...). Religions et traditions spirituelles, le monde a besoin de vous". Et l'on s'accorda sur les principes d'une éthique planétaire respectueuse de la dignité humaine : non-violence et respect pour toute forme de vie, solidarité et ordre économique juste, tolérance et loyauté, égalité des droits et partenariat entre les sexes[105]. La Conférence mondiale des religions pour la paix, fondée à Kyoto en 1970, est un autre lieu de dialogue, de connaissance mutuelle et d'action commune pour la paix ; elle a tenu sa sixième assemblée en 1994[106].

D'autres signes sont donnés par les responsables religieux de leur volonté d'harmonie entre eux et de leur désir d'être facteurs de paix parmi les hommes. Le Dalaï Lama, qui est intervenu avec bonheur à Chicago, apparaît comme le dépositaire d'une tradition de paix intérieure et de sagesse qui est un chemin vers l'harmonie du monde. Les Églises chrétiennes se sont ouvertes aux problèmes de l'humanité dans leur dimension mondiale ; en tenant compte de l'évolution des sociétés, elles s'efforcent de poser les bases d'un ordre international réellement respectueux des hommes[107]. Les interventions récentes des papes manifestent l'engagement officiel de l'Église catholique dans la défense de la paix, de la justice et des droits humains, et présentent ces trois thèmes comme les aspects d'un même combat. Les analystes de la vie politique reconnaissent le rôle généralement pacificateur que le Saint-Siège exerce actuellement dans les relations internationales[108]. Des épisodes plus ponctuels ou plus localisés témoignent de cette préoccupation de la paix, de la liberté et de l'unité : dans plusieurs pays africains, les Conférences nationales ont choisi un évêque comme responsable de la transition démocratique[109] ; en 1986, à l'invitation du pape, les responsables des diverses familles spirituelles se sont rencontrés à Assise, et "l'esprit d'Assise" demeure comme une invitation à la fraternité universelle des croyants. Le deuxième rassemblement œcuménique européen, à Graz (Autriche), en juin 1997, est un pas encore dans la voie de la réconciliation — thème du rassemblement — et de la fraternité[110].

Dans leur enseignement et leur pratique, les Églises de la Réforme manifestent au plus haut niveau les mêmes soucis[111]. En témoigne, parmi d'autres organismes, le réseau européen "Église et paix", qui rassemble des mouvements, des associations et des communautés d'Églises de différentes confessions, qui organise une formation à la médiation et des services volontaires pour la paix dans les régions troublées par les conflits[112].

Les messages religieux originels de tolérance et d'amour sont donc parfois écoutés et mis en pratique. Les gouvernements rénovateurs, soucieux de cohésion nationale pourraient attendre, de certains responsables religieux comprenant ainsi leur mission et de communautés de base proches des plus pauvres, une influence bénéfique, à la fois contestatrice et dynamique, un rappel des exigences fondamentales de la paix.

Si nous récapitulons les éléments du bien commun analysés dans les pages qui précèdent, nous constatons qu'une politique de la paix commence par la reconnaissance de l'autre, par le respect de ses valeurs et de sa dignité ; par l'écoute des groupes sociaux oubliés et la reconnaissance de leurs valeurs ; par le démantèlement des structures injustes qui sont cause de pauvreté, de souffrance, d'humiliation et d'exclusion. À travers les multiples divergences de convictions et d'intérêts, chaque groupe social doté d'initiative et de pouvoir devra trouver les voies de l'accord ou du compromis, sachant que la paix dépendra des choix décidés par tous en faveur de la justice sociale, de la satisfaction des besoins essentiels et du respect des droits humains individuels et collectifs, politiques, économiques, culturels et religieux. Ces choix ne seront respectés que si chaque acteur social a su y voir les conditions de l'accomplissement de l'homme et de la société ; ces accords ne seront maintenus que si les partenaires ont su reconnaître leur avenir dans ce chemin de paix.

L'accord, dans un État de droit, prendra forme juridique : ainsi seront stabilisés les rapports choisis, déterminées les obligations réciproques, orientée l'action collective. Sur le plan mondial, on ne peut être très optimiste au regard des réalités politiques contemporaines. Mais les longues négociations qui ont peu à peu adapté le droit international à la situation nouvelle du monde décolonisé montrent que les partenaires du Nord et du Sud ont pu faire reconnaître comme légitimes et introduire dans les textes des notions satisfaisant leurs requêtes respectives. Ces textes ont inauguré, dans leur champ d'application, une nouvelle démarche politique susceptible de favoriser la paix. Des négociations analogues peuvent faire progresser le droit et la justice dans d'autres domaines que nous allons aborder. Un avenir de paix pourrait alors s'ouvrir.

NOTES

(1) J.-F. Médard, "L'État néo-patrimonial en Afrique noire" dans *États d'Afrique noire. Formations, mécanismes et crise*, J-F. Médard, dir., Karthala, 1991. Chapitre 12, p. 323-353.

Sur la construction de l'État en Afrique, sur la fragilité et les excès du pouvoir, sur les déficiences fondamentales de l'État africain : *Réussites et déconvenues*, p. 363 et sv.

(2) Cf. la réflexion d'A.Tevoédjrè : "La démocratie est la formule politique qui permet la participation des populations à leur développement et reçoit l'accord profond de la majorité des citoyens", dans *Coopérer autrement*, p. 95.

Dossier "Afrique : les nouvelles démocraties" ; R. R., "Démocratie et développement", *Courrier ACP-CE*, n°138, mars-avril 1993, p. 62-88 ; n° 140, juillet-août 1993, p. 46-49.

Dossier "La démocratie éclaire-t-elle encore le monde ?", *Croissance*, n° 382, mai 1995, p. 31 et sv. J.-P. Costa, *Les libertés publiques en France et dans le monde*, éd. STH, 1986.

(3) Deux présidents ont été destitués en Amérique latine sous l'inculpation de corruption : P. Collor au Brésil en 1992, C.A. Pérez au Venezuela en 1993.

G. Hermet, *Les désenchantements de la liberté*, Fayard, 1993, "L'espace du politique" ; chapitre 6, p. 191 et sv. : sur les incertitudes accompagnant la sortie des dictatures dans les années 90, ce qui, selon l'auteur, justifierait un soutien sélectif aux expériences démocratiques sérieuses.

(4) *La modernisation des fonctions publiques africaines*, Paris, Ministère de la Coopération et du développement, 1992. *La Documentation française*, Actes de la Conférence de Cotonou, novembre 1991.

Peu après, au sommet franco-africain de Libreville, les dirigeants africains ont été priés de gérer plus rigoureusement les finances publiques ; de nouvelles tranches d'aide financière ne seraient débloquées que si les clauses avaient été respectées et les opérations correspondantes réalisées. E. Fall, "Le sommet des désillusions", *J.A.*, n° 1658, 15 octobre 1992, p. 4-6.

(5) Numéro spécial "La Justice en Afrique", *Afrique contemporaine*, n° 156, 4e trimestre 1990, où sont étudiés le statut de la justice dans les États d'Afrique francophone, les méthodes employées par le pouvoir pour détruire l'opposition, la corruption et les moyens de la réduire ; un article présente la Commission africaine des droits de l'homme et des peuples.

E. Jouve, "En Afrique et au Burundi : les droits de l'homme pour une dynamique de paix", *Afrique contemporaine*, n° 153, 1er trimestre 1990, p. 81 et sv. E. Sottas, "Face à la torture, le devoir de mémoire", *Croissance*, n° 377, décembre 1994, p. 10-11.

Selon le Centre pour l'indépendance des magistrats (Genève), 337 magistrats ont été victimes de représailles dans 51 pays, 27 ont été assassinés et 36 ont subi la torture, *Le Monde*, 24 avril 1996.

(6) Ph. Coumarianos, "Prisons. Dernière étape avant la mort", *J.A.*, n° 1742, 26 mai 1994, p. 22-25. A. Agboton, "L'enfer des prisons africaines", *Études*, décembre 1994, p. 589-597.

L'ensemble des informations est présenté depuis 1993 par l'Observatoire international des prisons (16, Avenue Berthelot, BP. 7083, 69301 Lyon Cedex 07), dans un *Rapport* annuel, grâce à un réseau international de correspondants — associations ou particuliers — militant pour le respect des droits des personnes privées de liberté. Présentation de l'association dans le *Rapport* 1995 : préface de sa présidente, Christine Daure-Serfaty, p. 11 ; p. 232 et sv. Une délégation régionale pour l'Afrique est installée à Dakar en 1995 : Odile Buirette, "Les défenseurs des prisonniers africains", *La Croix*, 6 mars 1996.

(7) P. Alphonse Quénum, "Corruption et développement", *La Croix*, 30 novembre 1994.

Sur la permanence universelle du phénomène : Y. Mény, *La corruption de la République*, Fayard, 1992 ; G. Bridier, "Haro sur la corruption internationale", *Le Monde*, 5 juillet 1995 ; "La corruption", *Le Courrier de l'UNESCO*, juin 1996.

(8) Dossier "Vie associative et démocratie", *Économie et Humanisme*, n° 332, mars 1995.

(9) Dominique Aguessy, *Pouvoir et démocratie à l'épreuve du syndicalisme*, Bureau régional de l'UNESCO, Dakar, 1994. Préface de René Rémond. L'auteur a été, pendant trois mandats consécutifs, membre du Bureau exécutif de la Confédération mondiale du travail.

(10) G. Couffignal, dir., *Réinventer la démocratie : le défi latino-américain*, Presses de la Fondation nationale des sciences politiques, 1992 ; avant-propos, p.13 et sv, 39 et sv.

Sur la société civile : "Un monde de citoyens", *Le Courrier de la Planète*, n° 31, novembre-décembre 1995. N. Agostini, *L'option communautaire*, Cerf, 1990 (sur les communautés ecclésiales de base et les mouvements populaires au Brésil), p. 49 et sv, 149 et sv.

(11) M. Marin, "La démocratie ne peut pas être imposée de l'extérieur", *Courrier ACP-CE*, n°198, juillet-août 1991, p. 50-51 ; dossier "Droits de l'homme, démocratie et développement".

(12) L'histoire récente du Togo illustre bien l'ambiguïté de l'attitude française. En 1990, la contagion démocratique prend corps dans le pays avec la création de la Ligue des droits de l'homme en juillet, et de la Commission constitutionnelle en octobre. L'opposition politique s'organise : le Front des associations pour le renouveau réclame la tenue d'une Conférence nationale. Celle-ci se constitue, regroupant tous les partis politiques ; en juillet 1991, elle se proclame souveraine et suspend la Constitution, puis élit un Premier ministre, Me Koffigoh, président de la Ligue des droits de l'homme, qu'elle charge de conduire la transition démocratique.

Le chef de l'État, après 24 années de pouvoir autoritaire, est écarté. Pas pour longtemps : il peut toujours compter sur le Rassemblement du peuple togolais, parti unique jusqu'à une date toute récente, et sur l'armée qu'il contrôle car il l'a composée majoritairement d'hommes de son ethnie. Celle-ci avait massacré au printemps 26 jeunes opposants de 16 à 20 ans, et en avait jeté les corps dans la lagune de Lomé. A deux reprises, l'armée tente de renverser le gouvernement. La troisième fois, elle réussit : le 3 décembre 1991, aux ordres du demi-frère du chef de l'État, commandant de la garde présidentielle, elle prend d'assaut, à coups de canon, le siège du gouvernement et arrête le Premier ministre. Le président Eyadéma condamne avec cynisme ces "actes de violence", puis il constitue un gouvernement d'union nationale. Le processus démocratique est interrompu. Pour le Togo, c'est un drame. Le Premier ministre Koffigoh avait demandé à la France une aide militaire. Paris avait répondu aussitôt et envoyé 300 parachutistes... au Bénin qui ne lui demandait rien. Utile précaution : à cette date, les instructeurs militaires français sont toujours en poste auprès de l'armée togolaise, rempart du président ; il eût été gênant d'envoyer les parachutistes dans le camp adverse pour défendre le représentant légal du pouvoir.

Outre ce "détail" significatif, des raisons plus générales expliquent le comportement du gouvernement français : la longue équivoque de notre politique africaine — domaine réservé du président de la République — et les rapports étroits entretenus au plus haut niveau entre la France et les chefs d'État africains les plus contestables, ainsi que l'application devenue plus souple, non automatique, des accords de défense.

La Communauté européenne supprime aussitôt son aide au Togo, puisque celle-ci ne peut transiter que par des organismes contrôlés par le président, en attendant que reprenne la marche de la démocratie, mais la France attendra près d'un an avant de suspendre "temporairement" son assistance militaire (30 octobre 1992), puis sa coopération civile (11 février 1993). Si l'on se rappelle de plus que, le 30 septembre 1992 encore, la France avait accordé au Togo une subvention de cinq milliards de F CFA, on s'explique le ressentiment de la population de ce pays qui accuse la France de continuer à soutenir le président Eyadéma, et la flambée de violence anti-française du 24 janvier 1993.

Sur la chronologie des événements, comme pour celle de tous les pays du continent, voir la rubrique "chronologie" dans chaque numéro trimestriel d'*Afrique contemporaine*. Quelques articles permettant de suivre le déroulement de la crise : *La Croix*, 17 avril, 5 et 13 décembre 1991. F. Chenel, H. Sada, "Les accords militaires franco-africains", *Croissance*, n° 372, juin 1994, p. 25-28. Dans *J.A.* : n° 1616-1617, 18 décembre 1991, p. 6 et sv. ; n° 1621, 30 janvier 1992, p. 24-25 ; n° 1647, 30 juillet 1992, p. 10-11 ; n° 1654, 17 septembre 1992, p. 17. Géraldine Faes, "Que reste-t-il de la Conférence nationale ?", n° 1651, 27 août 1992, p. 10-11 ; "Comment Eyadéma a reconquis le pouvoir ?", n° 1655, 23 septembre 1992, p. 18-21.

Et enfin, la France renoue avec le régime togolais : "Le général Eyadema, l'ami retrouvé", *La Croix*, 13 septembre 1994. Yawo Agboyibo, "Les droits de l'homme au Togo", *Études*, mai 1991, p. 609-613.

(13) J.P. Magnant, "Le Tchad", dans *L'Afrique en transition vers le pluralisme politique*, sous la direction de G. Conac, *Economica*, 1993, p. 387 et sv.

(14) Les témoignages recueillis permettent de penser que l'attitude du gouvernement français dépasse de beaucoup l'équivoque : L. Bijard, "Les charniers du réseau zéro", *Le Nouvel Observateur*, 11 mars 1993, p. 81, ainsi que les articles de cet hebdomadaire : 7 juillet 1994, p. 48-50 ; 14 juillet, p. 40 ; 21 juillet, p. 38-39, 45-46 ; 4 août, p. 36-37.

"L'Élysée savait...", interview de l'un des membres de la commission d'enquête mandatée par la Fédération internationale des droits de l'homme, *Le Figaro*, 17 juin 1994. B. Barrillot, B. Elomari, *Les transferts d'armes de la France depuis la fin de la guerre du Golfe*, Commission française Justice et Paix, 1994 (Rwanda, p. 42 : les livraisons d'armes se sont poursuivies jusqu'à la fin de mai 1994).

Malgré leur caractère de réquisitoire, trois ouvrages parus presque simultanément au moment du drame ne permettent plus d'éluder la question portant sur l'aveuglement voulu des dirigeants français : C. Braeckman, *Rwanda. Histoire d'un génocide*, Fayard ; Fr.-X. Verschave, *Complicité de génocide ? La politique de la France au Rwanda*, La Découverte ; P. Krop, *Le génocide franco-africain*, Lattès (l'analyse s'étend au Togo et au Zaïre). Voir aussi F. Janne d'Othée, "Rwanda. Chronique d'un génocide annoncé", *La Croix*, 12 janvier 1995. Ph. Warnier, "Rwanda : la France doit aider le tribunal *ad hoc*", *La Croix*, 4 janvier 1996 ("Depuis que le génocide a été dénoncé, la France n'a encore rien fait pour participer réellement à la recherche des criminels ou de leurs complices, alors que ceux-ci peuvent se trouver sur son territoire").

On trouvera une synthèse des informations dans le premier *Dossier noir de la politique africaine de la France* consacré au Rwanda, édité par Agir ici, Survie et d'autres ONG.

(15) F. Soudan, "France-Afrique : Le bateau ivre", *J.A.*, n° 1623, 13 février 1992, p. 20-23. J.-F. Bayart, "La France s'enlise en Afrique", n° 1629, 26 mars 1992, p. 27. A. Bourgi, "Un combat d'arrière-garde", n°1636, 14 mai 1992, p. 27. G. Faes, "La coopération franco-africaine au crible : dix ans d'immobilisme politique", *J.A.*, n°1649-1650, 13 août 1992, p. 102-111. Et la série d'articles dans *J.A.*, n° 1656, 1er octobre 1992, p. 20-24.

Sur la restauration des régimes autoritaires, à la veille du sommet franco-africain de Biarritz : "La politique africaine de la France en question", par J.-F. Bayart, Comi M. Toulabor, J. Rouvière, Fr.-X. Verschave, *La Croix*, 5 novembre 1994, p. 26-27. Ph. Demenet, "Biarritz. Les coulisses d'une réunion de famille", *Croissance*, n° 377, décembre 1994, p. 12-16.

Sur les dérives du clientélisme à la française : A. Glazer, St. Smith, *Ces Messieurs Afrique ; le Paris-village du continent noir*, Calmann-Lévy, 1992. *Les Dossiers noirs de la politique africaine de la France* par un groupe d'ONG réunies dans la "Coalition pour ramener à la raison démocratique la politique africaine de la France", 1995.

(16) Selon le "baromètre de la solidarité" établi par une enquête pour le compte du CCFD : *Faim-développement magazine*, n° 94, mars 1993.

(17) H. Smida, "Appui de la CEE à l'instauration et au renforcement des démocraties" ; R.R., "Démocratie et développement en Afrique", *Courrier ACP-CE*, n° 138, mars-avril 1993, p. 76-78 ; n°140, juillet-août, p. 46-49. Cf. *Croissance ou développement*, chapitre 12, "La transformation du droit international", par Patricia Buirette, § 1.

Sur les hésitations des États occidentaux à poser la démocratie comme condition à l'octroi de l'aide : Isabelle Biagiotti, Peter Uvin, "Au service de la démocratie ?", *Le Courrier de la Planète*, n° 33, mars-avril 1996, p. 19-21.

(18) Selon certaines contributions au colloque tenu à Paris en 1990 par le Centre d'études juridiques et politiques du monde africain et par le Centre de recherche de droit constitutionnel, le Nigeria et le Sénégal offrent des exemples intéressants par l'originalité des solutions cherchées entre les principes juridiques appris de la colonisation et les réalités socio-politiques locales : *L'Afrique en transition*, p. 20 et sv.

Au Sénégal, en 1991, le président Diouf a associé au gouvernement — un gouvernement de "majorité présidentielle élargie" — des personnalités de l'opposition. Ainsi A. Wade est-il devenu ministre d'État tout en demeurant le secrétaire général d'un parti d'opposition. À cette "démocratie consensuelle", on a reproché d'exclure la possibilité de l'alternance politique : A. Bourgi, "L'exemple sénégalais", *J.A.*, n° 1631, 9 avril 1992, p. 22 ; interview d'A. Bathily, "Les tares de la démocratie à la sénégalaise", *J.A.*, n° 1647, 30 juillet 1992, p. 22-23. La cohabitation à la sénégalaise a duré 18 mois : E. Fall, "Wade-Diouf : le malentendu", *J.A.*, n° 1660-1661, 29 octobre 1992, p. 12-13 (le leader du PDS quitte le gouvernement le 18 octobre 1992).

Dans un Ouganda qui peine à sortir de l'incohérence où l'ont plongé, de 1971 à 1979, les huit ans de règne du général Idi Amin Dada, une autre expérience est menée. Chef de l'État depuis 1986, le président Muzeveni a tenté de donner forme au chaos en instaurant une structure originale inspirée d'un "maoïsme à l'africaine" : la voix populaire s'exprimerait à travers des comités étagés en pyramide du village au district ; ainsi espère-t-il rénover par la base la vie politique. G. Prunier, "L'Ouganda : une démocratie populiste autoritaire", *L'Afrique en transition*, p. 369-378.

Mais l'expérience ne paraît pas s'être prolongée : J. Hélène, "Le président ougandais se fait le champion du monopartisme", *Le Monde*, 9 septembre 1995. Depuis longtemps sans doute, la démocratie ougandaise laissait-elle à désirer. On peut lire à ce sujet les opinions contrastées du président Y. Museveni et du leader de l'opposition, C. Ogwal, *Courrier ACP-CE,* n° 141, septembre-octobre 1993, p. 25-27.

Notons que des responsables africains ont eu le souci de se communiquer les uns aux autres leurs expériences. En mai 1992, à Dakar, une Conférence panafricaine sur la démocratie et la maîtrise de la transition en Afrique a réuni les délégués de 80 partis représentant 42 pays. Ceux-ci se sont efforcés de dégager quelques principes à respecter pour engager le continent dans sa grande mutation avec le minimum de dégâts. E. Fall, "Démocrates de tous les pays", *J.A.*, n° 1639, 4 juin 1992, p. 12.

(19) J.-P. Tuquoi, "Un rapport préconise de conditionner l'aide à l'Afrique", *Le Monde,* 6 juin 1996. (Il s'agit d'un rapport parlementaire rédigé par Y. Marchand, député UDF de l'Hérault, à la demande du Premier ministre : "Une urgence : l'afro-réalisme").

(20) Citons ici tout de même ce passage d'une interview du secrétaire d'État adjoint pour les affaires africaines, aux États-Unis : "Croyez-vous que la démocratisation soit un préalable au développement du continent ? — Le développement exigera de la part des peuples africains de grands sacrifices et beaucoup de travail. Je ne crois pas qu'ils soient disposés à faire ces sacrifices sans participer aux grandes décisions gouvernementales par la voix de leurs représentants démocratiquement élus.", *J.A.*, n° 1667, 17 décembre 1992, p. 38-39.

(21) Il n'en est pas de même partout : des populations qui n'ont jamais connu autre chose que des pouvoirs totalitaires et des formes de vie sociale contraignantes, peuvent n'y point songer ; et, quant à celles qui n'ont eu l'expérience d'une certaine liberté politique que dans sa caricature anarchique, elles peuvent trouver que ce "progrès"-là n'est pas souhaitable.

En revanche, des observateurs ont noté l'adhésion aux valeurs démocratiques manifestée par les populations en Amérique latine : la participation aux élections a été notable malgré les extrêmes difficultés que rencontrent la liberté du vote et la possibilité même de participer au vote ; *Problèmes d'Amérique latine,* n° 2, juillet–septembre 1991, consacré aux élections.

(22) A. R. Love, "Démocratie et développement participatif", *L'Observateur de l'OCDE,* n° 173, décembre 1991 – janvier 1992, p. 4-6.

(23) Cf. *Réussites et déconvenues,* p. 280 et sv. ; *Croissance ou développement,* chapitre 6, § 3, "Le traitement de la dette" par A.-S. Boisgallais. F. Lazare, *Le Monde,* 25 janvier 1995.

(24) Sylvie Brunel, *Le gaspillage de l'aide publique,* Seuil, 1993. J.-Cl. Faure, "Radiographie de l'aide publique", *Le Courrier de la Planète,* n° 33, mars-avril 1996, p. 22-23 ; ainsi que les articles de J. Forster et J.-J. Gabas, p. 24 et sv.

(25) Cf. *Réussites et déconvenues,* p. 384.

(26) *J.A.*, n° 1624, 20 février 1992, p. 27.

(27) R. Labevière, "La Suisse bloque l'argent des dictateurs", *La Croix,* 4 avril 1992.

Le Dr Mahbub ul Haq, ancien ministre des Finances du Pakistan et chargé, au PNUD, de diriger les travaux du *Rapport mondial sur le développement humain,* a eu l'occasion de donner son avis. La protection des droits de l'homme implique des mesures à prendre pour empêcher les gouvernements corrompus de déposer de l'argent dans des banques occidentales, et pour restituer aux pays spoliés les fonds déjà détournés. "Il est certain qu'une transparence accrue devrait être instaurée en ce qui concerne les dépôts que certaines cliques au pouvoir dans les pays en développement effectuent dans des banques occidentales. (...) C'est de l'argent qui a été dérobé aux plus démunis (...). Alors pourquoi ne pas exiger que ces comptes soient divulgués ? C'est aussi simple que cela". "Rencontre avec le Dr M. ul H.: L'homme est la ressource la plus précieuse d'une nation", *Courrier ACP-CE*, n° 139, mai-juin 1993, p. 4-6.

L'Assemblée paritaire ACP-CE de 1993 a voté une résolution condamnant les comptes secrets ouverts à l'étranger par les dirigeants corrompus ; elle demande "que les tribunaux des pays d'accueil bloquent les comptes bancaires où qu'ils soient pour en restituer les sommes aux autorités démocratiques des pays d'origine".

Ibid., p. 7 à 10. J. Ziegler, "Le sang des pauvres", *Nord-Sud XXI*, n° 1, 1992, p. 35-37.

(28) On trouvera la synthèse des informations recueillies dans les *Dossiers noirs de la politique africaine de la France*, 2e dossier: "Les liaisons mafieuses de la Françafrique", par Agir ici, Survie et un collectif d'ONG.

(29) B. A. Dumas, "Dette des pays pauvres", *Études*, janvier 1993, p. 5-15.

H. le Masson est également opposé à l'annulation pure et simple de la dette : cette mesure serait "une prime donnée aux mauvais gestionnaires" ; elle leur éviterait l'effort de s'engager dans une gestion plus rigoureuse, tandis qu'elle épargnerait aux prêteurs des pays riches toute interrogation de fond sur leur propre responsabilité. *Faut-il encore aider les pays en développement ?*, p. 146 et sv.

(30) P. M. Dupuy, professeur à la Faculté de Droit de l'université de Paris II, "Le droit : une technique au service d'une éthique" ; H. Puel, "La légitimité de la dette : une question légitime", *Économie et Humanisme*, n° 306, mars-avril 1989, p. 36-40, 31-35.

(31) E. Picher, "Un certain marché secondaire de la dette" dans Ph. Hugon, dir., *L'Afrique des incertitudes*, p. 107-117.

E. Izraelevicz, *Le Monde*, 1er octobre 1996.

(32) Cf. *Réussites et déconvenues*, p. 586 et sv. ; *Croissance ou développement*, chapitre 6, § 1.

Quant à la relativité des besoins essentiels, on tiendra compte de la remarque suivante : "Les indicateurs de niveaux de consommation (alimentation, logement, habillement, loisirs, etc.) montrent bien que l'ouvrier spécialisé allemand, anglais ou français des années 1950 serait considéré comme pauvre de nos jours, si la pauvreté était seulement une affaire de niveau de vie ; pauvre, mais pas exclu : il participe d'un projet social commun et jouit de droits sociaux qui sont autant de droits à la couverture des risques". B. Lautier, P. Salama, "De l'histoire de la pauvreté en Europe à la pauvreté dans le tiers monde", *RTM*, t. XXXVI, n° 142, avril-juin 1995, p. 245-255.

(33) Quelques exemples parmi ceux que donne *L'état du monde :*

— Brésil : 1983 p. 127 ; 1984, p. 523 et sv.

— Argentine : 1981, p. 149 ; 1983, p. 160 ; 1984, p. 172.

Inversement, la situation économique du Chili est plus satisfaisante, et la croissance semble avoir touché les différents secteurs de l'économie : 1991, p. 218. R. Ffrench-Davis, "Le retour à la démocratie au Chili : héritages et défis économiques", *Problèmes d'Amérique latine*, n° 97, 1990-16, p. 123-134.

(34) UNESCO, *AIA : une chance à saisir*, 1990 (Année internationale de l'alphabétisation) ; *Alphabétiser : parlons-en !* 1990 (41 fascicules de 16 p. sous encartage)."Un milliard d'analphabètes", *Le Courrier de l'UNESCO*, juillet 1990.

Cl. Dalbéra, "Un milliard d'exclus", dans le dossier "Spécial Alphabétisation", *Croissance*, n° 330, septembre 1990, p. 11-44 (Cl. D. est délégué général du Comité de liaison pour l'alphabétisation et la promotion. CLAP : 25, R. Gandon 75013 Paris).

(35) L. Mossu, "l'État de santé du monde : un sombre diagnostic", *Le Figaro*,

2 mai 1995. A. Hertoche, "L'UNICEF dénonce le scandale des décès maternels", *La Croix*, 12 juin 1996.

La gravité de la situation n'a été perçue que peu d'années auparavant : J. de Barrin, "Les risques de la maternité dans le tiers-monde. Enfanter dans la mort", *Le Monde*, 17 février 1987.

(36) Cf. *Réussites et déconvenues*, p. 308 et sv.

(37) F. Barthélémy, *Un continent en quête d'unité*, p. 209 et sv., 172.

Sur les limites d'une politique sociale volontariste, sur l'efficacité économique réduite d'une plus grande équité de la redistribution du revenu national : P. Salama, "Pauvretés, les voies étroites d'une issue équitable en Amérique latine", *RTM*, t. XXXVI, n° 142, avril-juin 1995, p. 341-363.

(38) Ch. Rudel, "Amérique latine : démocraties en liberté surveillée", *Croissance*, n° 352, septembre 1992, p. 19-21.

(39) Même au Venezuela, où les émeutes contre le plan de rigueur, en février 1989, ont fait, selon les sources officielles, 500 morts et 1.000 blessés. *L'état du monde 1989-1990*, p. 428.

(40) A.O. Herrera, *Un monde pour tous, le modèle mondial latino-américain* , PUF, 1977, p. 47 et sv.

(41) I. Sachs, *Initiation à l'écodéveloppement*, Privat, 1981 (en collaboration avec Anne Bergeret, Michel Schiray, Silvia Sigal, Daniel Théry, Krystyna Vinaver (CIRED : Centre international de recherche sur l'environnement et le développement, Maison des Sciences de l'Homme, 54, Boulevard Raspail, 75006 PARIS).

(42) Dossier " Les politiques de développement", *Courrier ACP-CE*, n° 141, septembre-octobre 1993, p. 48-86. En fait, moins de 4% de l'aide publique au développement accordée par la France est consacré, selon le PNUD, à satisfaire les besoins essentiels, alors que le sommet social de Copenhague (voir plus loin) recommande que la proportion soit de 20%. Ph. Bline et div., "Pour une aide mieux déployée et non dévoyée", *Le Monde*, 25 juillet 1995.

(43) *Bulletin du développement social de l'UNRISD*, n° 9, novembre 1993, qui annonce la publication de plusieurs études en rapport direct avec le sommet.

(44) PNUD, *Rapport mondial sur le développement humain* 1994, Economica, 1994.

(45) Sur les attentes, avant le sommet : G. Herzlich, "Le sommet de Copenhague veut déclarer la guerre à la pauvreté" ; B. Boutros-Ghali, "L'ONU et la question sociale", *Le Monde*, 7 et 9 mars 1995, et le dossier du *Monde diplomatique*, janvier 1995, "Enjeux et limites du sommet de Copenhague" (I. Sachs, C. Coméliau).

Quelques évaluations : A.-S. Boisgallais, "Le sommet de Sisyphe", *Croissance*, n° 380, mars 1995, p. 15-17. M. Thierry, "À propos du sommet mondial pour le développement", *Vie sociale*, 1995, p. 193-220. M. Faucon, "Le sommet de Copenhague : premier bilan", *Transversales*, mai 1995. G. Coomans et J.-P. Page, dans *Recherches internationales*, n° 41-42, Printemps-été 1995, p. 5-34, 35-49.

(46) "Sans progrès social, il n'y a pas de développement satisfaisant" interview de J. Wolfensohn par S. Marti, *Le Monde*, 16 février 1996. La Banque mondiale se dispose à consacrer, en 1996, 900 millions de dollars à la scolarisation primaire des petites filles africaines.

(47) Cf. *Croissance ou développement*, ch. 6, § 1 "Les droits de l'homme" et ch. 12 "La transformation du droit international" par Patricia Buirette.

(48) Cette conception a été entérinée, par exemple, par le Système des préférences généralisées négocié à la CNUCED en 1971 et reconnu par le GATT en 1973. Quant à la Charte des droits et des devoirs économiques des États, si elle n'est pas devenue opérationnelle, c'est parce que les grands pays occidentaux ont refusé de la

signer. On peut cependant se demander si la relative uniformisation des règles imposée par l'Uruguay Round à la plupart des PVD respecte vraiment les droits économiques de la collectivité.

(49) Avec les années 90, l'information écrite est passée, en Afrique, de quelques quotidiens nationaux contrôlés par le gouvernement aux multiples titres d'une presse indépendante, audacieuse et dynamique. Cependant des obstacles sont opposés tenacement à la liberté d'expression que reconnaissent les constitutions. M. Duteil, "La seconde naissance de la presse indépendante en Afrique, *Universalia* 1992, p. 177-179. Diane Senghor, "Le pluralisme de la presse en Afrique, gage et facteur de démocratie", *Courrier ACP-CE,* n° 134, juillet-août 1992, p. 85-87.

Cl. Wauthier, "Les agences de presse africaines" ; Monique Pagès, "L'explosion de la presse en Afrique de l'Ouest francophone", *Afrique contemporaine* , n° 157, janvier-mars 1991, p. 39-50 ; n° 159, juillet-septembre 1991 p. 77-82. D.D. "Presse et démocratisation en Afrique" (face au durcissement de certains régimes, la CE établit un programme d'action) ; C.A. Arnaldo, "Communication et développement" (sur le rôle des médias indépendants), *Courrier ACP-CE,* n° 139, mai-juin 1993, p. 11-13, 78-81. E. Derieux, "Information et démocratie en Afrique", *La Croix,* 25 juillet 1995.

Voir aussi *Bulletin d'information africain,* n° 293, janvier 1996 (publié à Bruxelles par les Pères Blancs) : la situation n'est généralement pas brillante malgré les déclarations officielles concernant la liberté de la presse ; en Ethiopie, par exemple, 140 journalistes ont été emprisonnés en 1995.

Reporters sans frontières : 17, Rue Abbé de l'Épée, 34000 Montpellier. Selon le rapport de 1996 sur la liberté de la presse, 51 journalistes ont été assassinés en 1995, dans l'exercice de leur métier. A. Rotivel, *La Croix,* 3 mai 1996.

(50) J. Ki-Zerbo, "Les droits de l'homme en Afrique: tradition et modernité", *Foi et développement,* n° 237-238, novembre-décembre 1995. Cette note représente l'essentiel de la communication donnée au colloque tenu à Ouagadougou en juin 1995, à l'initiative de l'Organisation mondiale contre la torture et du Mouvement burkinabè des droits de l'homme et des peuples. Les Actes ont été publiés à Genève par l'0MCT.

(51) "Les militants des droits de l'homme contre l'exception asiatique", *Le Monde,* 26 mai 1995.

Aung San Suukyi, "La démocratie, patrimoine commun de l'humanité", *Le Courrier de l'UNESCO,* mars 1995. Prix Nobel de la paix, assignée à résidence par le gouvernement militaire du Myanmar de 1989 à 1995, l'auteur évoque les valeurs humaines fondamentales dont la reconnaissance pourrait assurer la paix entre les hommes.

(52) "La dignité humaine est une valeur universelle". Entretien avec le président de la Commission du développement du Parlement européen, M. Henri Saby, *Le Courrier ACP-CE,* n° 128, juillet-août 1991, p. 56-60, dans le dossier "Droits de l'homme, démocratie et développement", p. 48-84.

N. Rouland, *Aux confins du droit,* éd. Odile Jacob, 1991, analyse l'exigence d'universalité exprimée par les théoriciens des droits de l'homme, et marque à la fois la nécessité et les limites du respect des différences. Les hommes des différentes cultures peuvent-ils adhérer aux mêmes normes ? Une recherche transculturelle ne permettrait-elle pas de dégager les bases et les exigences fondamentales de la dignité humaine, à travers les formulations qu'en donnent les différentes sociétés ?

(53) Mahmoud Hussein, *Versant Sud de la liberté,* La Découverte, 1989. Cf. *Réussites et déconvenues,* p. 397 et sv.

(54) Amnesty International, *Rapport* 1991, p. 6, 13 et sv.

Dans *DIAL*, n° 1951, 2 février 1995 (Colombie) ; n° 1974, 20 avril 1995 (Guatemala) ; n° 1961, 1981, 1985 des 2 mars, 11 mai et 25 mai 1995 (El Salvador). Rapport de la Commission pour les droits de l'homme en Amérique centrale, "Nous sommes assis sur une bombe sociale" ; E. Tamayo, "Violence dans les sociétés latino-américaines", *DIAL*, n° 2040, 16 décembre 1995 ; n° 2047, 16 janvier 1996.

A. Eide, "La communauté internationale complice des violations des droits de l'homme et responsable de leur mise en œuvre", dans *Violations des droits de l'homme : quel recours, quelle résistance ?* UNESCO, 1983, p. 68 et sv.

(55) Le dossier "Punir a-t-il un sens ?", dans *L'Actualité religieuse*, n° 141, 15 février 1996, p. 15 et sv. s'ouvre par un tour du monde de l'impunité. Deux réflexions sur ce sujet : A. Jacques, "L'impunité, ni justice, ni pardon", *Le Courrier de l'ACAT*, n° 128, septembre-octobre 1992, p. 8-10. "Uruguay : en l'honneur des détenus disparus", par Luis Pérez Aguirre, à l'occasion de l'inauguration d'un square dédié aux "détenus disparus d'Amérique" par la municipalité de Montevideo, *DIAL*, n° 1958, 16 février 1995. Jean-Charles Duquesne, "Au Chili : l'oubli obstacle au pardon" ; Annie Gasnier, "La mémoire douloureuse d'un continent" (la plupart des pays d'Amérique du Sud qui ont connu la dictature ne sont pas parvenus à conjuguer justice et réconciliation), *La Croix*, 25, 26 octobre 1995.

(56) *Éducation aux droits de l'homme. Les droits économiques*, par René Valette et Pascale Boucaud, "Document ACAT", n°42 (1991).

(57) Jeanne Hersch, dir., *Le droit d'être un homme*, recueil de textes, UNESCO, 1968. K. Vasak, dir., *Les dimensions internationales des droits de l'homme*, UNESCO, 1978. En élaborant ce droit, les Nations unies ont aspiré "à exprimer l'idéologie commune à l'humanité tout entière", en dépassant les conditions historiques dans lesquelles tel de leurs aspects a été mis en valeur dans une société donnée, et dans l'espoir que ce droit puisse avoir un effet unificateur sur les différents droits nationaux.

(58) Agnès Dormenval, *Procédures onusiennes de mise en œuvre des droits de l'homme : limites ou défauts ?*, PUF, 1991. Publications de l'Institut universitaire des hautes études internationales, Genève.

Un bref rappel du caractère sélectif des condamnations énoncées par les Nations unies : I. Vichniac, "Les indignations à géométrie variable de l'ONU sur les droits de l'homme", *Le Monde*, 23 avril 1997.

(59) *La Revue*, n° 50, 1993. Numéro spécial consacré à la Conférence mondiale des Nations unies sur les droits de l'homme, Vienne, juin 1993. A.B. Pour, "À l'ONU, la France s'oppose à la création d'une Cour criminelle internationale", *Le Monde*, 6 septembre 1996.

(60) Christiane Duparc, *La communauté européenne et les droits de l'homme*, CEE, Office des publications officielles des Communautés européennes, Luxembourg, 1993, p. 21 et sv.

Dossier "Droits de l'hommes, démocratie et développement", *Courrier ACP-CE*, n° 128, juillet-août 1991, p. 48-84. "Rencontre avec Manuel Marin (commissaire européen au développement) : Les droits de l'homme sont l'axe central de notre politique de coopération", *ibid.*, n° 137, janvier-février 1993, p. 2-5. Ph. Lemaître, "Le respect des droits de l'homme, élément essentiel des relations de l'Europe avec ses anciennes colonies", *Le Monde*, 5-6 novembre 1995.

Conseil de l'Europe. Centre d'information sur les droits de l'homme, *Sources de documentation en matière de droits de l'homme*, Strasbourg, 1994 (bibliographie).

(61) M. Scotto, "Ambiguïtés européennes sur les droits de l'homme", *Le Monde*, 30 juillet 1996.

Citons seulement quelques articles particulièrement révélateurs consacrés à l'ex-Yougoslavie : le dossier intitulé "Comment les grandes puissances ont livré 8.000 Bosniaques à leurs bourreaux", dans *Le Nouvel Observateur*, n° 1619, 16 novembre 1995. L'article de F. Schlosser, "Srebrenica : le massacre qu'on a laissé faire" contient des extraits du rapport fondé sur les témoignages des casques bleus hollandais.

Ce dossier avait été précédé d'un article de J. Julliard, "Six mille morts sans importance", *ibid*, 9 novembre 1995, p. 43 ; le dossier dû à Jean-François Bouthors et Béatrice Toulon, "Srebrenica, un massacre suivi en direct", "Le massacre de Srebrenica était prévisible", *La Croix*, 9, 10 juillet 1996 ; Alain Franco, Claire Tréan, "L'effroyable massacre de Srebrenica est retracé devant le tribunal de la Haye", *Le Monde*, 5 juillet 1996.

(62) Le 25 janvier 1996, la Russie est admise comme membre du Conseil de l'Europe qui a pourtant comme objectif, depuis sa création en 1949, la défense de la démocratie et des droits de l'homme. M. Scotto, *Le Monde*, 27 janvier 1996. Voir les commentaires de M. Scotto, V. Boukovski et d'autres écrivains européens, 24 janvier ; les éditoriaux du 25, p. 13 et du 27, p. 12. J.-B. Naudet, "Moscou ne semble pas prêt à respecter les exigences du Conseil de l'Europe", 30 janvier ; "Tandis que Moscou accueille le sommet du G 7, (consacré à la sécurité nucléaire), les atrocités se poursuivent en Tchétchénie", *Le Monde*, 20 avril 1996.

(63) Cf. les articles de J.-P. Langellier, Th. Bréhier et J.-Cl. Pomonti dans *Le Monde*, 2, 3-4, 5 mars 1996. F. Derou, I. Vichniac, J.-Cl. Buhrer, Cl. B. Levenson, 3 et 17 avril 1997.

(64) R.-J. Dupuy, "L'ingérence internationale, jusqu'où ? Le droit d'assistance humanitaire", *Études*, janvier 1992, p. 15-23. D. Hédin, "L'ingérence au-delà de l'action humanitaire", mars 1993 p. 305-315. Patricia Buirette, *Le droit international humanitaire*, La Découverte, 1996, "Repères", n° 196.

(65) S. K. Pursey, "Pour une clause sociale non protectionniste", *Alternatives économiques*, Hors série n°. 23, 1995, p. 42-43. J. Berthelot, "Ouverture extérieure et emploi", dans : P. Maillet, Win Kosters, dir., *Une Europe plus favorable à l'emploi*, L'Harmattan, 1996, chapitre 7, p. 197-218.

(66) Dominique Torrès, *Esclaves. 200 millions d'esclaves aujourd'hui*, éd. Phébus, 1996.

(67) *La Croix*, 27 novembre 1996.

Sur Timor : R. Werly, "Le Timor-Est sous la chape indonésienne", *La Croix*, 29-30 mai 1994. J.-P. Clerc, "L'Indonésie reste inflexible sur sa présence à Timor-Est", *Le Monde*, 3 mars 1995. Voir les articles consacrés à Mgr Belo, évêque de Dili, et à José Ramos Horta, auxquels est attribué le prix Nobel de la paix : *La Croix*, 12, 13-14, 17 octobre, 27 novembre 1996. Interview de J. R. Horta : "Les Européens n'agissent pas vraiment pour le Timor", *Le Monde*, 27 novembre 1996. F. Luizet, "Timor : la mise au pas", *Le Figaro*, 26 novembre 1996.

Sur les Kurdes : Gh. Salamé, dans : Élisabeth Picard, dir., *La question kurde*, éd. Complexe, 1991, p. 136 et sv. Cf. ce que Maxime Rodinson écrivait, une douzaine d'années plus tôt, également au sujet des Kurdes : "Je ne me hasarderai pas à les défendre devant la droite internationale, ni devant tous les hommes politiques réalistes qui pèsent les chances et les malchances, les points forts et faibles de chaque mouvement, leurs avantages et leurs inconvénients pour leur propre stratégie. Les premiers ne croient pas aux droits des peuples. Les uns et les autres soutiendront le mouvement kurde quant ils y auront avantage, l'abandonneront dans le cas contraire. C'est d'ailleurs ce qui est arrivé." Dans : G. Chaliand, dir, *Les Kurdes et le Kurdistan*, F. Maspero, 1978, Préface, p. 7. Voir aussi : G. Chaliand, *Le malheur kurde,* Seuil, 1992. Chris Kutschera, *Le défi kurde,* Bayard, 1997. K. Nozan, "Le malheur kurde", *Le Monde diplomatique,* octobre 1996. Sur l'évolution de la situation : IKP (Institut kurde de Paris), *Bulletin de liaison et d'information,* 106, Rue La Fayette, 75010 Paris.

Sur le Soudan : J. Monnot, *Le drame du Sud-Soudan. Chronique d'une islamisation forcée,* L'Harmattan, 1994. Julia Ficatier, "Soudan : la répression au nom du Coran à Khartoum" ; Bernard Gorce, "Soudan : un régime pire que l'apartheid", *La Croix,* 26 janvier, 2 juin 1995. H. Boulad, "Triple génocide au Soudan", *Le Monde,* 21 février 1995. Amnesty international, *Soudan : désastre humanitaire et violations des droits fondamentaux,* 1995. "Une terreur qui n'en finit pas", *La Chronique d'Amnesty,* n° 100, mars 1995, p. 6-13 (plus d'un million de civils ont été tués depuis 1956).

Sur la politique française, voir une synthèse des informations dans le 3e *Dossier noir de la politique africaine de la France* : "France, Tchad, Soudan, au gré des clans" par Agir ici, Survie et un collectif d'ONG. Ainsi que : Pax Christi, *Génocide au Soudan ? La France, patrie des droits de l'homme, aide les auteurs du massacre,* 1996.

À la demande des évêques du Soudan, des campagnes de solidarité ont été lancées dans plusieurs pays d'Europe. En France, cinq associations chrétiennes, soutenues par la Conférence des évêques et la Fédération protestante, ont interpellé les parlementaires français et des députés européens. *La Croix,* 17 octobre 1996 : "Les chrétiens du Soudan appellent au secours".

Sur la politique de la Communauté européenne : L'Assemblée paritaire ACP-CE de 1993 écoute un rapport sur la démocratie et les droits de l'homme ; elle prend une résolution à ce sujet. Puis elle consacre un débat particulier à trois pays où la situation est jugée particulièrement grave : la Somalie, l'Angola et le Soudan. Henry Saby, président de la Commission du développement du Parlement européen est si révolté par ce qui se passe au Soudan qu'il demande l'exclusion de ce pays de la Convention de Lomé. "Tout en regrettant que des employés de la délégation de la Commission à Khartoum figurent parmi les victimes d'exécutions sans qu'aucune explication n'ait été fournie à ce jour", la Commission ne croit pas qu'il soit opportun d'exclure le Soudan de la Convention ; elle préfère maintenir le dialogue : bien qu'une première mission d'enquête ait échoué à cause des obstacles opposés à son travail, on enverra donc une deuxième mission... *Courrier ACP-CE,* n° 139, mai-juin 1993, p. 7-10. Les principes humanitaires une fois énoncés, rien n'empêche donc de les contredire.

(68) A. Demichel, "L'évolution de la protection des minorités depuis 1945", *Revue générale de droit international public,* t. LXIV, 1960, p. 22-51.

(69) Amnesty International, *Rapport* 1990, p. 6-11. Trois exemples: Ch. Rudel, "Les Indiens du Mexique", *Études,* février 1993, p. 159-169. "L'aire indigène Raposa Serra do sol" (Brésil) ; "Le peuple mapuche face à L'ALENA" (Chili), dans *Tribal Act,* n° 5, 1995.

Dans un contexte global sans amélioration : "Amérindiens : un dossier ouvert depuis cinq siècles". *Chronique d'Amnesty international,* n° 7, septembre 92, p. 5-20. "Le réveil des Indiens", *Faim-développement magazine,* n° 98, octobre 1993, p. 8-15 (enlèvements, assassinats, détentions arbitraires, empêchements mis à la reconnaissance des droits). Il n'est pas de bulletin des associations humanitaires spécialisées — ICRA ou SURVIVAL — qui ne fasse mention de mesures vexatoires ou illégales et d'assassinats.

(70) "Déclaration sur les droits des personnes appartenant à des minorités nationales ou ethniques, religieuses et linguistiques", dans *La Revue,* n° 52, juin

1994, p. 97-100 (Les membres de ces minorités doivent jouir de tous les droits reconnus aux citoyens, tout en bénéficiant des ressources de leur propre culture ; l'État doit garantir à la fois l'exercice des droits communs et celui des droits particuliers à la minorité culturelle).

(71) A. Fenet, "Mutations internationales et protection des minorités", dans *Mutations internationales et évolution des normes,* sous la dir. de Cao-Huy Thuan et A. Fenet, PUF, 1994, p. 49 et sv. L'auteur éclaire le. cheminement historique de la réflexion, le flou des notions, la diversité des cas et les tâtonnements juridiques en vue d'une législation internationale mieux adaptée. A. Fenet et autres, *Le droit et les minorités. Analyses et textes,* Bruxelles, Bruylant, 1995.

Sur la Communauté européenne et les minorités, hors Communauté et à l'intérieur de ses propres frontières : les articles de G. Tebbe et Sylvia Carrel, dans le dossier "Les minorités nationales", *Courrier ACP-CE,* n° 140, juillet-août 1993, p. 49-83 (p. 62 et sv.). *RAMSES* 93, p. 363 et sv. R. Senghor, "La Conférence de Copenhague : le droit des minorités contre la logique de l'État", *Nouvelle Europe,* n° 3, octobre 1990, p. 28-29. I. O. Bokatola, *L'Organisation des Nations unies et le droit des minorités,* Bruxelles, Bruylant, 1992. N. Rouland, S. Pierré-Caps, J. Poumarède, *Droit des minorités et des peuples autochtones,* PUF, 1996, ainsi que l'article de N. R, "La France et ses peuples autochtones" (hostilité de la France à la prise en compte des droits collectifs des minorités et des peuples autochtones), *Le Figaro,* 19 juin 1996. Martine Valo, "Paris refuse toujours la charte européenne des langues minoritaires", *Le Monde,* 21 mai 1996.

(72) G. Heuzé, *Où va l'Inde Moderne ?,* p. 142 ; P. Fistié, art. cit, *L'Afrique et l'Asie modernes,* n° 160, printemps 1989.

Énumérons quelques points : la souveraineté nationale devrait alors s'accommoder de statuts juridiques particuliers ; la volonté centralisatrice et assimilatrice des États devrait offrir un espace officiel à des modes de vie, à des coutumes, à des langues, à des procédés d'enseignement différents de ce qui resterait d'usage courant pour le reste de la population ; la propriété privée voisinerait avec des formes communautaires d'usage ou de propriété où subsisteraient sans doute, pour un temps, des modes originaux de production et d'échange.

(73) Sur la lente avance des droits dans les textes officiels : V. Brackelaire, "La problématique des terres indiennes d'Amazonie", *Problèmes d'Amérique Latine,* n° 7, octobre-décembre 1992 p. 99-122. B. de la Grange, "La signature d'un accord sur les droits des Indiens", *Le Monde,* 2-3 avril 1995 (Au bout d'une guerre civile de trente-quatre ans, un accord est signé entre le gouvernement du Guatemala et les Indiens révoltés : la discrimination ethnique sera considérée comme un délit ; des écoles bilingues assureront la promotion de la culture indienne). Fatma Cosadia, "Vers une reconnaissance internationale des peuples autochtones", *ICRA Info-Action,* n° 12, 1994.

(74) "Les femmes dans les espaces du pouvoir", *Revue internationale des Sciences sociales* (UNESCO), n° 98, 1983-4. "Au sujet des conventions internationales", dans le n° spécial "Femmes et violence", *Courrier de l'ACAT,* n° 158, septembre-octobre 1995, p. 23 et sv.

(75) *L'Afrique en transition,* p. 301 et sv., 366 et sv.

(76) *Terre des femmes,* sous la dir. d'Élisabeth Paquot, Paris, La Découverte / Montréal, éd. du Boréal Express, 1982. En particulier, p. 47 et sv.

Notons cependant qu'aux Philippines la situation traditionnelle a été modifiée dès l'arrivée au pouvoir de Corazon Aquino, en 1986. La Commission nationale pour le rôle des femmes, dont la fonction était de pure façade, prit à cœur l'établissement de programmes et l'élaboration de nouvelles lois favorisant la formation des femmes et leur participation au développement. Carolyn Medel-Anonuevo, "Asie. Chances et risques pour un changement", *Vivant Univers*, n° 407, septembre-octobre 1993, "Les femmes et le développement", p. 22-26.

(77) Florence Butegwa "Les droits de la femme : un défi posé à la Communauté internationale des droits de l'homme" ; note de Charlotte Bunch, dans *La Revue*, n° 50, 1993, p.79-89, 118-122. Maryse Durrer, "De Mexico à Pékin, le long chemin des femmes", *Foi et développement*, n° 233, mai 1995. Michèle Dayras, dir., *Femmes et violence dans le monde*, L'Harmattan, 1995. Dossier "Les femmes : elles ont l'emploi, à quand l'égalité ?" *Travail. Le magazine de l'OIT*, n° 12, mai-juin 1995, p. 4-19. Sophie Sensier, "La longue marche des femmes", *Le Monde diplomatique*, septembre 1995. Amnesty International, *Une égalité de droits* et Rapport de la Commission des droits de l'homme de l'ONU, mars 1995. Présentant ce "catalogue de la violence ordinaire" exercée sur les femmes, le rapporteur conclut: "Si les femmes n'ont même pas le droit à la vie, comment pourraient-elles bénéficier des autres droits ? Le droit à la sécurité est absolument prioritaire". Interview recueilli par L. Ballin, *La Croix*, 8 mars 1995.

(78) PNUD, *Rapport sur le développement humain* 1995, Economica. "Femmes, la moitié du ciel", *Le Courrier de l'UNESCO*, septembre 1995.

BIT : un rapport de 1996 établit que, comme dans les décennies précédentes, "dans toutes les régions du monde, les femmes travaillent davantage et gagnent moins que leurs homologues masculins", sauf parfois dans le secteur agricole. c.-r. par L. Ballin, *La Croix*, 31 juillet, et par I. Vichniac, *Le Monde*, 1er août 1996.

(79) Sarah Banda, docteur en communication sociale, dans *Vivant Univers*, n° 407, p. 17. " Le bloc-notes" de Sandrine Tolotti, *Croissance*, n° 405, juin 1997, p. 6-7.

(80) BIT, *Le travail des enfants : l'intolérable en point de mire*, Conférence internationale du travail, rapport VI (1) 86° session, 1998, Genève, 1996. "Halte au travail des enfants", *Travail. Le magazine de l'OIT*, n° 16, juin-juillet 96, p.12-22. UNICEF, *La situation des enfants dans le monde*, 1997.

(81) "La planète se mobilise contre l'exploitation sexuelle des enfants", double page dans *La Croix*, 27 août 1996.

(82) Carol Bellamy, "Enfances volées", *Le Monde*, 10 décembre 1996.

(83) Interview de Graça Machel, *La Croix*, 16 avril 1996. Voir la série d'articles "Les enfants d'abord", *La Croix*, 11, 16, 18 avril 1996.

Le chiffre de deux cents mille enfants-soldats a été avancé : *Cultures et conflits*, n° 18, été 1995, consacré à "la violence politique des enfants" (embrigadés et manipulés par des aventuriers de la politique).

(84) La Convention internationale, adoptée en novembre 1989, est officiellement entrée en vigueur en 1990. Texte dans : UNICEF, *La situation des enfants dans le monde* 1991, p. 75 et sv.

(85) Contribution de Guy Aurenche au colloque organisé par la Commission française Justice et Paix et l'Institut Catholique de Paris, en janvier 1992 : *Les catholiques et les droits de l'homme. Débats et enjeux*, p. 58 et sv.

(86) Le terme est de Colette Braeckman qui l'applique au président Mobutu : *Le dinosaure. Le Zaïre de Mobutu*, Fayard, 1992.

(87) "Un atlas de l'horreur. Peuples en danger de mort", *Le Nouvel Observateur*, 3 décembre 1992, p. 74-75, d'après *Populations en danger*, publié par Médecins sans frontières, Hachette, 1992.

(88) À l'époque où le Rwanda se suicidait "lentement", les articles de S. Andriamirado et H. Kaïdi, *J.A.*, n° 1640, 11 juin 1992, p. 28-29 ; n° 1644, 9 juillet 1992, p. 24 ; n° 1657, 8 octobre 1992, p. 35-36.

Puis : G. Faës, "Rwanda. Le suicide", n° 1751, 28 juillet 1994, p. 12-15.

(89) J. Gueyras, Cl. Brisset, *Le Monde diplomatique*, octobre 1985, juin et juillet 1989. Un reportage de Marion Urban, "La guérilla sans fin du Sud-Soudan", *La Croix*, 27 mai 1994. Et un télex reçu par l'ONG "AICF" de son chef de mission : "Situation tragique dans les camps du Sud-Soudan. L'étau se resserre autour des populations civiles. Avons dû évacuer en catastrophe Kajo, Kaji et Mundri. Prise en charge de 100 000 personnes déplacées à Labone et Mugale. Nécessité absolue rester sur place. Femmes et enfants dinkas en danger de mort. Assistance médicale et nutritionnelle urgente" (4 novembre 1994).

(90) En guerre civile depuis son indépendance (1975) : *État du monde* 1992, p. 298 ; S. Andriamirado, *J.A.*, n° 1651, 27 août 1992, p. 18-19 ; M. Kleen, "Quel avenir pour l'Angola", *L'Afrique et l'Asie modernes*, n° 165, été 1990, p. 146-152 ; "Paix fragile en Angola", *La Croix*, 22 novembre 1994.

(91) Géraldine Faës, *J.A.*, n° 1645, 16 juillet 1992, p. 28-29 ; n° 1652, 3 septembre 1992, p. 22-23. Fabienne Pompey, "Au Liberia : des enfants fatigués de tuer", *La Croix*, 22 août 1995.

(92) M.Yared, *J.A.*, n° 1621, 30 janvier 1992, p. 32-35 ; n° 1652, 3 septembre 1992, p. 30-38.

Qui citer encore ? Le Nigeria, où l'exécution, en novembre 1995, de neuf dirigeants du peuple ogoni n'a été qu'un épisode — simplement plus médiatisé que les autres — de la répression menée impitoyablement depuis le coup d'État du général Babangida en 1993. A. Adds, "Un regard sur le Nigeria", *Courrier de l'ACAT*, n° 160, décembre 1995, p. 4-7.

Et bientôt, comme chacun peut le prévoir, le Burundi où les affrontements entre Hutus et Tutsis ont fait 15 000 morts en 1995. A. Hakizimana, "La terreur paralyse les collines du Burundi", *La Croix*, 18 janvier 1995.

A propos de quelques chefs de bande africains qui ont "obtenu leur place au panthéon de l'horreur": S. Andriamirado, "Antihéros. Sur des monceaux de cadavres", *J.A.*, n° 1668-1669, 24 décembre 1992, p. 46-48.

(93) A. Hertoche, "Guatémala. L'insolente impunité des militaires", *La Croix*, 13 novembre 1991.

(94) "Le Cambodge dans la guerre" : en particulier les contributions de F. Godement, F. Guilbert, P. Schier, N. Regaud, *Politique étrangère*, 4 / 89.

(95) L'Afghanistan où se poursuit la lutte des chefs de partis se disputant le contrôle des quartiers de Kaboul : E. Gille, "L'impasse militaire", et le rapport de l'ONU, *Les Nouvelles d'Afghanistan*, n° 66, 4e trimestre 1994, p. 3-5 (en septembre 1994 : 25 000 victimes dans la capitale). Dr. Bachardoust Ramazan, "Afghanistan : la folie collective", *Le Courrier de l'ACAT*, n° 166, juin 1996, p. 4-7.

(96) F. Mounier, sur la Conférence de Vienne, *La Croix*, 23 juin 1993.

(97) J. Mayer, "Les droits de l'homme dans la charte des Nations unies" ; G. Picco, "Où va l'ONU ?" et D. Vernet, "L'improbable réforme des Nations unies", *Le Monde*, 24 juin, 25 octobre 1995.

Les Organisations spécialisées ont poursuivi, dans leurs domaines respectifs, une activité relativement efficace qui va dans le sens de la dignité de l'homme et peut contribuer à établir les conditions de la paix.

Cependant, et pour des raisons assez semblables à celles qui sont énoncées à l'encontre des Nations unies, elles sont l'objet d'un discrédit souvent justifié. J.-P. Tuquoi, "L'action des organismes d'aide au développement est de plus en plus contestée", *Le Monde*, 24-25 décembre 1995.

Voir *Le Courrier de l'UNESCO*, octobre 1995 : "1945-1995. À quoi servent les Nations unies ?" ; novembre 1995 : "La paix, une idée neuve", où sont esquissées la transformation nécessaire des mentalités et l'action de l'UNESCO "pour une culture de la paix".

(98) Bertrand Badie, Marie-Claude Smouts, *Le retournement du monde. Sociologie de la scène internationale,* Presses de la Fondation des Sciences politiques / Dalloz, 1992. Marisol Touraine, *Le bouleversement du monde,* Seuil, 1995.

(99) *Interfuturs. Face aux futurs pour une maîtrise du vraisemblable et une gestion de l'imprévisibles,* OCDE, 1979. Chap. 6.

(100) B. Badie, M.-Cl. Smouts, *op. cit.,* p. 156 et sv.

(101) Centre de Villemétrie, *Vers une éthique politique. L'éthique face à l'ingouvernabilité du monde actuel,* responsable, G. Markhoff, colloque d'avril 1986, éd. de la Maison des Sciences de l'homme, 1987, p. 35, 15. *L'Appel aux hommes et aux femmes d'espérance,* Centurion, 1983 (reproduit p. 263 et sv.).

(102) Ligue internationale des femmes pour la paix et la liberté, *Les femmes et la paix* (dépliant) ; bref historique de la Ligue, 5 p. ronéotées ; *Bulletin Paix et Liberté.* Adresse de la section française : Ligue FPL, 114, Rue de Vaugirard, 75006 Paris.

(103) *Fauteurs de troubles ou facteurs de paix, les religions ?,* Table ronde organisée à Paris, le 30 janvier 1994, par la section française de la Conférence mondiale des religions pour la paix. R. de Montvalon, "Vers des religions moins propriétaires", *Foi et développement,* n° 231-232, mars-avril 1995. "Les religions sont-elles violentes ?", *Alternatives non violentes,* n° 94, printemps 1995. Une enquête montre que 77% des Français estiment que les religions favorisent plutôt les conflits. Dossier "Faire face aux intégrismes", *La Vie,* n° 2624, 14 décembre 1995.

Voir aussi : R. Coste, *L'Église et les droits de l'homme,* Desclée, 1982. G. Minois, *L'Église et la guerre. De la Bible à l'ère atomique,* Fayard, 1994.

(104) G. Heuzé, *Où va l'Inde moderne ?,* L'Harmattan, 1993. Chapitre 1, "La montée des violences interconfessionnelles", p. 7 et sv. La destruction de la mosquée d'Ayodhya construite sur un ancien temple hindou dédié a Rama, lieu de la résidence du dieu dans le Ramayana ; donc édifice symbolique pour les musulmans de l' Uttar Pradesh, mais affront à la tradition religieuse la plus vénérable pour les Hindous. Sur cette affaire, voir aussi G. Deleury, "L'Inde et la violence", *Études,* juin 1993, p. 743-750. Jackie Assayag, "Violence de l'histoire, histoire de violence", dans un dossier "Violences et religion dans l'Inde et l'Algérie d'aujourd'hui", *Annales, histoire, sciences sociales,* 49e année, n° 6, novembre-décembre 1994, p. 1281-1313.

J.-M. Bosc, "Bouddhisme et violence au Sri Lanka", *Peuples du monde,* n° 229, janvier 1990, p. 10-13 (Cinghalais bouddhistes en guerre contre les "Tigres" tamouls hindouistes). J.-Ch. Duquesne, "Sri Lanka. Quand la religion génère la violence", *La Croix,* 16 septembre 1994.

L'Église orthodoxe serbe aurait cautionné la purification ethnique : Hélène Despic-Popovic, "La solidarité orthodoxe", *Libération,* 12 octobre 1994. Ph. Broussard, "*Libération* poursuivi en diffamation par l'Église orthodoxe serbe", *Le Monde,* 28-29 mai 1995 (c.- r. d'audience).

G. Danroc, "Le silence des évêques d'Haïti", *La Croix,* 9 août 1994 ; en contrepartie, une prise de position de la Conférence haïtienne des religieux : C. Jaulmes, "Des hommes d'Église crient contre l'injustice", *La Croix,* 19 février 1994.

Emilio F. Mignone, *Les disparus d'Argentine,* Cerf, 1990. L'auteur analyse la responsabilité de l'Église. "Le silence des évêques argentins", dans : J.-Y. Calvez, H. Tincq, *L'Église pour la démocratie,* Centurion, 1992, p. 112-113 (l'ouvrage montre, au contraire, l'engagement de plusieurs épiscopats du continent en faveur de la liberté et de la justice). "Argentine : rupture du pacte du silence sur les atrocités de la répression" ; "Polémique sur l'épiscopat et les disparus" ; "Relance du débat". *DIAL*, n° 1965, 23 mars 1995 ; n° 1966, 30 mars ; n° 1986, 1er juin. L. Monroe, "La hiérarchie catholique entre amnésie et repentir", "Le silence pesant de l'épiscopat argentin", *La Croix*, 27 avril 1995, 4 janvier 1996.

Et le drame du Rwanda où des chrétiens se sont entretués, en 1993 et 1994, pose aux Églises une question fondamentale au sujet de l'évangélisation.

(105) Parlement des religions du monde, *Manifeste pour une éthique planétaire*, Cerf, 1995, p. 82, 106.

(106) G. Zizola, "VIe Assemblée de la Conférence mondiale des religions pour la paix", *Actualité religieuse dans le monde*, n° 128, 15 décembre 1994, p. 14.

(107) Quelques titres pour jalonner cette réflexion : Y. de la Brière, *La communauté des puissances*, G. Beauchesne, 1932 (pour passer "d'une communauté inorganique à une communauté organique"). G. Fessard, *PAX NOSTRA. Examen de conscience international*, B. Grasset, 1936 (après la prise de pouvoir d'Hitler). R. Arès, *L'Église catholique et l'organisation internationale contemporaine* (1939-1949), Montréal, Faculté de philosophie et de théologie de la Compagnie de Jésus, 1949. Mgr Guerry, *L'Église et la communauté des peuples*, Bonne Presse, 1958 : l'enseignement de Pie XII sur les relations internationales ("Nous savons, écrit l'auteur, par des confidences personnelles de grands spécialistes de droit international public, qu'ils méditent et commentent les enseignements du Saint-Père. Des chefs d'État étudient ses messages annuels", p.13). R. Bosc, *La société internationale et l'Église*, Spes, 1960. R. Coste, *Morale internationale. L'humanité à la recherche de son âme*, Desclée, 1964. J.-Y. Calvez. H. Tincq, *L'Église pour la démocratie*, Centurion, 1992.

(108) J. Joblin. *L'Église et la guerre*, Desclée de Brouwer, 1988, p. 265 et sv. (l'ouvrage traite de l'Église catholique). Ch. Mellon, *Chrétiens devant la guerre et la paix* ; Marcel Merle, Christine de Montclos, *L'Église catholique et les relations internationales*, Centurion / CERAS, "Église et société", 1984, 1988. *L'Église et la paix. Vingt-cinq ans de messages pontificaux pour la paix*, réunis et présentés pour *Pax Christi* par F. Mabille, Centurion, 1993.

(109) F. Eboussi Boulaga, *Les Conférences nationales en Afrique noire*, Karthala, 1993, p. 43 et sv. 71 et sv.

Sur les "bons offices" de l'Église africaine dans la transition démocratique : J.-Y. Calvez, H. Tincq, *op. cit.*, p. 163 et sv. Évêques élus à la présidence de la Conférence nationale ou du Haut Conseil de la République, instance suprême de la transition démocratique : au Bénin, Mgr de Souza, archevêque coadjuteur de Cotonou ; au Congo, Mgr N'Kombo ; au Gabon, Mgr Mvé ; à Madagascar, le Conseil chrétien des Églises est à l'origine de la création du Conseil permanent des Forces vives, et le pasteur R. Andriamanjato co-préside le Conseil de redressement économique et social créé en déc. 1991 ; au Togo, Mgr Kpodzro, évêque d'Atakpamé ; au Zaïre, Mgr Monsengwo. Au Cameroun plusieurs partis d'opposition demandent au cardinal Toumi, archevêque de Douala, d'être candidat à l'élection présidentielle ; interview dans *J.A.*, n° 1657, 8 octobre 1992, p. 22-23.

(110) Sur la rencontre d'Assise : L. Accatoli, M.-D. Chenu, dans *L'Actualité religieuse dans le monde*, n° 38, octobre 1986, p. 20-23 ; M. Cool, "Assise : toutes les religions en prière pour la paix", n° 39, 15 novembre 1986, p. 34-37. *Paix aux hommes de bonne volonté*, Centurion, 1986. G. Zizola, "Esprit d'Assise, où es-tu ?", *Actualité religieuse dans le monde*, n° 126, 15 octobre 1994, p. 43-44. *Chemins de dialogue*, n° 7, 1996, consacré à "L'esprit d'Assise". A. Sondag, "Graz 97", *Croire aujourd'hui*, juin 1997, p. 6-10. B. Chenu, *La Croix*, 1er juillet 97, p. 3-4.

(111) Conseil œcuménique des Églises, *Upsal-Nairobi, 1968-1975* (rédigé par

R. Mehl), Genève, COE 1975, p. 111 et sv. *Briser les barrières*, Nairobi, 1975, IDOC-France / l'Harmattan, 1976. *De Nairobi à Vancouver, 1975-1983*, COE 1983, p. 141 et v.

(112) "Le réseau Église et paix", *La Lettre de Justice et Paix*, n° 27, décembre 1995.

2 - DE NOUVEAUX RAPPORTS ÉCONOMIQUES

Les zones rurales, les problèmes alimentaires, la préoccupation de l'environnement et, au cœur de ces questions, le monde paysan ; les villes, les problèmes de l'industrialisation et, au cœur de ces activités, les hommes et les femmes qui travaillent : nous rappellerons en premier ces aspects de la vie économique, car la responsabilité des dirigeants des tiers mondes est plus directement impliquée. Celle des pays développés apparaît plus déterminante dans le point que nous aborderons ensuite : la régulation des échanges.

Une politique de développement rural

La grande majorité de ceux qui souffrent de la faim, a fait remarquer un ancien directeur de la FAO, appartiennent à des familles paysannes, productrices de biens alimentaires. Les surplus mondiaux n'ont pas fait disparaître les déficits localisés ; des zones de sous-alimentation existent un peu partout. L'Afrique, par exemple, encore essentiellement paysanne, se trouve dans la nécessité d'importer une grande partie de son alimentation. La sécurité alimentaire n'est absolument pas garantie pour des centaines de millions d'êtres humains, en dépit d'une aide alimentaire qui reste largement inadaptée. Lors du sommet mondial de l'alimentation tenu à Rome en novembre 1996, la FAO s'est montrée relativement optimiste pour l'avenir, car la production alimentaire mondiale a été augmentée de 60% en 30 ans ; mais le *World Watch Institute* de Washington — le principal centre international de recherches démographiques et écologiques — est plus pessimiste, en raison de la pénurie des terres cultivables et de la raréfaction des ressources en eau [1].

L'expérience a montré que la sécurité alimentaire n'est pas assurée par le simple fait que la production vivrière mondiale est suffisante ; pas même, pour la population d'un pays donné, par le fait que ce pays est producteur, et même exportateur, de produits vivriers. Il faut encore que sa population — et particulièrement ses couches les plus pauvres — ait accès à cette production.

— Le problème démographique

En préalable à la présentation de cette question se pose celle de la poussée démographique. On sait combien il est difficile, en ce domaine, non seulement d'énoncer une prévision, mais même d'établir une statistique fiable [2]. Quant aux pronostics, ils s'appuient — sans être unanimes [3] — sur la constatation d'un ralentissement plus net que prévu de l'accroissement de la population : sauf en Afrique noire, où le taux de croissance démographique plafonnera vers l'an 2000 à 3,3% avant de diminuer, l'ampleur et la rapidité de la "transition démographique" au Sud sont supérieures aux prévisions [4]. Cependant l'accroissement prévisible reste assez élevé pour que les Nations Unies aient proposé à la Conférence internationale du Caire sur la population et le développement, en septembre 1994, un programme d'action : un développement durable ne peut être cherché qu'associé à la maîtrise démographique et donc à une politique de contrôle des naissances. Contesté par le Saint-Siège et par les dirigeants de certains pays musulmans, qui se sont trouvés en opposition avec la majorité des délégations, ce texte initial a cependant été conservé dans ses dispositions essentielles : les pays riches se sont engagés à financer les programmes de planification des naissances que les pays en voie de développement mettront en œuvre [5]. On espère éviter ainsi à la planète une surpopulation qui rendrait vain tout effort de développement et, en particulier, compromettrait dangereusement sa sécurité alimentaire.

Cependant, quelles que soient les mesures prises en vue de maîtriser la fécondité, la croissance de la population mondiale sera à peine ralentie au cours des prochaines décennies. La sécurité alimentaire ne pourra être obtenue qu'au prix d'une transformation des processus de production : car il s'agit non seulement de produire plus, mais de répartir autrement les moyens de production. Cette sécurité dépend en premier des politiques de développement rural [6].

Et ces politiques ne peuvent esquiver quelques points élémentaires dont les pouvoirs publics ont rarement tenu compte. Elles ne peuvent persister à ignorer, négliger ou exploiter les populations rurales. Or la paysannerie oubliée d'Afrique, la paysannerie dépossédée de ses terres en Amérique latine, la paysannerie en surnombre d'Asie du Sud et du Sud-Est attendent toujours que leur soient reconnus le droit et la capacité de gérer les ressources de la terre de façon que leurs intérêts propres et leur propre avenir ne soient pas systématiquement sacrifiés.

— La réforme agraire

Dans certaines régions du monde, caractérisées par la concentration des terres entre les mains de grands propriétaires ou de sociétés, la réforme agraire est la première des urgences[7].

L'autosuffisance alimentaire suppose un pouvoir accru des populations sur leur production et sur la commercialisation de cette production ; elle suppose, selon l'expression d'une journaliste spécialisée, une "démocratie alimentaire" qui reste à inventer[8]. Lorsqu'il est arrivé à un gouvernement de tenter une telle réforme — au Brésil en 1985, au Philippines en 1988, par exemple — la résistance armée des grands propriétaires s'est organisée[9]. Tant que tiendra l'opposition criminelle — l'adjectif n'est pas choisi à la légère — des oligarchies possédantes, tant que dirigeants politiques, militaires, économiques et financiers s'allieront pour défendre les intérêts qui leur sont communs, les populations paysannes privées de terre, et donc de gagne-pain, continueront à connaître des conditions de vie infra-humaines. Personne ne fera cette réforme à la place des responsables nationaux — lesquels sont issus très souvent de ces oligarchies.

Notons simplement, en passant, que les artisans pêcheurs rencontrent, de la part des entreprises pratiquant la pêche industrielle, une opposition aussi violente dont les répercussions sur leur vie — et sur les réserves marines — sont désastreuses[10].

— La promotion des paysans

L'expérience a montré que la redistribution des terres n'a des chances d'aboutir aux résultats attendus que si elle est accompagnée de mesures techniques, de facilités financières et d'équipements sociaux portant sur la formation et la santé ; elle ne peut réussir que si les pouvoirs se soucient en même temps des problèmes liés à la commercialisation. Tout cela est connu et faisable, mais la négligence habituelle de ces facteurs explique l'échec auquel ont abouti presque partout les tentatives de réforme foncière.

La vulgarisation technique en milieu rural n'est pas un problème simple. Les méthodes suivies sont souvent inadaptées, les spécialistes s'en sont rendu compte. Le manque de participation des paysans aux projets proposés est mis souvent sur le compte de leur mauvaise volonté, alors qu'il résulte bien davantage des méthodes adoptées : la démarche traditionnelle, toujours descendante, allait des chercheurs aux vulgarisateurs, puis de ceux-ci aux paysans ; de plus, les intervenants ignorent généralement tout des réalités sociales du lieu et des savoirs populaires. Même les encadreurs issus du pays et d'origine rurale peuvent se trouver en rupture avec les milieux paysans auxquels ils s'adressent : les méthodes imposées par l'État, les techniques, le langage utilisé sont étrangers au milieu traditionnel. Les hommes de terrain savent cela depuis longtemps ; ils l'ont répété tout au long de deux séminaires tenus à Yamoussoukro, en 1985 et 1989, ou lors du colloque organisé par le CRID (Centre de recherche et d'information pour le développement), en 1993 [11] — et en bien d'autres circonstances.

Comme l'ont fait divers spécialistes familiers des tiers mondes, René Lenoir a indiqué, dans un Rapport au Club de Rome, comment pourrait être menée, avec la population et à sa mesure, une action de développement intégré : Qu'il s'agisse de l'aménagement du territoire communal et de sa gestion, de la production agricole ou de la formation des hommes, il est souhaitable et possible de mettre en jeu les ressources du monde rural tout en revalorisant sa culture [12].

La collaboration avec la paysannerie et sa participation aux programmes de recherche et d'expérimentation sont donc nécessaires à toute campagne de développement rural. Mais, dans les milieux dirigeants, qui a entendu ces observations, qui est disposé à renoncer à l'approche "fondamentalement irréelle » du développement rural généralement pratiquée ? Les exemples sont rares d'une prise en compte des facteurs culturels dans les projets de développement rural [13].

La revalorisation du revenu des paysans est un élément nécessaire de la politique que nous étudions. On sait combien une politique des prix plus favorable aux agriculteurs, et surtout la garantie de prix minima fournie par des organismes intervenant pour l'achat de la production lorsque les prix du marché tombent trop bas aideraient à réduire aussi les problèmes alimentaires nationaux [14]. On peut s'attendre à ce que de telles mesures ne soient pas sans effet sur l'émigration rurale et la croissance des villes. La peur de heurter les intérêts immédiats des citadins et de risquer l'émeute — on ne s'y résout que lorsque la peur du FMI est plus forte encore — a toujours fait remettre à plus tard, c'est-à-dire à jamais, le relèvement des prix agricoles et la revalorisation du revenu des paysans [15]. Rééquilibrer le rapport ville-campagne passe par des mesures techniques et fiscales en faveur de cette dernière ; par exemple, par un appui donné à la multiplication des activités non agricoles. Même mieux soutenue, l'agriculture seule ne pourra retenir tous ses jeunes, mais elle peut donner naissance, en amont ou en aval, à des emplois très diversifiés qu'une politique réaliste peut favoriser. Des exemples de réussite sont connus.

Par exemple celui qu'offre l'Inde, dans le domaine de l'industrialisation rurale, grâce à l'émergence d'une classe d'entrepreneurs issus des notables ruraux, et aux liens familiaux qui assurent la solidité de ces entreprises, grâce aussi au niveau élevé de qualification des jeunes générations. Cette industrialisation rurale a permis de limiter l'exode rural et de mieux maîtriser la croissance des villes et des bidonvilles [16].

Pour que la sécurité alimentaire soit mieux assurée, il ne suffit pas que les producteurs, aidés par des méthodes simples et stimulés par des prix plus élevés, améliorent leur productivité. Il faut encore qu'ils aient accès au marché urbain en expansion rapide. Cela suppose l'aménagement d'infrastructures de stockage et de transport, l'adaptation des mécanismes de financement : dans ce domaine, les initiatives "informelles" ont été nombreuses et parfois réussies : entre la tontine et la banque se proposent différents types de coopératives autogérées d'épargne et de crédit [17]. Cela suppose encore l'installation d'industries locales de transformation des produits locaux, la commercialisation plus libre des produits régionaux d'une zone à l'autre et d'un pays à l'autre [18] et, enfin, des mesures communes à plusieurs États d'une même région, protégeant les marchés urbains contre les importations vivrières en provenance des pays développés [19]. Ceci donnerait au monde rural, en même temps qu'au pays, les moyens d'une relative sécurité alimentaire qu'aucune aide extérieure ne lui garantit.

Dès le début de la première décennie du développement, des propositions analogues ont été faites ; elles ont été redites inlassablement, et inlassablement négligées par les responsables [20].

— La promotion féminine

Mais une politique de développement rural doit encore davantage s'occuper des paysannes. Depuis trente ans, enquêtes et rapports officiels ont abondamment établi le rôle primordial joué par les femmes des tiers mondes dans tous les domaines essentiels de la vie, particulièrement dans la maîtrise de la fécondité, la solidité du groupe familial et sa capacité à faire face aux grandes épreuves collectives, enfin dans la sécurité alimentaire. Ce sont des femmes, par exemple — un exemple parmi bien d'autres — qui ont organisé et qui gèrent les 7000 cantines populaires créées à l'intention des 70% de la population péruvienne qui se trouvent en situation de pauvreté [21]. On sait combien les femmes pourraient être efficaces si elles étaient mieux intégrées — sans y perdre l'originalité de leurs initiatives et de leurs entreprises — à l'effort national.

Les mêmes enquêtes font ressortir aussi que les femmes sont généralement écartées des moyens de formation et d'information, de l'accès au crédit et de tout ce qui favoriserait ou faciliterait leurs activités propres. Des mesures appropriées dans ces domaines auraient des répercussions positives non seulement sur cette moitié défavorisée de la population, mais sur la population tout entière car on sait que, sans les femmes, il n'y aura pas de développement. On sait que la formation des femmes est une urgence et une priorité. On sait tout cela depuis trente ans, mais peu de chose a été fait [22]. Les déclarations officielles n'ont pas manqué. On a pu entendre là-dessus, entre autres, des dirigeants africains à l'éloquence convaincue [23]. Mais, en 1986, enquêtant une fois encore en Afrique, René Dumont et Charlotte Paquot ont pu constater que, là où ils passaient, rien n'avait changé dans la condition des femmes et que cet aspect du développement n'éveillait aucun intérêt chez les hommes. Si on avait consulté les femmes, dit un jour René Dumont, "si on les avait laissé faire, l'Afrique ne se serait pas ruinée" [24]. Le poids de la tradition l'a emporté, aidant parfois au maintien d'une législation discriminatoire. "La vie n'a guère changé pendant des décennies, estime le PNUD dans son rapport de 1993, pour 500 millions de femmes rurales dans le monde en développement" [25].

La Banque mondiale se préoccupe de cette situation et son rapport annuel fait état des réalisations qu'elle finance ; ainsi font l'OCDE, dont une étude déjà ancienne sur *Les femmes et l'égalité des chances* demeure toujours actuelle, ou le Fonds international de développement agricole (FIDA) qui décide, en 1990, de consacrer à des programmes concernant directement des femmes 30% des financements qu'il consent[26].

De 1993 à 1995, le Conseil asiatique pour les droits de la femme organise une série de symposiums portant sur différents aspects du droit ou de la coutume, de la vie quotidienne, de la religion et du développement, où les valeurs féminines qui pourraient être source de richesse culturelle et de vie collective sont, au contraire, méprisées et réprimées[27]. La Conférence du Caire sur la population a souligné avec force le rôle central que les femmes pourraient avoir sur la maîtrise de la croissance démographique à condition que soient améliorées leur santé, leur formation, leurs conditions de vie, et que soient rééquilibrés plus équitablement les rapports entre les sexes. Ainsi se rejoignent, comme les éléments indissociables de toute perspective d'avenir, la promotion de la femme du tiers monde, la maîtrise responsable de la fécondité, le développement[28]. Ces thèmes ont été repris et développés à Pékin, en mars 1995, lors de la Conférence mondiale sur les femmes.

Remédier à l'état de choses très général qui marginalise et infériorise le tiers monde féminin dépend en partie des femmes elles-mêmes, qui ont souvent pris des initiatives dans ce sens : des mouvements féminins, inspirés souvent des solidarités coutumières, se renforcent, prennent directement en charge les problèmes des femmes et, peu à peu, amènent les autorités traditionnelles et les pouvoirs publics à tenir compte de leur activité. Mais la promotion des femmes dépend aussi des hommes : des maris, des anciens du village, des chefs coutumiers et des responsables administratifs de tous grades, des ministres et des chefs d'État. S'ils ne le font pas, personne ne le fera à leur place. Si ce tiers monde masculin préfère conserver les avantages précaires que lui confère la coutume, s'il ne se donne pas la peine d'écouter la demande des femmes, s'il ne fait pas l'effort de comprendre qu'il est nécessaire d'alléger le travail des femmes et de faciliter leur participation au développement du groupe, bien des gens continueront à avoir faim et bien des bébés à mourir. C'est aux hommes du tiers monde qu'il revient de modifier les aspects vicieux de la coutume, de reconnaître aux femmes les droits politiques qu'elles revendiquent et de modifier les mécanismes sociaux qui perpétuent leur subordination dans la société. Un autre développement deviendrait possible avec les femmes : celles-ci en ont donné la preuve dans tous les domaines et sur tous les continents[29].

— Le soutien aux organisations paysannes

Hommes et femmes des tiers mondes ne sont réellement efficaces que groupés et organisés, comme partout ailleurs. Ceux qui ont longuement vécu dans l'un de ces pays, et proches des petites gens, savent qu'en dépit des pesanteurs sociologiques, le courage, la dignité et l'esprit inventif des plus pauvres parviennent à rendre efficace leur volonté de survivre, et que là se trouvent les meilleures raisons d'espérer. De bons connaisseurs ont montré que *le tiers monde peut se nourrir*[30], que le Sahel même pourrait se passer de l'aide alimentaire[31]. Mais, disent-ils, les vrais acteurs de ce développement rural et de la sécurité alimentaire seront les collectivités locales et les groupements villageois ; et ces efforts à la base n'auront de chance de réussir que si cette priorité du développement rural est inscrite dans la politique nationale. Il revient aux gouvernements de les soutenir, de leur donner les moyens de s'équiper progressivement de techniques plus efficaces, de s'organiser en réseaux, et d'articuler les initiatives locales et régionales avec les politiques nationales. La gestion des aménagements hydro-agricoles en particulier — problème crucial pour le présent et l'avenir de la sécurité alimentaire — pourrait être considérablement améliorée par la participation des organisations paysannes[32].

Or, en Amérique latine, les groupements et les syndicats par lesquels pouvait s'exprimer la revendication des besoins essentiels et des droits élémentaires, ont été systématiquement réprimés et détruits par les dictatures. Toute tentative d'une amélioration collective des conditions de vie, toute forme d'éducation qui voulait faire découvrir le sens de la dignité personnelle et de la responsabilité chez les plus pauvres, qui tendait à favoriser l'auto-organisation d'un groupe, a rencontré l'opposition des associations de grands propriétaires soutenues par les pouvoirs. Avec le retour fragile à des régimes plus démocratiques, un changement s'amorce dans les politiques agraires. Un numéro de la *Revue Tiers monde* a fait le point, en 1991, au sujet de ces nouvelles orientations. En Amérique centrale, en dépit d'une ouverture accrue au marché mondial qui aurait pu en réduire le rôle, les organisations paysannes ont réussi à obtenir que soient mieux respectés les intérêts et les droits de la population rurale. Mais le choix de l'économie libérale, actuellement dominant, a plus généralement pour effet le retrait de l'État et donc un moindre soutien aux initiatives du monde paysan. L'annonce de nouvelles politiques agraires par des gouvernements rénovateurs semble avoir eu pour but principal de satisfaire les bailleurs de fonds étrangers et d'apaiser les revendications internes[33].

Les gouvernements africains, quelle qu'en ait été l'idéologie, ont tenu à contrôler les associations populaires pour les mettre au service de politiques dont on connaît le caractère généralement nocif[34]. La situation politique est sans doute différente aujourd'hui, mais il ne semble pas qu'ait beaucoup évolué la tendance que l'Institut panafricain pour le développement dénonçait en 1984 : le souci de la participation populaire ne se manifestait toujours pas ; l'habitude persistait de négliger les groupes locaux — extrêmement nombreux et vivants[35] — et de les placer devant des projets tout définis[36].

Sachant la relative faiblesse politique des organisations paysannes, en Afrique tout au moins, sachant combien le monde paysan, majoritaire dans la population, a été peu représenté dans les Conférences nationales de la transition démocratique, on peut douter que les problèmes du développement rural apparaissent, pour longtemps, comme une priorité[37]. On ne devrait pourtant pas oublier qu'une agriculture prospère a été à la base de l'industrialisation des Nouveaux pays industriels du Sud-Est asiatique[38].

À condition que cessent la marginalisation violente dont le monde rural est souvent la victime, et *l'oubli* persistant de la paysannerie africaine, une autre forme de croissance est possible, qui donnerait satisfaction aux besoins alimentaires de base. "Le développement réussi dépend surtout de l'action des hommes"[39]. Dans cette action pourraient se joindre et se renforcer les initiatives locales, les décisions de niveau national et la coopération étrangère. Active déjà sous des formes non publiques et décentralisées, la coopération étrangère pourrait s'engager davantage. Le soutien aux organisations paysannes peut se concrétiser, selon leur diversité et leur rythme d'évolution, dans des conseils de gestion, dans l'aménagement des infrastructures, dans la simplification du système fiscal et de la législation[40]. Un ancien collaborateur du Père Lebret a indiqué ainsi la voie d'une aide qui ne serait pas domination : "Entrer dans une aventure partagée : celle du développement inventé pas à pas par les gens"[41].

D'autant plus que, dans les pays riches où s'aggravent de nouveaux processus de marginalisation sociale, les exclus imaginent des stratégies de subsistance à base d'auto-consommation, d'échanges non monétaires et de services réciproques. En marge des structures et des institutions du monde développé, un "tiers secteur" s'organise, dans lesquels les chercheurs reconnaissent des traits semblables à ceux du secteur informel des pays en voie de développement. Les responsables locaux constatent, et parfois favorisent, la "recrudescence d'activités qui, logiquement, ne devraient plus avoir de place dans l'économie moderne". Dans les marges du Nord comme dans les marges du Sud, on découvre ainsi une agriculture périphérique, peu rémunératrice, mais qui devient pour certains le moyen de la survie [(42)].

En contrepartie du soutien obtenu, le monde rural, ayant été remis en possession de sa terre et maîtrisant mieux ses conditions de travail, pourrait devenir un agent efficace de développement durable par une gestion plus heureuse des terroirs et des ressources naturelles.

Développement rural et environnement

Se sachant responsable de l'éco-système qui est son milieu de vie et qui restera celui des générations futures, le paysan a intérêt à ne pas en bouleverser l'équilibre. Il le comprend encore mieux si on lui donne les moyens d'exercer cette responsabilité. La redistribution des terres là où elle est nécessaire et un effort adapté de vulgarisation technique pourraient donc conduire à une exploitation des sols respectant la nature.

— Deux aspects d'un même problème

La Banque mondiale reconnaît l'urgence qui s'impose de traiter les problèmes d'environnement en rapport direct avec la vie quotidienne des populations : la dégradation des sols, la pénurie d'eau potable, la pollution de l'air. Son Rapport en 1992 s'efforce de montrer que développement et souci de l'environnement non seulement ne sont pas opposés, mais peuvent et doivent aller de pair, qu'ils sont les aspects complémentaires d'un même programme : "Sans bonne protection de l'environnement, pas de développement viable ; sans développement, pas de protection de l'environnement qui vaille". Le Rapport reconnaît que les chances d'un développement durable sont liées à la prise en compte des "facteurs sociaux" [(43)]. L'un des experts de la Banque cite l'exemple du programme haïtien de reboisement qui n'a réussi que lorsque l'on a laissé les communautés villageoises "planter les essences d'arbres qu'elles voulaient là où elles voulaient" [(44)].

Rien de sérieux ne sera donc obtenu sans la participation des populations, ce qui implique que soient reconnus leurs droits sur la terre, ainsi que leurs savoirs et leur expérience : des organisations de base ont montré — que ce soit dans l'entourage des monastères bouddhistes ou en pays bantou — que la culture traditionnelle peut favoriser une agriculture durable et autosuffisante, sans empêcher l'acquisition de techniques nouvelles[45].

Rien de sérieux ne sera fait si l'on ne tient compte, en particulier, des minorités autochtones, de leur vision de la nature et de leur rapport avec la terre.

Rien de sérieux non plus ne sera fait sans les femmes, dans le domaine d'une meilleure gestion des ressources naturelles ; rien, sans des mesures efficaces en vue de leur formation; rien, sans la reconnaissance de leurs droits et de leur responsabilité[46]. Justement, au sommet de Rio, qui concrétise une large prise de conscience du problème de l'environnement — mais non l'adhésion générale à des mesures adéquates — mille femmes du monde entier, représentant quatre cents ONG, se réunissent au Forum global. Six mois plus tôt, à Miami, s'était tenu le Congrès mondial des femmes pour une planète saine. À Rio, les propositions faites par les femmes veulent orienter les décisions vers un nouveau modèle de développement[47]. Car le problème déborde le monde rural et ne concerne pas les seuls pays en développement, qu'il s'agisse de la raréfaction de certaines ressources ou de la destruction de l'environnement.

— Le développement durable

Les besoins humains, en effet, ont tellement augmenté au cours des trente dernières années que les ressources actuelles les couvrent tout juste et que le renouvellement de ces ressources est mis en péril.

Qu'il s'agisse des grandes cultures ou des ressources halieutiques, nous sommes au maximum des capacités de production. Le paradoxe est grand si l'on considère que 7 % des sols français, par exemple, sont volontairement gelés pour diminuer la production. De fait, les stocks en céréales n'ont jamais été aussi bas et cette mesure de gel des terres est une mesure budgétaire conjoncturelle, non la traduction d'une baisse des besoins de la population mondiale. Au contraire, les besoins augmentent, mais la solvabilité diminue. Pour faire face à l'explosion démographique indienne, dans les années soixante, on avait apporté la révolution verte : des engrais en quantité et des variétés à haut rendement ont eu raison de la catastrophe menaçante. Tous les Indiens ne mangent pas à leur faim, mais l'Inde exporte du blé et le risque de la famine “brute” (par manque de denrées) s'est définitivement éloigné. En revanche, les famines “politiques” se multiplient. Quelles seront les disponibilités alimentaires de l'Afrique où l'on attend, pour les années à venir, une croissance encore considérable de la population ? Que fait-on dans le domaine des biotechnologies dont un continent si pauvre ne peut financer les recherches sans l'aide des pays riches ?

Lester Brown, sans doute le plus célèbre écologiste actuel, émet aussi l'hypothèse selon laquelle les guerres récentes sont de plus en plus favorisées par la pression sur les terres arables et la concurrence sur les ressources de base comme l'eau. Les meilleures illustrations résident dans la Somalie, Haïti et le Rwanda. “Dans ce dernier pays, écrit-il, la population est passée de 2,5 à 8,8 millions en moins de cinquante ans. Malgré des progrès considérables, la production céréalière par tête a diminué environ de moitié. La pénurie de terres s'est accrue, les petits lopins ont été divisés à chaque génération et la quantité d'eau a diminué. (...) Un conflit ethnique a plus de chance d'éclater dans une situation tendue par le manque d'eau et de nourriture”[48].

Ce n'est pas céder au catastrophisme que de prendre conscience de la situation de l'environnement au Nord — relativement bien connue, car des moyens d'évaluation existent — et au Sud. On connaît, au Sud, les répercussions de la pauvreté sur les sols épuisés, les forêts abattues et sur l'enfouissement des déchets industriels des pays riches contre une poignée de dollars. Mais qui consent à prendre en compte efficacement l'impact de la pollution sur la santé : à Manille, par exemple, où l'air est parfois irrespirable quand la circulation est intense ? ou à Sao Paulo, qui ne voit plus le soleil depuis bien des années, à cause d'un épais nuage permanent de pollution recouvrant l'agglomération très industrielle ? ou même à Ouagadougou, où la circulation des deux roues ne fait qu'augmenter, à l'instar de la démographie, et où la prudence impose le port d'un masque pour ne pas se sentir mal ?[49].

Cependant l'ampleur et la gravité des problèmes sont largement perçues, au point que les analyses malthusiennes font surface de nouveau en cette fin de millénaire[50]. La Banque mondiale traite de l'environnement dans chacun de ses rapports annuels, et elle a décidé de ne plus financer les projets nuisibles à l'environnement[51] ; l'OCDE[52] et la Communauté européenne[53] s'en préoccupent, tandis que les Nations unies décident, en 1990, de créer le Fonds pour l'environnement mondial[54].

Depuis le Rapport Brundtland (1987), le monde des dirigeants ne peut plus ignorer la notion de développement durable ; il sait que la protection de l'environnement est indissociable du développement, du moment que celui-ci concerne aussi la satisfaction des besoins des générations futures. Le modèle de développement choisi doit assurer la transmission du potentiel de croissance aux héritiers des développeurs d'aujourd'hui. Les questions posées dépassent désormais le domaine technique : la puissance dont l'homme dispose donne à ses actes une portée telle et entraîne de telles conséquences que sa responsabilité en est transformée. Quelles règles de conduite doit-il se donner quand il prend conscience de ce que l'espèce humaine est l'une des composantes de la totalité naturelle dont il doit assurer le devenir ? La formation tâtonnante d'une "éthique environnementale", puis d'une" économie écologique", met en question les comportements humains, mais aussi les institutions économiques et politiques du monde contemporain [55]. Malgré la multiplicité des problèmes posés et l'incertitude des diagnostics, malgré la diversité des acteurs concernés, des intérêts poursuivis et des méthodes envisagées, un développement durable ne paraît pas inaccessible. À la suite d'une enquête menée dans plusieurs pays africains, un ancien professeur de l'université d'Ifé, au Nigeria, a pu montrer la réussite de projets de développement tenant compte à la fois des contraintes alimentaires et environnementales ; un personnel mieux formé, utilisant des techniques peu coûteuses, avait obtenu des résultats positifs dans tous les secteurs considérés comme prioritaires et difficiles : la conservation de l'eau, la régénération des sols, la lutte contre la désertification [56].

Il est donc possible de concevoir et de mettre en œuvre une gestion du patrimoine commun de l'humanité. Ignacy Sachs et quelques autres, depuis longtemps, ne cessent de proposer une démarche nouvelle : non seulement un ensemble de mesures qui pourraient être prises, mais un renouvellement du regard sur le monde et sur l'activité humaine. L'éco-développement, tels qu'ils l'analysent, permettrait un développement" socialement équitable, écologiquement viable et économiquement efficace" [57].

— Le message des religions

Les religions et les Églises ont aussi leurs remarques à faire et leurs propositions pour l'avenir. Certains grands systèmes religieux d'Orient tiennent le respect de la nature et de tout être vivant pour un point essentiel de leur doctrine ; le sens qu'ils ont de l'intégration de l'homme dans le cosmos dissuade leurs membres de toute atteinte à l'harmonie sacrée du monde [58]. Quant aux mouvements religieux contemporains, ils se préoccupent de renouveler le rapport de l'homme à la nature [59].

Dans les Églises chrétiennes, des théologiens de renom, s'appuyant sur les sources anciennes de la doctrine, rappellent que le Créateur tient l'homme pour responsable de la conservation de son milieu de vie [60]. Ils s'inquiètent des initiatives imprudentes de l'homme "exploiteur, dominateur, dévastateur, (...) qui veut plier à ses caprices les lois de la nature". Placé à l'origine, racontent les plus anciens textes de la Bible, dans un jardin, il devait en être le jardinier, attentif et respectueux. La gérance de la création a été confiée à l'homme dans la double perspective de continuer avec amour le geste créateur de Dieu et d'aménager une demeure habitable pour l'espèce humaine [61]. La préoccupation d'une bonne gestion de la planète s'exprime dans un texte commun aux Églises européennes réunies à Bâle en mai 1989. Le document final de ce rassemblement œcuménique s'intitule *Paix et justice pour la création entière*. La conscience a mûri de l'interdépendance des problèmes qui constituent une crise globale et mettent en danger la survie de l'humanité : les menaces sur la justice, car les besoins essentiels d'un milliard d'êtres humains ne sont pas satisfaits ; les menaces sur la paix, car les conflits sont nombreux et tout est fait pour en favoriser l'explosion ; les menaces sur l'environnement. "Nous devons modifier la structure même de notre économie", conclut le document. Toute la gestion de la planète et de ses ressources est à revoir [62].

Bâle n'avait réuni que les Églises européennes. Au colloque de Klingenthal (Bas-Rhin), en octobre 1995, les participants venus du monde entier représentent tous les courants religieux et les écoles de pensée préoccupés des rapports de l'homme avec son environnement naturel. Ils se rencontrent afin d'amorcer une action commune. Leurs différentes approches spirituelles et culturelles ont su se rejoindre pour exprimer dans "l'appel de Klingenthal" leur préoccupation commune de l'avenir de la planète Terre et leur volonté d'une gérance plus heureuse du "jardin de l'humanité" [63].

Les mentalités évoluent, sans aucun doute. Les pratiques de la production et du commerce évoluent-elles également, les politiques s'adaptent-elles à cette prise de conscience ?

— Les politiques de l'environnement

En Europe, une enquête menée au début des années quatre-vingt-dix auprès d'une trentaine des plus grosses entreprises montre que celles-ci ont dépassé le stade d'une simple "sensibilité écologique". La prise en compte des critères écologiques, perçue d'abord comme une contrainte onéreuse, est reconnue comme un facteur d'innovation et de compétitivité ; on organise donc la production dans la perspective d'un développement durable[64].

Certains gouvernements tentent d'introduire cette préoccupation dans leur politique de croissance[65]. En Afrique, le mouvement a pris corps à la fin des années quatre-vingt. L'expérience menée par trois pays pilotes : Madagascar, l'Ile Maurice et le Lesotho, a été suivie, avec plus ou moins de constance et de sagacité, par quelques autres pays. Les promoteurs du Plan national d'action pour l'environnement ont parfois réussi à obtenir l'engagement des dirigeants politiques — dont ils escomptaient le cadre institutionnel et les outils économiques — et la participation populaire qui en ferait un mouvement démocratique. Le plan devait permettre d'améliorer les conditions de vie des populations, tout en préservant à long terme, dans l'intérêt des générations à venir, le patrimoine naturel[66].

Le Sud pas plus que le Nord ne manifeste, en réalité, beaucoup d'empressement à la conservation de ce patrimoine ; ce n'est pas une priorité pour lui. De plus, et avec raison, il accuse le Nord d'être le principal responsable de la pollution mondiale. L'argument, qui a servi naguère dans les discussions au sujet des problèmes démographiques, revient dans ce domaine : sans mettre en cause son propre mode de vie, le Nord cherche à faire payer par les pays les moins riches le prix de la sauvegarde de la planète[67]. C'était alors par le contrôle des naissances, ce serait maintenant par un frein mis, au nom de l'environnement, à la croissance économique du Sud.

Malgré la convergence significative des opinions publiques, de personnalités scientifiques faisant autorité et des instances religieuses, malgré des tentatives nationales encore ponctuelles auxquelles les pays développés n'accordent guère d'attention, il reste encore beaucoup à faire, dans les milieux de décision nationaux et internationaux, pour que l'on passe d'une exploitation respectant la nature à une notion plus élaborée, celle d'une gestion communautaire de l'environnement ; puis pour que, dépassant les frontières à l'intérieur de chaque continent, cette gestion devienne un projet collectif.

Cinq ans après le sommet de Rio, le sommet de New York, en juin 1997, constate que "l'environnement de la planète s'est considérablement dégradé". Nul, parmi les responsables nationaux, n'a tenu compte des recommandations de Rio. "Le diagnostic est établi et partagé, commente un journaliste spécialisé. La thérapie connue : changer les modes de production et de vie. Or personne n'ose engager le traitement[68]. C'est cependant l'un des domaines majeurs où se joue l'avenir de l'humanité.

La ville, l'habitat et l'emploi

Des mesures ont parfois été prises pour ralentir l'émigration rurale et maîtriser la croissance des villes ; des mesures trop rares et trop fragmentaires pour être réellement efficaces. Même si des politiques de développement rural étaient résolument engagées, le mouvement d'urbanisation se poursuivrait, à un rythme à peine ralenti, car c'est surtout la population urbaine elle-même qui alimente la croissance de la ville. Ce rythme est tel qu'il dépasse toute tentative d'organisation et que l'on ne peut plus parler de ville à propos des mégapoles du tiers monde : selon l'expression d'un spécialiste, on observe plutôt "un assemblage inarticulé de morceaux de villes"[69].

— L'initiative populaire et l'habitat

Partout dans les villes est manifeste l'incapacité des pouvoirs publics à gérer, de façon efficace et cohérente, l'énorme et disparate ensemble des gens et choses accumulés, à fournir aux populations excentrées des plus grandes agglomérations un minimum de services adaptés, et d'abord un toit. Le désengagement de l'État dans le domaine de l'habitat bon marché a laissé le champ plus libre aux initiatives populaires. Aussi a-t-on assisté partout à la mobilisation spontanée des exclus. Sans grands moyens et sans notoriété, des associations de quartier ont entrepris d'aménager à leur façon leur cadre de vie.

L'habitat n'est plus perçu simplement comme un logement, mais comme le lieu de vie où s'expriment les rapports familiaux et les valeurs du groupe, où se reflète un ordre social, où est symbolisée une culture particulière. Ce dont les sociologues se rendent compte au terme d'une investigation scientifique, les usagers le saisissent intuitivement et le vivent au quotidien[70]. L'ignorance de cette richesse de signification, chez les techniciens et chez les planificateurs urbains, explique en partie l'inadaptation fréquente des projets proposés. "L'auto-construction assistée" qui utilise des savoir-faire traditionnels en les améliorant, apparaît comme une solution plus adaptée aux besoins et aux ressources du grand nombre.

Il serait donc judicieux de concevoir une gestion plus décentralisée de ces agglomérations, où pourraient naître alors "des formes inédites de citadinité, de vie quotidienne, de rapports sociaux, de modes de production et d'investissement de l'espace, de systèmes de valeurs et de représentation"(71). À la faveur du mouvement de démocratisation politique, au cours des années quatre-vingt, l'installation d'équipes municipales populaires à la gestion de grandes villes d'Amérique du Sud a montré la force de l'aspiration populaire à la participation : la ville ne peut plus être gérée en fonction des seuls intérêts des milieux au pouvoir. Des mesures doivent être prises en faveur des populations traditionnellement négligées(72).

La Banque mondiale, au cours des années soixante-dix, a imaginé et soutenu le projet de "trames d'accueil" offrant aux populations à faible revenu des terrains dotés de services élémentaires(73). Plus tard, constatant l'aggravation du problème au plan mondial, elle a été amenée à préconiser l'intervention du secteur privé sur le marché du logement populaire : des réalisations, constatées dans plusieurs pays, lui permettaient de penser que banques et entreprises privées pouvaient s'intéresser à la construction de logements à loyers très modérés(74).

Ceci ne dispense nullement les pouvoirs publics de mener une politique urbaine où devront figurer, en particulier, des mesures sur les régimes fonciers — que les gouvernements hésitent toujours à prendre — pour éviter la spéculation sur les terrains. Cette politique ne peut se contenter de traiter les symptômes les plus visibles du mal-développement urbain en fournissant une assistance aux couches sociales les plus pauvres. Elle n'a de sens que si elle agit sur les causes, que si elle est liée, par conséquent, à la politique de développement rural, à la localisation des industries, à l'aménagement du territoire; que si elle est intégrée à la stratégie globale de développement du pays(75).

— Le secteur informel et les services de base

L'informel est présent dans tous les secteurs de l'activité. Efficaces et adaptés dans le domaine de l'habitat, l'artisan et l'entrepreneur du secteur informel ne le sont pas moins en matière d'alimentation, d'habillement et de transport. Présents dans les villes, ils le sont aussi dans les activités non agricoles du monde rural. Des études récentes montrent qu'il ne s'agit pas d'un phénomène résiduel, mais d'un comportement durable qui s'enracine dans les valeurs socio-culturelles de chaque région du monde[76]. Nous avons dit l'intérêt que certains gouvernements ont enfin porté à ce secteur, découvrant une image nouvelle de l'économie de leur pays.

Sans doute — de bons connaisseurs le disent — il faudrait bien réguler quelque peu des activités aussi insoucieuses des codes et des normes, mais il est plus important de favoriser l'auto-organisation de ce secteur et de lui créer un cadre favorable ; il est plus important de soutenir un dynamisme spontané dont dépendent les emplois, la croissance économique à la base et la solidité du tissu social. Il est plus important de favoriser les rapports de ce secteur avec le secteur dit "formel" dont il diffère parfois si peu, l'informalité s'étant installée comme un mode d'être général jusque dans les grandes entreprises et dans l'appareil d'État[77].

Une enquête de l'OCDE, parue en 1990, fait état d'initiatives privées et publiques de soutien au secteur informel. Quelques-unes de ces réalisations apparaissent bien comme des réussites : écoles de quartier, centres d'apprentissage, établissements publics d'enseignement professionnel, stages de perfectionnement ont pu former une main-d'œuvre plus qualifiée ; aux petits chefs d'entreprise formés à la gestion commerciale, des facilités de crédit ont été accordées en même temps qu'une aide pour l'approvisionnement en matières premières ou le repérage des marchés potentiels. Cet effort, très limité encore et dont les déconvenues ont été fréquentes, a porté essentiellement sur les activités informelles en milieu urbain dont les problèmes paraissaient prioritaires[78]. Les campagnes ont été généralement négligées — ces campagnes où les femmes jouent un rôle considérable.

Si les chercheurs ont beaucoup progressé dans la connaissance et l'évaluation du secteur informel, cette approche nouvelle n'est qu'esquissée chez les gouvernants. Pourtant, des voies ont été ouvertes, dans lesquelles il est urgent d'engager les hommes et les ressources. La "révolution informelle" dans les tiers mondes va se poursuivre[79]. Par ce moyen seul, la main-d'œuvre en surnombre, à laquelle le secteur moderne ne peut offrir d'emploi, trouvera des moyens d'existence; par ce moyen seul, des biens et des services essentiels seront fournis au grand nombre de citadins et de ruraux qui n'a pas accès aux produits industriels et aux services collectifs réguliers ; par ce moyen seul, les échanges entre personnes et collectivités pourront s'intensifier, donnant une vitalité nouvelle à un tissu social déjà vivant.

Dans un document préparé en vue de la deuxième Conférence mondiale sur l'habitat — à Istanbul, en juin 1996 — les associations françaises de solidarité internationale demandent aux gouvernements de reconnaître comme partenaires les mouvements associatifs qui représentent directement les intérêts des habitants. Ces groupements, souvent informels, devraient bénéficier d'un cadre juridique reconnaissant leur existence, leur représentativité et leur liberté d'expression. Ils devraient être associés aux projets et aux débats concernant l'aménagement de la ville et du territoire, l'habitat, les services urbains. Ainsi seulement les intérêts de tous pourraient être pris en compte ; ainsi seulement les besoins des plus démunis, parmi lesquels les femmes, pourraient être définis et reconnus [(80)].

Des chercheurs, familiers de l'Amérique latine en particulier, jugent même que l'aide publique internationale devrait être attribuée directement aux collectivités locales, aux groupes associatifs privés ; des contrats de développement pourraient être négociés entre les sociétés occidentales — pouvoirs publics et associations — et ces acteurs de terrain, pour que les investissements atteignent les lieux où ils sont nécessaires et les hommes qui sauront les utiliser [(81)]. Ce partenariat associant aux pouvoirs publics tout ce que la société civile compte de vivant, et cette idée d'un financement direct des associations urbaines par les grandes banques internationales sont repris par le secrétariat de la Conférence Habitat II. Il serait aventureux, cependant, de chercher à écarter l'État de sa responsabilité dans la gestion de la ville [(82)].

Les problèmes de l'industrialisation

— Industrialisation et pouvoirs publics

Même si elle demeure pour beaucoup un moyen de vivre actuellement irremplaçable, l'économie informelle ne peut tenir lieu d'économie. Un pays ne peut éviter l'effort d'une industrialisation en même temps que celui d'une politique sociale appropriée. Les problèmes rencontrés sont évidemment fort différents selon qu'il s'agit des Nouveaux pays industriels ou de pays moins avancés.

Les pays pauvres doivent renoncer aux rêves grandioses, aux grandioses aberrations. Le réalisme peut maintenant l'emporter. Il existe presque partout, parmi les rescapés des dictatures, des gestionnaires corrects capables de calculer le montant et la nature des investissements que le pays peut supporter, capables d'évaluer l'importance du marché — national ou régional — offert à la production ; il existe presque partout des hommes politiques honnêtes et avisés capables de faire passer l'intérêt collectif avant le leur et d'aménager un environnement favorable au progrès des entreprises : mesures administratives et fiscales appropriées, orientation de la main d'œuvre selon des filières de formation adaptées. Une orientation de l'enseignement professionnel et technique, accentuant le rapport entre formation et secteurs industriels choisis, devrait être menée en même temps que la rationalisation des filières de production. Il existe partout des entrepreneurs potentiels dont une formation et un appui pertinent assureraient l'avenir[83].

On sait généralement quels éléments peuvent donner des chances raisonnables à une entreprise : trente ans d'essais, d'erreurs et parfois de réussites l'ont enseigné à ceux qui voulaient bien l'apprendre. Il semble assez clair que l'innovation technique n'est reçue que si elle est comprise et maîtrisée par les intéressés, donc dans la mesure où ceux-ci ont été acheminés vers sa découverte et formés de façon appropriée ; il semble clair qu'une installation ne fonctionne que si les intéressés ont contribué, sinon à sa conception, du moins à sa réalisation et à sa gestion. Il faut donc admettre sans remords l'utilisation de techniques "intermédiaires", au prix même d'une production moindre, et concevoir de façon évolutive l'introduction de techniques nouvelles, à mesure que le permettront l'expérience pratique et l'enrichissement des connaissances. Le soutien aux petites et moyennes entreprises devrait être considéré presque partout comme une priorité : à la fois pour leur capacité à créer des emplois et parce qu'elles sont plus aptes à utiliser les matériaux et les savoir-faire traditionnels de la main-d'œuvre locale, complémentaires des procédés de l'industrie moderne[84].

L'avenir des villes moyennes est lié à une politique rationnelle d'industrialisation. Les liens sont parfois restés assez vivants entre ces villes et les zones rurales pour que l'agro-industrie soit le facteur principal de la croissance urbaine; le plus souvent, des créations neuves sont nécessaires. Faciliter les échanges économiques entre ville et campagne, créer le marché local à la ville et y favoriser l'installation d'industries adaptées aux besoins locaux : des réalisations ont été tentées, mais elles sont restées trop fragmentaires, trop rares pour modifier sensiblement le paysage économique des pays en développement. Le développement des villes petites et moyennes reste une priorité[85]. C'est par lui que pourrait s'opérer une évolution sans révolution des systèmes de production et des structures sociales.

Il ne sera pas facile, pour le pouvoir politique, de définir le rôle que lui confie — confusément dans ce domaine — le vote démocratique. Malgré les habitudes dirigistes d'un passé souvent dictatorial, il devra ouvrir un espace de liberté à l'entreprise privée, car la démocratie ne s'accommode pas de la planification étouffante des régimes totalitaires, et une économie moderne ne saurait se priver du dynamisme singulier de la libre entreprise. Inversement, malgré les injonctions des doctrinaires du libéralisme, il est souhaitable qu'il conserve ou retrouve un certain contrôle des choix et des activités économiques, en particulier dans les secteurs dont dépendent l'équilibre de l'ensemble et les conditions de vie de la population. Car la démocratie ne s'accommode pas non plus de la dictature des intérêts privés s'exerçant au détriment des besoins des plus pauvres.

Malgré l'internationalisation des grands secteurs de la production et l'organisation des grandes entreprises en réseaux de services et d'information, malgré la force grandissante des réseaux transnationaux du commerce et de la finance [86], malgré l'influence souvent déterminante qu'ils exercent sur les lieux de décision, il revient donc au pouvoir politique, dans l'espace qu'il parvient encore à contrôler, de définir les priorités nationales, de mettre en correspondance les besoins, les ressources et les moyens, et de négocier avec l'étranger les termes de la coopération. Tout en laissant aux régions, souvent marquées de caractéristiques ethniques, une liberté d'initiative, il lui revient de penser l'aménagement du territoire, c'est-à-dire de coordonner les activités décentralisées, d'orienter les projets industriels en fonction de l'intérêt général, et des moyens complémentaires des économies voisines. La montée en puissance des pays émergents, dans une diversité de processus et de trajectoires qui exclut toute systématisation, indique tout de même que des orientations et des décisions d'ordre socio-politique peuvent bloquer ou favoriser l'innovation, "clé du développement".

Cependant, seul un régime véritablement démocratique serait susceptible de prendre en considération les besoins essentiels des secteurs sociaux défavorisés ; seul il entendrait les aspirations du corps social à participer de façon responsable à la vie collective et prendrait le risque d'associer les classes moyennes instruites aux décisions majeures; seul il serait en mesure de faire, de l'aménagement du territoire et de l'avenir national, une œuvre collective où chacun aurait sa place [87].

La Banque mondiale, qui n'a cessé d'encourager la libéralisation des politiques commerciales, reconnaît qu'il est normal de voir l'État intervenir de façon déterminante pour fixer les règles du jeu auxquelles la production et l'échange doivent se conformer ; de façon que d'autres objectifs — politiques, sociaux, culturels — soient maintenus et, en particulier, qu'un système de protection sociale soit assuré pour les pauvres[88].

— La coopération internationale

À cette reconversion progressive et d'ailleurs partielle qui tendrait à contenir les influences extérieures et pourrait aller à l'encontre des règles du marché, les pays développés consentiront-ils un appui ? Certains sauront-ils renoncer, à l'égard des pays en développement, aux mises en demeure d'ouvrir les marchés qui leur ont parfois tenu lieu de politique de coopération ?

L'appui déjà fourni par certains pays étrangers dans les domaines de la formation et de la gestion pourrait être accentué. Au cours des années quatre-vingt-dix, une Europe scientifique se construit, la recherche scientifique française et européenne s'internationalise[89], et la France manifeste sa volonté de donner un nouvel élan à ce type de coopération avec les pays en développement. Elle sait qu'une recherche authentiquement africaine, en particulier, doit se développer, aussi bien dans l'intérêt de l'ensemble du monde que pour l'avenir des populations africaines. Il ne faut pas oublier, disait, en 1991, Alain Ruellan, directeur du programme "Environnement" du CNRS, que" le monde a besoin de l'Afrique pour maintenir et enrichir la diversité de son intelligence, et pour la recherche de voies nouvelles pour un développement durable du monde". Les équipes de recherche des pays en voie de développement peuvent élaborer, à partir d'aires culturelles diversifiées, de nouvelles méthodes d'approche de questions fondamentales. En contre-partie de l'appui donné à ces équipes, la France et l'Europe bénéficieront d'un enrichissement culturel[90].

D'autre part, de nombreux pays "du Sud" disposent de capacités techniques de tous les niveaux auxquelles il est souhaitable que leurs voisins fassent appel. Ce double apport, s'il est respectueux du tissu social et de ses lignes de force, s'il sait mettre en valeur les modes locaux d'organisation, pourrait heureusement soutenir la dynamique locale tout en l'ouvrant sur un projet plus vaste. L'entreprise resterait insérée dans le groupe qui lui donne naissance, sans rupture avec la culture dont il vit. Comme nous le verrons plus loin, la gestion des entreprises ne peut faire abstraction des valeurs et des manières de vivre nationales ou locales ; elle ne peut être socialement efficace que si elle intègre, si elle "réemploie" les valeurs traditionnelles sous des formes et des formulations nouvelles. Ceci est vrai pour les sociétés occidentales aussi bien qu'en Afrique ou ailleurs [91]. Dans ces conditions, la croissance industrielle des pays moins développés pourrait éviter l'échec et rester au service de la société tout en s'ouvrant aux formes modernes de la vie.

Dans les pays en voie d'industrialisation rapide, les firmes multinationales se sont implantées en nombre. À la fin des années quatre-vingt, on s'interrogeait sur leur capacité à jouer un rôle positif dans le développement des tiers mondes [92]. Au cours des années quatre-vingt-dix, ces entreprises investissent massivement dans les économies émergentes ; elles effectuent environ 70 % des investissements à l'étranger, et contrôlent une proportion égale du commerce international. L'implantation de ces firmes fait l'objet d'une vigilance accrue de la part des associations humanitaires ou de consommateurs à l'égard de leur comportement social et environnemental [93], mais les invitations officielles sont justifiées par leur rôle croissant dans l'activité économique et le progrès technique.

Des entreprises locales, connectées aux réseaux transnationaux, offrent des produits de haute qualité technique. La distinction Nord-Sud s'efface ici. La coopération scientifique a atteint un niveau tout autre qu'avec les pays cités plus haut. Des accords sont signés et de grands programmes industriels conduits en commun par des organismes de recherche français et par des laboratoires de différents pays. En s'associant aux équipes locales encore souvent isolées et insuffisamment informées, des équipes scientifiques internationales pourraient intégrer dans la recherche fondamentale les questions et les méthodes nouvelles qui émergeraient ainsi : la dizaine de laboratoires brésiliens et français travaillant ensemble sur la physique atomique et moléculaire est un exemple réussi de cette collaboration [94].

Mais ceci ne peut faire oublier d'autres aspects de la réalité. Les Nouveaux pays industriels et leurs émules auraient intérêt à évaluer de quel coût social leur réussite a été payée. Pour que leur croissance devienne développement, leur projet économique doit être doublé d'un projet social : on ne peut indéfiniment oublier les hommes. Certains l'ont compris, comme les quatre dragons asiatiques dont les politiques de production, impitoyables pour l'homme dans leurs débuts, sont devenues un peu plus respectueuses du travailleur. Mais d'autres pays ont encore à trouver et à appliquer les moyens connus de redistribution des ressources au plus grand nombre, comme l'a promis le président du Chili, Eduardo Frei, élu en 1993[95]. Il est vrai qu'ils courent ainsi le risque de devenir moins compétitifs à mesure que disparaîtront l'avantage comparatif d'une main-d'œuvre mal payée, mal nourrie, mal logée, et l'exploitation sans mesure d'enfants au travail.

D'autre part, même si certaines cités géantes concentrent un irrésistible potentiel de production[96], même si, dans les Nouveaux pays industriels, le jumelage de l'action gouvernementale et de l'initiative privée a permis l'essor de multinationales entreprenantes qui essaiment des filiales par milliers[97], les pays qui ont aujourd'hui les moyens de réussir seuls l'aventure industrielle sont relativement peu nombreux. L'étroitesse des marchés nationaux et la maîtrise difficile de certaines technologies ne peuvent trouver une solution que dans la constitution d'ensembles économiques régionaux au sein desquels pourrait se réaliser une industrialisation concertée. C'est à cette échelle également que devrait être progressivement conçu l'aménagement du territoire. Nous reviendrons plus loin sur ce problème de régionalisation.

La régulation des échanges

Pendant trois décennies, les théories se sont opposées, prenant alternativement l'avantage[98]. L'une se préoccupait en premier lieu de la croissance économique des pays en voie de développement et voyait dans l'application des lois du marché le seul moyen efficace d'assurer le décollage du Sud et de combler l'écart entre pays riches et pays pauvres. L'autre, attentive à certains résultats négatifs mis en évidence par les bilans, proposait des politiques plus volontaristes et recommandait aux États d'intervenir en vue d'une redistribution plus équitable des revenus nationaux et du revenu mondial.

Nous avons constaté que le courant libéral gagnait du terrain au cours des années quatre-vingt, et cela sur l'ensemble de la planète, à mesure que la doctrine marxiste connaissait un reflux et les États socialistes un effondrement. Les acteurs nationaux et internationaux de développement paraissent ne plus attendre que du libre-échange le développement des tiers mondes. Cependant la critique n'a pas désarmé à l'égard de cette théorie de la part de milieux moins officiels mais très engagés dans le travail du développement.

Ces argumentations contradictoires se sont-elles vérifiées ? Dans quelle mesure et sur quels points les résultats constatables donnent-ils raison à l'une ou à l'autre ? Dans quelle direction paraît-il souhaitable d'orienter les échanges Nord-Sud ?

— L'argumentation des théoriciens du libre-échange

Rappelons brièvement l'argumentation des théoriciens du libre-échange en deux points : l'un critique la perspective protectionniste, tandis que le second présente les promesses du libéralisme.

Les méfaits du protectionnisme sont connus. Le secteur d'activité protégé — par des droits de douane, par la limitation des autorisations d'importation et par des normes techniques auxquelles doivent se conformer les produits importés — ou soutenu par des subventions directes ou déguisées, a tendance à se scléroser. Le pays ne profite pas de ces mesures de protection pour redresser le secteur en difficulté ; il ne fait pas l'effort d'investissement qui moderniserait ce secteur et le rendrait capable d'affronter la concurrence : il diffère le perfectionnement des techniques et la réduction des coûts de production, la formation du personnel, la fabrication de produits plus élaborés. Si bien que le consommateur local doit souvent payer un bien ou un service de médiocre qualité plus cher que s'il l'importait de l'étranger. Et le pays conserve ses handicaps qui le rendent de moins en moins apte à l'échange avec l'étranger.

De plus, les mesures protectionnistes suscitent des mesures de rétorsion, Le pays qui freine certaines importations risque de voir ses propres exportations refusées par l'étranger chaque fois que le permet — et c'est presque toujours le cas — l'existence d'autres fournisseurs ou de produits de substitution. Or tout pays dépend de l'étranger pour son approvisionnement en certains produits et il doit pouvoir exporter pour les acheter. Fermer ses frontières équivaut donc à fermer ses propres débouchés à l'extérieur et à conduire l'économie nationale à l'étouffement.

C'est, au contraire, à l'ouverture sur le large qu'invitent les économistes libéraux. La croissance économique, stimulée à la fois par la demande du marché extérieur et par la concurrence, favorisera la création d'emplois, la rentrée des devises indispensables et l'enrichissement de tous. Chacun des pays participants pourra bénéficier de cette croissance, s'il l'appuie sur les avantages comparatifs dont aucun n'est dépourvu — le faible coût de la main-d'œuvre étant l'avantage le plus souvent évoqué des pays du tiers monde. De même que le dynamisme de la croissance se transmet des pays développés aux pays en voie de développement, de même la croissance se transmettra du secteur moderne de l'économie aux secteurs moins favorisés, et les bénéfices de la croissance se diffuseront sur les catégories les plus pauvres de la population.

L'intégration au marché mondial, en stimulant la production, fera reculer le chômage et sera source d'enrichissement pour tous. Tout finira par s'arranger grâce à la libération mondiale des échanges. Les forces du marché réaliseront l'équilibre à l'échelle du monde et, dans chaque pays, la distribution équitable du revenu que les interventions étatiques sont impuissantes à établir. Des documents récents, des négociations récentes comme celles qui ont clos l'Uruguay Round en décembre 1993, montrent que la doctrine libre-échangiste et ses méthodes n'ont pas varié. "Nous sommes au seuil d'une nouvelle ère mondiale", écrit en 1997 le secrétaire général de l'OCDE. La mondialisation économique offre "des perspectives extrêmement prometteuses", selon les meilleurs experts de l'Organisation : "Dans les pays de l'OCDE, les niveaux de vie pourraient être supérieurs de 80 % en 2020 à ce qu'ils sont actuellement, tandis que la hausse dans les pays non membres pourrait atteindre la moyenne de 270 %." Ces merveilleuses perspectives n'empêchent pas certains analystes, à l'OCDE même, de penser qu'une grande incertitude demeure quant aux moyens réalistes d'assurer un minimum de cohésion sociale[99].

— Le libre-échange contesté

Les démentis fournis par l'expérience expliquent pourtant que beaucoup, aujourd'hui encore, à l'heure du ralliement général au capitalisme libéral, en contestent les capacités et les promesses. Trois décennies de mal-développement ont montré ce que l'on peut attendre de telles promesses.

Dans les tiers mondes, les inégalités se sont généralement aggravées. Sans doute faut-il excepter les dragons de l'Asie de l'Est, qui ont progressivement découvert la nécessité et l'intérêt d'une politique sociale ; les études récentes montrent que les salaires s'y rapprochent des taux européens de rémunération, surtout pour les cadres[100]. Mais, plus généralement, pour les pays qui s'industrialisent rapidement et connaissent un taux de croissance élevé, les revenus ont connu une différenciation croissante, elle aussi. La part du revenu national allant aux catégories les plus pauvres a été réduite. Les politiques de croissance comportent le maintien de salaires aux plus bas niveaux, l'exploitation sans mesure des femmes et des enfants et la marginalisation d'une fraction considérable de la population. Le redressement de l'économie mexicaine, par exemple, grâce à l'application des recettes du FMI, a bien permis l'enrichissement de certains : en 1988, le pays ne comptait que deux milliardaires en dollars ; en 1994, le nombre de ces heureux personnages était monté à 24, mais les classes moyennes et défavorisées avaient perdu 60% de leur pouvoir d'achat[101].

En Amérique latine, on n'a guère vu s'exercer le mécanisme de diffusion du progrès ni s'étendre les retombées attendues de la modernisation. En règle générale, l'adoption du libéralisme a pu favoriser l'essor du secteur moderne de l'économie, mais elle a eu simultanément pour effet la dégradation de la qualité de la vie pour une très grande masse d'hommes et de femmes. Selon la Banque mondiale, un Latino-américain sur trois vit en-dessous du seuil de pauvreté [102]. Le redressement économique exigé par l'ouverture au marché a entraîné la diminution des dépenses de l'État dans le domaine des services sociaux, au moment où la compétition provoquait la fermeture de milliers d'entreprises. En Argentine, une politique inspirée de ces principes a obtenu le redressement de la balance commerciale, mais le taux officiel de chômage est passé de 12,5 % de la population active en avril 1995 à 18,6 % en août.. La logique du système conduit à l'exclusion des plus fragiles[103]. Citons ici seulement la protestation de 70 évêques représentant leurs 800 confrères de 22 pays d'Amérique latine et des Caraïbes, réunis à Mexico, en mai 1995, pour la 25e Assemblée générale du Conseil épiscopal latino-américain. Selon eux, l'application sans contrôle du système libéral creuse l'inégalité entre riches et pauvres, blessant la dignité des personnes. Entre riches et pauvres, a été creusé « un abîme insondable »[104]. Si, entre les deux ensembles sociaux, le secteur informel, dont nous avons vu l'importance, multiplie, diversifie et parfois modernise ses activités, ce n'est nullement la conséquence prévue et voulue par les développeurs officiels. C'est bien plutôt l'effet de la volonté de vivre et de la débrouillardise des exclus de l'économie moderne.

Les répercussions sur l'environnement ont été, elles aussi, le plus souvent négatives. Certes, l'incompétence et la malhonnêteté, la corruption et des malfaçons diverses ont souvent accompagné la conception et la mise en œuvre des programmes de développement — et cela implique la responsabilité conjuguée des affairistes du Nord et des dirigeants du Sud — mais les formes d'exploitation requises par la concurrence mondiale se trouvent aussi à l'origine des conséquences écologiques et sociales dont nous parlons.

L'exclusion ne concerne pas seulement des individus et des groupes, mais des pays et des catégories de pays. Le Rapport annuel du PNUD sur le développement humain en 1996, confirmé par celui de la CNUCED, souligne la gravité de la « fracture sociale » à l'échelle de la planète : alors que la richesse mondiale ne cesse de progresser, l'inégalité se creuse entre pays riches et pays pauvres. Dans les pays les moins avancés, le revenu par habitant n'a cessé de se dégrader depuis 1980 et les accords de produits, en disparaissant l'un après l'autre, privent les pays producteurs de la fragile garantie qu'ils avaient difficilement négociée. "Si les tendances actuelles se poursuivent, prévoit l'administrateur du PNUD, les disparités économiques entre les pays industrialisés et les pays en développement ne seront plus seulement inéquitables mais deviendront inhumaines"[105]. À mesure que le marché se mondialise, investisseurs et industriels se retirent des pays moins développés et se tournent avec plus de détermination vers les pôles d'activité les plus performants et les plus homogènes où ils trouvent, parfois réunis, producteurs qualifiés et consommateurs solvables[106].

Quant aux pays développés, l'apparition dans le vocabulaire courant, vers le milieu des années quatre-vingt, de la « nouvelle pauvreté » et la multiplication des nouveaux pauvres ont manifesté l'installation chez eux d'un drame social depuis longtemps éprouvé par les tiers mondes[107].

Un rapport du Bureau international du travail présente les facteurs de ce processus et en éclaire l'enchaînement logique. Après avoir, dans ses précédents rapports, abordé le sujet par les conséquences sociales observées dans les PVD : travail des enfants, travail forcé ou esclavage, chômage[108], le BIT consacre son rapport de 1995 à la globalisation du commerce mondial, aux diverses formes de concurrence qu'elle accentue et au processus de marginalisation qu'elle peut entraîner pour les pays les plus fragiles et les travailleurs les moins qualifiés. L'augmentation de la population active exigerait une augmentation parallèle de l'emploi. Or l'entreprise moderne, en raison des progrès techniques accomplis, crée relativement peu d'emplois. Le système moderne de production est dans l'incapacité d'offrir un emploi rémunéré, et donc un moyen d'existence, à la main-d'œuvre croissante qui se présente sur le marché du travail : la croissance qui s'est poursuivie dans toutes les régions du monde depuis 1975, en dépit de quelques crises, n'a pas été accompagnée d'une quantité proportionnelle de créations d'emplois[109]. La logique du système ne permet l'intégration au travail que d'une partie de la population potentiellement active.

De plus, le producteur est contraint par la concurrence mondiale à augmenter encore ses gains de productivité qui se traduisent, sur le plan humain, par des compressions de personnel, c'est-à-dire par le licenciement et le chômage. Bien des firmes s'adaptent en délocalisant : elles transfèrent une partie de leurs activités dans des pays à bas salaires. Sauf pour quelques secteurs employant une main-d'œuvre peu qualifiée, ces délocalisations ne constituent sans doute qu'un danger réduit pour l'emploi dans les pays développés(110). C'est moins la concurrence des pays en voie d'industrialisation qui représente un danger pour l'emploi au Nord que la compétition entre les firmes des pays développés(111).

L'homme ou la femme qui travaille bénéficie des droits reconnus au citoyen. Ceux qui se montrent incapables de soutenir la compétition, ou qui simplement sont "en trop", sont éliminés. Et l'exclus perd ses droits, de fait, à mesure qu'il est contraint à descendre les degrés de l'exclusion. Lorsque l'État estime avoir épuisé ses disponibilités financières, le voilà laissé aux soins des services sociaux, puis des associations humanitaires, avant de s'effacer tout à fait : l'exclusion du monde du travail se double d'une exclusion sociale.

Tandis que les besoins sociaux s'aggravent dans une société à risques, l'État est de moins en moins en mesure d'intervenir dans le domaine des salaires, des normes de travail et de la protection sociale. Santé des travailleurs, sécurité, durée du travail, congé, retraite dépendront davantage des entreprises, donc des exigences du marché. Or il arrive dans certaines zones franches comme dans bien des entreprises de sous-traitance des grandes firmes, que ce cadre ultralibéral entraîne de véritables violations des droits humains ; les employeurs peuvent enfreindre la législation à peu près impunément. Des rapports dénoncent ces conditions de travail : celui du BIT en 1995, un rapport de la Confédération internationale des syndicats libres en 1996, et bien des enquêtes d'associations privées. Non seulement l'État dispose de moyens plus réduits mais, en vertu de la doctrine néo-libérale, son droit même à intervenir est mis en question(112).

Comment ignorer les conséquences sociales d'un libre-échange sans contrôle ? Ou plutôt — car personne ne les ignore, car aucun des dirigeants de la planète ne peut faire croire qu'il les ignore — comment escamoter ces conséquences lorsque l'on discute du choix d'une politique économique et des bienfaits attendus du libéralisme ? "Au Nord comme au Sud, le système en place fabrique des exclus", a écrit Claude Julien en introduction à un dossier du *Monde diplomatique* consacré à ce problème. Mondialiser la production et les échanges à l'enseigne du capitalisme libéral peut amorcer un dynamisme économique nouveau, mais c'est aussi aggraver à cette échelle "les multiples brisures qui disloquent la planète comme elles désarticulent, au Nord et au Sud, des sociétés en quête d'un équilibre interne"[(113)]. Une politique soucieuse de la satisfaction prioritaire des besoins essentiels ne s'accorde pas avec l'ouverture sans limite au marché mondial et avec la recherche d'une compétitivité à ce niveau. Qui ne sait, qui ne voit la paix sociale mise en péril dans de pareilles conditions, avec de pareilles inégalités ? La société paie trop cher ses performances économiques. Sa cohésion est menacée par l'aggravation des inégalités et l'exclusion des chômeurs. Le tissu social est progressivement détruit à mesure que s'étend la libéralisation du marché et que s'accentue la compétition mondiale[(114)].

Au Nord comme au Sud, l'aggravation de la délinquance est l'un des effets de l'exclusion sociale. La relégation d'une partie de la population dans les quartiers et les logements, dans les filières de formation et dans les secteurs du monde du travail les plus médiocres crée, pour cette population, à la fois l'insécurité en raison d'un environnement social non maîtrisable, et la frustration ressentie à l'égard d'une société de consommation inaccessible. Quand la famille et les lieux traditionnellement éducatifs sont eux-mêmes destructurés par ces processus, la violence est utilisée comme moyen de faire entendre les revendications, et la délinquance comme moyen de survivre et de s'affirmer[(115)].

Parmi les pays développés, l'Angleterre fait l'expérience de la déchirure sociale dont nous parlons. Les gouvernements Thatcher et Major ont opéré un redressement de l'économie britannique, stimulée par les privatisations et la déréglementation. Le taux de chômage a baissé, mais les inégalités se sont accrues : les hauts et moyens salaires ont profité de la reprise, mais non ceux du bas de l'échelle ; le nombre de personnes vivant au-dessous de ce qui est considéré comme le seuil de pauvreté est passé de 9% en 1979 à 25% en 1997. En revanche, "la richesse des 500 personnes les plus fortunées a grimpé de 23% en un an"[(116)].

Quant aux États-Unis, les conceptions et les pratiques néo-libérales que leurs théoriciens et leurs dirigeants diffusent à tous vents provoquent aussi, dans le pays même, les effets sociaux négatifs que l'on constate ailleurs. L'optimisme des économistes libéraux s'appuie sur les créations massives d'emplois compensant des suppressions, massives elles aussi ; sur la vitalité de l'économie américaine dans son ensemble et sur celle des PME en particulier.

Mais le scepticisme est entretenu, à l'égard de cette réussite, par la médiocrité d'une bonne partie des emplois créés, précaires et dévalorisants — plusieurs millions d'emplois étant offerts également dans des secteurs hautement qualifiés ; et par la pauvreté et l'insécurité sociale qui marquent la vie de dizaines de millions d'Américains — dont la suppression de l'aide sociale aux défavorisés et aux immigrés, en 1996, rend l'existence plus précaire encore[117].

Un chiffre parmi d'autres indique la gravité de la rupture sociale : un million de détenus peuple les prisons américaines, mais un programme de construction de prisons a été décidé, qui portera à deux millions en dix ans le nombre de places disponibles[118]. Comment s'étonner de pareilles situations, alors que le PDG d'une grande entreprise peut, la même année, licencier 40 000 employés et porter sa propre rétribution de 6,3 millions de dollars à 16,2 millions, soit environ 80 millions de francs[119] ?

— L'économie contre la société

Mais la menace est plus fondamentale : elle vient de la prédominance reconnue à l'économique sur les autres éléments constitutifs de la société ; de la référence obligée de toute réalité, de toute activité, de tout choix politique à l'économie ; de l'importance accordée aux critères économiques dans toute décision[120].

Même si l'activité productive de l'individu est un élément important de son statut social et un facteur de son insertion, l'individu ne peut être considéré sous le seul angle de sa capacité à produire, ainsi que l'exige, avec plus de force que jamais, l'économie de marché. De façon analogue, même si l'économie en conditionne puissamment les possibilités d'existence, la société ne se réduit pas à son économie, sa vitalité ou son développement ne peuvent être appréciés selon les seuls indicateurs économiques ; elle ne peut admettre que les finalités qu'elle poursuit soient régulées par les seules conditions de l'échange, subordonnées aux seuls buts économiques.

Or le système néo-libéral ne paraît pas en mesure de concevoir et de proposer une autre finalité que la production et le progrès indéfini de la productivité, que la consommation et la multiplication indéfinie des objets consommables, et la diversification indéfinie des besoins. La culture elle-même devient un "produit culturel", soumis au même traitement mercantile que toute autre marchandise. Cette dérive de la civilisation occidentale a été cent fois dénoncée par des penseurs et des sociologues, par des hommes soucieux du devenir intellectuel et spirituel de l'humanité. Le système qui s'impose à l'Occident et au monde disqualifie par avance tout recours à des valeurs qui donneraient sens à l'activité productive et marchande — et à l'existence humaine.

Cependant les sociétés ne peuvent négliger les indicateurs sociaux de leur fonctionnement : la qualité de la vie et de l'environnement, les valeurs culturelles, la dignité des personnes que chacun exige désormais de plus en plus clairement. Les sociétés ne peuvent mettre au second plan les facteurs sociaux et politiques de la paix et de la cohésion à conserver ou établir entre leurs membres. Or les moyens leur sont progressivement ôtés de chercher, comme chacune d'elles l'entend — et dans le cadre des conventions internationales — le bien-être de leurs membres.

L'aplomb avec lequel les porte-parole du néo-libéralisme délivrent leur message [121] et la ténacité qu'ils mettent à en exiger l'application ne peuvent en masquer le caractère trompeur. On peut se demander quelle est la signification de ce discours prônant la liberté, tout en refusant à celle du partenaire de s'exercer autrement que dans le cadre imposé ? Et quelle est cette liberté revendiquée pour l'initiative privée : celle d'entreprendre, de gérer, de commercer sans encadrement juridique, sans limitation administrative, s'il est permis de l'imposer aux autres par l'intimidation diplomatique et la menace de représailles ? Et s'il lui est permis de se déployer sans contrainte au point d'anéantir l'initiative libre de l'interlocuteur et donc de nier le droit de celui-ci à la liberté ? La liberté a bien quelque chose à voir avec la liberté de marché, mais elle y est sûrement à l'étroit.

Il semble qu'au fond de la théorie règne une confusion entre des notions que seul le terme utilisé rapproche. Si l'on peut être convaincu que la liberté constitue pour l'homme une valeur fondamentale et que tout doit être tenté pour qu'elle soit respectée, la liberté du marché n'est qu'un dispositif particulier concernant les échanges, un dispositif qui peut être choisi parmi d'autres possibles et qui n'a aucun titre à être considéré comme l'idéal, comme la norme à laquelle chacun devrait se conformer. Le choix de ce système et son application doivent faire l'objet de négociations entre les partenaires, compte tenu de sa remarquable efficacité dans certaines conditions, mais également compte tenu des circonstances, des intérêts propres à chacun et des avantages partagés. Avec le libre-échange, nous ne sommes plus du tout dans le domaine des valeurs fondamentales qui doivent inspirer toute existence d'homme, mais seulement au niveau d'un agencement technique de l'échange marchand qui peut être proposé et adopté dans la mesure où les partenaires y trouvent leur avantage. Il revient au pouvoir politique, éclairé par les hommes du métiers, d'en décider. Il lui revient aussi d'y réintroduire quelques règles en relation avec les valeurs de référence de la Communauté internationale. Il ne semble pas que l'Organisation mondiale du commerce (OMC), entrée en activité le 1er janvier 1995 pour remplacer le GATT, ait pour mission d'exercer ce magistère [122].

À côté de ce néo-libéralisme aux conséquences sauvages qui tend à s'imposer aujourd'hui, est-il possible d'envisager des voies différentes ?

— Repenser le travail

Bien entendu, l'organisation actuelle du travail doit évoluer en fonction de la mutation technologique et culturelle que connaissent actuellement nos sociétés. L'informatisation de tous les domaines de la vie réduit le temps de travail et le nombre de travailleurs nécessaires à la production des biens et des services. La diminution de l'emploi, expliquent les quelques experts qui maîtrisent intellectuellement le phénomène en cours, éloigne nos sociétés de l'objectif désormais inaccessible du plein emploi et les contraint à chercher, à inventer les conditions de la "pleine activité". À côté des formes habituelles de la production et de l'échange marchand, à côté du travail salarié selon les formes couramment adoptées dans les pays développés, des activités différentes prendront place. Ces activités, dont la société ressent le besoin, devront être reconnues comme motif d'une rétribution valorisante et comme élément du statut social [123].

Avec l'organisation du travail, ce sont aussi les programmes et les filières de formation, les conditions du passage de l'école au travail, les compétences requises pour des postes nouveaux, les moyens d'insertion, les critères de la reconnaissance sociale qui seront transformés. En Allemagne, le président de l'Assemblée des Chambres de commerce et d'industrie estime "urgente une réforme des conventions collectives pour davantage de flexibilité". Mais il sait qu'une telle transformation des notions et des pratiques ne peut être imposée dans l'urgence, dans une urgence que précipitent la dérégulation de tous les secteurs de l'activité et la concurrence mondiale, sans risquer d'aggraver la marginalisation des secteurs vulnérables de la société. Il sait aussi que le syndicalisme allemand, tout opposé qu'il soit à "l'américanisation de la société", est capable — comme la plupart des organisations syndicales européennes — d'innover, de s'adapter, de négocier, de proposer des mesures pragmatiques pour l'accompagnement et la maîtrise de la flexibilité [124].

— Un autre libéralisme

Michel Albert, par exemple, a mis en parallèle le capitalisme anglo-saxon, fondé sur la réussite individuelle, le profit financier à court terme et la liberté totale de l'entrepreneur — dont nous avons vu les conséquences sociales — et le capitalisme rhénan. L'entreprise du "modèle rhénan" accepte l'exigence sociale comme une donnée de base ; elle associe le capital et le travail ; elle part du principe qu'existe "une communauté d'intérêt entre les différentes composantes de l'entreprise d'une part, entre l'entreprise et sa clientèle d'autre part". Le rôle incontournable de l'argent et du profit est équilibré par d'autres valeurs sociales ; celui du marché, reconnu et accepté, n'élimine pas la valeur première des hommes qui travaillent et le souci efficace de la justice sociale [125]. Le modèle rhénan a ses déficiences, ses partisans et ses adversaires ne se privent pas de le rappeler ; il n'est pas le seul possible, et bien des variantes peuvent être imaginées. Il est aujourd'hui contraint à une révision assez profonde [126], mais il paraît avoir relativement bien fonctionné pendant près d'un demi-siècle. Le coût de cette solidarité vécue n'a pas entravé la compétitivité de l'industrie allemande : écrasée par la défaite en 1945, la RFA est devenue, en deux générations, l'une des puissances économiques du monde. Cette réussite signifie qu'une solution de rechange au néo-libéralisme à l'américaine n'est pas impensable. Mais aucune solution désormais n'est à l'échelle d'un pays.

— La régionalisation

L'État-nation traditionnel n'ayant plus la puissance nécessaire pour imposer un minimum de règles du jeu aux firmes et aux marchés financiers, c'est dans le cadre de grands ensembles territoriaux intégrés qu'une politique renouvelée aurait ses chances — en attendant la mise en place concertée d'un système institutionnel mondial dont les pouvoirs seraient proportionnés à l'importance des problèmes à traiter [127]. De Marcel Jeanneney, ministre de l'Industrie et du commerce en 1959, qui a préparé l'entrée de la France dans le Marché commun, à Maurice Allais, prix Nobel d'économie, cette proposition se transmet, avec des nuances qu'explique l'évolution du contexte. Elle exprime la recherche d'une garantie contre une dangereuse liberté sans contrôle[128].

Les regroupements à l'échelle régionale n'ont pas pour but de constituer des blocs à l'abri de barrières de protection ; la protection du marché intérieur élargi ne saurait être que mesurée, diversifiée et évolutive. Il s'agit plutôt, dans un univers économique dominé par les marchés financiers, les grandes firmes multinationales et les grands pays industriels, de permettre aux nations moins puissantes de faire entendre directement leur voix à des partenaires proches, et de faire entendre — puissance économique et politique à l'appui — une voix commune face aux contraintes d'un marché mondial que la pression continue des néo-libéraux rend impératives. Il s'agit de créer un instrument de négociation d'un poids suffisant pour obtenir le rétablissement, au plan mondial, d'une régulation et d'un contrôle politique satisfaisants.

L'Europe sociale restera dans le domaine de l'incantation tant qu'une Europe politique volontaire ne se sera pas donné les instruments juridiques, administratifs et techniques d'une régulation de l'économie ; tant qu'elle n'aura pas donné naissance à une volonté politique assez forte pour affirmer ses intérêts communs, ses choix différents, et pour les faire reconnaître en face de l'idéologie envahissante d'un libre-échange sans frein. Cette volonté existera-t-elle avant qu'il soit trop tard[129] ?

L'Europe pourrait y être poussée par les révoltes populaires récentes. La grève parisienne et française de l'hiver 1995 a pu manifester, par certains de ses aspects, des blocages corporatifs ; elle a pu être l'occasion de déclarations démagogiques[130]. Elle a manifesté aussi, au-delà des questions explicitement posées, la résistance d'une partie du corps social devant les conséquences d'une mondialisation des économies ressentie comme menaçante — et qui l'est effectivement, étant donné les conditions selon lesquelles elle est imposée. Les réactions à la fermeture de Vilvorde, au printemps 1997, sont des signes analogues de cette opposition. Dans le débat ouvert au sujet de la mondialisation économique, de son avancée irrésistible, de ses avantages pour l'intensification des échanges, la critique se fait de plus en plus vive à l'égard d'une mondialisation sans règles et de moins en moins compatible avec le développement humain, sur le mode du néo-libéralisme à l'américaine[131].

Dans d'autres régions du monde — en Argentine, par exemple, ou en Corée du Sud[132] — s'exprime aussi le refus du prix social de la mondialisation. Les pays des tiers mondes savent comment leurs intérêts ont été négligés par les négociations du GATT ; ils n'ont pas de raison de penser que l'Organisation mondiale du commerce leur témoigne une attention plus positive. Chaque continent, avec plus ou moins de conviction, plus ou moins de réussite, tente donc de constituer un cadre régional pour ses activités économiques.

L'Afrique s'y est essayée. Nous avons vu s'évanouir le grand rêve panafricain, puis progresser péniblement l'Organisation de l'unité africaine, puis se constituer et se dissoudre de multiples organisations régionales[133]. Les institutions de coopération économique ont obtenu peu de résultats ; les échanges sont restés médiocres entre pays africains, ou entre les pays africains et le reste du tiers monde, en raison de la pauvreté générale des populations africaines et de la faiblesse de la demande, en raison aussi du niveau de l'industrialisation. Mais les résistances d'ordre politique ont également joué leur rôle[134].

Il se pourrait cependant que les intéressés soient contraints à passer de la palabre aux réalisations. En juillet 1994, quatorze chefs d'État ou représentants de gouvernements africains se sont réunis à Libreville (Gabon) pour dresser un bilan des six mois écoulés depuis la dévaluation du franc CFA (décembre 1993) : ce n'était pas la catastrophe, mais ce n'était pas non plus la réussite. On constatait que les objectifs fixés ne pourraient être atteints ; il faudrait donc que les bailleurs de fonds se montrent compréhensifs. Les représentants de la Banque mondiale et du FMI répondirent qu'ils avaient suffisamment versé comme cela. Et la France ? Le ministre francais de la Coopération répondit que ses engagements financiers étaient liés à ceux des Organisations internationales et que chacun devait s'en tenir aux termes du contrat. La France venait de consentir à ses débiteurs africains, à l'occasion de la dévaluation, une remise de dettes de 25 milliards de francs ; elle ne ferait donc rien de plus. Placés devant leurs responsabilités, sans échappatoire possible, les chefs d'État africains finissent par saisir qu'il faut prendre au sérieux l'intégration régionale : "L'intégration s'impose comme jamais", conclut un haut fonctionnaire gabonais[135].

En Amérique latine, le progrès des échanges régionaux n'a jamais atteint l'importance que se promettaient les promoteurs de la concertation. Même le Pacte andin, qui n'a pas échappé aux vicissitudes des accords et des désaccords politiques, a déçu les attentes des partenaires. Les années quatre-vingt s'achèvent dans un climat général de crise économique et de récession. La reprise de la croissance, estime-t-on, dépend de l'intégration des différents pays dans un ensemble régional[136]. Le mouvement se dessine à mesure que gagne la démocratisation ; les gouvernements nouveaux s'engagent dans une politique délibérée d'accords régionaux. Les associations existantes, comme l'ALADI (Association latino-américaine d'intégration) et le Pacte andin reprennent vie[137], tandis que le MERCOSUR regroupe dans un marché unique les pays du "cône Sud" : l'Argentine en voie de redressement[138], le Brésil en plein essor économique[139] ainsi que le Paraguay et l'Uruguay, à partir du 1er janvier 1995[140].

Assez différent est l'ALENA — Accord de libre échange nord-américain — qui entre en vigueur le 1er janvier 1994. Le Mexique s'était cru en mesure de s'associer à deux des pays les plus riches du monde : les États-Unis et le Canada. Son entrée dans l'ALENA, puis dans l'OCDE quelques mois plus tard, était la consécration d'un pays que l'on estimait puissamment engagé sur la voie du développement. Les théoriciens attendaient beaucoup de l'ouverture totale de l'économie mexicaine au sein de cette union régionale, accompagnée de toutes les mesures libérales d'usage. Des drames politiques internes et la hausse des taux d'intérêt des États-Unis provoquèrent, avec le retrait des investisseurs et la fuite des capitaux étrangers, une crise financière rappelant par sa gravité celle de 1982. Les États-Unis ne peuvent abandonner à son sort un pays dont l'effondrement risque de déstabiliser par contagion l'Amérique latine. Le plan de sauvetage rassemble en un mois les 50 milliards de dollars nécessaires pour éviter la catastrophe. L'aventure montre que des structures économiques et financières trop dissemblables ne peuvent être associées qu'au terme d'un ajustement très progressif[141]. Elles mettent également en lumière le rôle négatif de la totale liberté des marchés financiers.

C'est en Asie de l'Est et du Sud-Est que la coopération régionale a connu ses plus fortes réussites, à la mesure d'un développement industriel et de politiques commerciales conduits avec talent. Les dragons asiatiques et leurs émules font preuve de bonne santé et d'ambition[142]. À côté de l'Inde et d'une Chine qui s'ouvre au monde extérieur, cette région devient le pôle le plus dynamique de l'économie mondiale. En lien plus ou moins étroit avec le Japon, des groupements se constituent, qui retrouvent l'élan de l'ASEAN à ses débuts (1967). Les échanges se multiplient, facilités par la complémentarité de systèmes productifs nationaux inégalement avancés dans la maîtrise des technologies modernes ; facilités aussi par la circulation des informations et par les investissements consentis en fonction d'une planification régionale qui s'esquisse [143]. L'objectif de cette coopération régionale apparaît peu à peu plus large que la simple création d'un marché économique, et sa réussite met en jeu le domaine culturel aussi bien que l'approche politique. Un état d'esprit nouveau caractérise cet Extrême-Orient dynamique : la confiance en soi qu'éprouvent les milieux dirigeants, la contestation de l'hégémonie culturelle de l'Occident et la revendication d'une identité asiatique qui servirait de base idéologique à l'ère post-moderne [144].

En Asie comme en Amérique latine, les dirigeants de l'économie et le personnel politique paraissent bien prendre conscience de la nécessité de dépasser les antagonismes anciens que le passé explique mais que le présent ne permet plus. Une coopération réaliste semble prendre corps entre voisins.

Retenons cependant deux remarques faites par les spécialistes auxquels on doit la description et l'analyse de ce régionalisme en régime libéral. D'une part, les accords ne prennent pas en compte les problèmes sociaux qui n'ont pas cessé de s'aggraver dans le sous-continent latino-américain et que l'intégration régionale et mondiale pourrait aggraver encore [145]. D'autre part, le mouvement de régionalisation se trouve confronté à la forte poussée qui entraîne vers la mondialisation des marchés. La négociation ne sera pas simple [146].

*

*   *

Une éthique de l'économie

— L'économie au service de l'homme ?

Il n'est pas d'homme politique qui ne s'affirme au service de la collectivité et, par elle, au service de l'homme. Il n'est sans doute pas de décideur économique qui ne s'estime au service des hommes et soucieux de leur bien-être, puisqu'il cherche à leur fournir la plus grande quantité de biens et de services au meilleur prix possible. Et l'économiste néo-libéral pense, lui aussi, servir l'intérêt général en enseignant une théorie que l'expérience, à ses yeux, confirme. Sans doute sont-ils, les uns et les autres, sincères et persuadés de la vérité de leur discours. Comme devait l'être le PDG d'une multinationale américaine dont René Gendarme rapporte l'exposé fait aux employés de sa firme. Au tableau, ce directeur inscrivit sur une colonne les différentes fonctions exercées dans l'entreprise :

MANufacturer
general MANager
sales MANager et bien d'autres...

Puis, du haut en bas de la liste, il isola la syllabe MAN (l'homme), montrant l'homme au centre du dispositif et expliquant qu'il devait être la préoccupation de tous [147]. Ce n'était sans doute pas vrai en 1924 ; cinquante ans plus tard, qui l'eût cru ?

Hommes politiques et chefs d'entreprise ont parfois un sens exigeant de l'homme, du service de la collectivité, de l'intérêt général, et tentent de traduire cette préoccupation prioritaire dans la gestion des affaires publiques ou la promotion des intérêts privés. Mais le système économique, tel qu'on le fait habituellement fonctionner sur notre planète contemporaine, poursuit d'autres finalités que le service de l'homme. Il est clair que le mode de croissance choisi exclut les individus et les groupes sociaux les moins performants, les entreprises les moins puissantes, les pays les plus faibles — soit un ou deux milliards d'êtres humains — des bénéfices que la croissance paraissait promettre. Le mouvement est tel, à travers le monde, et la pression idéologique si vigoureuse que, peu à peu, la dérégulation l'emporte dans une économie mondialisée, avec toutes les chances d'accentuer encore ce que des économistes ont appelé "la dérive totalitaire du libéralisme" et "la tyrannie des marchés" [148].

S'il est aberrant que l'économique dicte sa loi au politique, plus aberrant encore apparaît le pouvoir reconnu aux marchés financiers sur le fonctionnement de l'économie et donc sur les décisions politiques. Les intérêts des opérateurs financiers ne coïncident pas avec les intérêts nationaux et moins encore avec les besoins fondamentaux de l'humanité. Tout montre l'indifférence de ces opérateurs anonymes — "les marchés" — à l'égard des notions d'intérêt général et de justice sociale, comme à l'égard d'un développement équilibré des sociétés humaines [149].

Cependant il n'est pas conforme à la nature des pouvoirs et à leurs responsabilités respectives — telle que la tradition occidentale les a définies — de retirer les options fondamentales dans la gestion de la Cité au pouvoir politique démocratiquement élu ; il n'est pas normal que les décideurs économiques, qui ne sont pas tenus de rendre des comptes aux électeurs, supplantent l'instance politique dans des domaines où il revient à celle-ci de décider. Si fragile et manipulable que puisse être une opinion publique, si faillible et corruptible que puisse être le pouvoir politique, c'est tout de même au corps des citoyens et à ses élus qu'il revient en premier de déterminer le devenir des sociétés. À une époque où la notion de démocratie est progressivement admise et où elle tend à prendre corps effectivement dans les différents États de la planète, nier le principe démocratique en économie et en menacer l'exercice en politique est un contresens historique.

On s'en inquiète parfois : "Le sort du monde doit-il reposer dans les mains de golden-boys de trente-cinq ans qui font et défont les monnaies ?", fut-il demandé par un participant au Forum économique de Davos (Suisse) où se réunissent chaque année les responsables de la finance mondiale et des affaires[(150)]. La question paraît être restée sans réponse. Au sommet des sept plus grands pays industriels de Halifax (Canada), en juin 1995, le président Chirac a demandé que soient envisagées des mesures appropriées : "On accepte un peu trop facilement cette situation" a-t-il dit au sujet des fluctuations monétaires ; "on a trop tendance à croire qu'on est désarmé" face à la spéculation. Il ne paraît pas avoir été entendu. Aucune réglementation ne sera étudiée. Selon les journalistes présents au sommet, les partenaires de la France semblent, au contraire, convaincus" que revenir d'une manière ou d'une autre sur l'actuelle liberté de mouvement des capitaux constituerait un recul dommageable pour l'économie mondiale" N'ont-ils pas effectué eux-mêmes ce transfert de souveraineté des États aux marchés ?[(151)].

Or, dans l'entreprise-monde telle qu'elle est gérée et imposée par ses promoteurs, beaucoup d'êtres humains ne paraissent plus avoir leur place. Or c'est bien l'homme et les communautés humaines qu'il faut remettre au centre du monde.

Nous pouvons reprendre maintenant de façon plus systématique quelques éléments de réflexion qui ont été brièvement énoncés dans les pages précédentes.

— Une question éthique

Pour être réellement humaine, aucune activité ne peut être conçue et menée sans un rapport réfléchi et voulu à un système de valeurs. Les activités de la Communauté internationale doivent être conçues et menées en relation avec les valeurs que cette Communauté a progressivement formulées, dont elle estime être la garante et qu'elle propose à ses membres. Aucune activité publique ou collective ne peut échapper aux questions posées au nom du code éthique accepté par la Communauté[(152)].

Au nom de l'éthique peuvent être questionnés les hommes responsables des dommages causés aux personnes et aux collectivités ; au nom de l'éthique, méthodes et finalités peuvent être contestées. Car les erreurs et les échecs, et le désordre économique du monde ne sont pas toujours — ils sont même rarement — l'effet du hasard ou de la nécessité : "Les causes sont de nature organisationnelle et politique", écrit Hugues Puel, un dominicain économiste, dans un "essai d'éthique économique". Même si la complexité des processus de décision rend difficile la localisation et la personnalisation des responsabilités, la responsabilité de ceux qui détiennent un pouvoir est engagée. Même si les réseaux d'échanges transnationaux qui délimitent des espaces économiques et politiques nouveaux réduisent le pouvoir des responsables traditionnels, les responsabilités n'en disparaissent pas pour autant : elles sont déplacées dans des lieux différents, sur des équipes nouvelles qui ont à répondre de leurs choix[153].

L'examen porterait, selon Hugues Puel, sur les activités économiques et sur l'organisation économique de la planète. Car l'économie est bien une science de la production et de l'échange, mais elle a aussi une dimension sociale, elle ne peut éluder les rapports sociaux liés aux activités économiques. La question éthique porterait donc sur la qualité de ces rapports, sur l'adaptation des structures économiques existantes à la finalité sociale qu'elles doivent servir, au développement humain qu'elles doivent permettre.

Ainsi, au sujet des ressources de plus en plus abondantes obtenues par le travail et le perfectionnement des techniques : de quelle façon l'enrichissement est-il réparti, chacun des ayants droit a-t-il accès aux dividendes du progrès, aux biens et aux services proposés ? L'enrichissement de certains, ou même d'un grand nombre, justifie-t-il les contraintes imposées à l'homme et particulièrement à certaines catégories sociales ? Les valeurs éthiques engagées sont celles d'une exigence de partage plus équilibré et d'une liberté à retrouver par rapport à ce type de "progrès", en raison du coût social et humain dont il est payé. Ceci concerne le Sud aussi bien que le Nord, mais d'abord le Nord. Les différents domaines d'activité sont, de même, susceptibles d'être analysés et questionnés.

L'organisation des échanges internationaux est, bien entendu, concernée, car elle tire sa validité autant de son rapport avec les valeurs humaines défendues par la Communauté internationale que des richesses qu'elle produit. Si des réussites sont indéniables, les déconvenues ne le sont pas moins. La démesure des dégâts humains causés par une gestion déraisonnable du monde justifie la rigueur d'une interrogation à laquelle ne peuvent se soustraire ni les dirigeants nationaux ou internationaux, ni les opinions publiques, participantes plus lointaines, mais potentiellement efficaces, des décisions et des orientations à prendre.

Certaines défectuosités de l'échange ont leur origine dans le comportement de milliards de consommateurs qui achètent biens et services en fonction du seul rapport qualité-prix, sans se préoccuper des conditions de vie et de travail des producteurs, ni des répercussions de la production sur l'environnement. La domination des marchés financiers s'explique aussi par le comportement de centaines de millions d'épargnants qui choisissent leurs placements selon le seul critère de la rentabilité financière. Chacun peut donc être questionné sur des choix personnels dont la totalité détermine, en définitive, les grands traits des politiques suivies [154]. Mais les opérateurs financiers et les spéculateurs portent une responsabilité propre que l'on peut formuler en rapport avec des valeurs comme l'attention au bien commun, la justice et la solidarité.

La croissance des activités financières et leur relative autonomie attire aujourd'hui l'attention vers ce secteur : est-il géré en accord avec la finalité fondamentale de l'économie, le développement de l'homme ? La mobilité des capitaux, la liberté des investissements permettent d'irriguer de façon continue, immédiate et théoriquement efficace la vie économique sur l'ensemble de la planète ; elle est donc susceptible de soutenir au mieux la croissance des entreprises et le développement des sociétés. Mais la dérive actuelle des activités financières — par rapport à cette fonction fondamentale — dans les opérations à court terme et la spéculation est un facteur d'instabilité des systèmes économiques et donc des sociétés ; elle conduit à un oubli des finalités humaines et sociales de l'activité économique qui ne peuvent être poursuivies que dans le long terme ; elle s'écarte donc — quand elle ne la contredit pas — d'une heureuse gérance des ressources de la planète en vue du bien de tous [155]. Une "morale de la finance" s'impose.

Il est clair que l'on ne peut s'en remettre à la liberté du marché pour assurer un développement cohérent et durable de l'humanité — c'est-à-dire de tout l'homme et de tous les hommes, selon l'expression chère à François Perroux, si justement reprise par tant d'autres après lui. Même au forum de Davos, le doute commence à effleurer la conscience de quelques-uns [156]. Le marché doit être organisé. Même s'il est amené à déléguer une partie de ses responsabilités à des instances régionales ou mondiales mieux en mesure de faire prévaloir des considérations d'intérêt général, l'État garde un rôle : dans l'étape actuelle de l'évolution des sociétés, on ne voit pas d'autre garant crédible du bien commun. Comment se passer, aujourd'hui encore, d'un État qui ne serait ni gendarme, ni providence, ni chargé de la gestion de tout, mais garant d'une vision de l'ensemble portant sur le long terme, soucieux de l'équilibre interne des sociétés, soucieux de l'homme (157) ?

— Une liberté organisée

Il n'a jamais été simple, pour une entreprise, de tenir compte de sa nécessaire" dimension sociale", de concilier l'efficacité et l'équité, la performance économique et la cohésion sociale, tant le management est toujours fortement conditionné par les objectifs économiques (158). À leur niveau également, les responsables nationaux savent qu'il est malaisé d'orienter le progrès économique vers une meilleure qualité de la vie pour le plus grand nombre dans une société plus humaine (159). Au temps de la mondialisation de l'économie, les politiques nationales sont dépassées; il leur est plus difficile que jamais de concilier efficacité et équité (160), concurrence et solidarité.

Quelques déclarations de poids ont paru au cours des récentes années, dues en particulier à des organismes représentatifs des Églises. C'est d'abord, en 1987, la Lettre pastorale des évêques des États-Unis, longuement préparée avec la collaboration d'experts laïques et ecclésiastiques de différents pays. Ce texte majeur visait plus loin que le rôle joué par les États-Unis, pour s'adresser à l'ensemble des pays développés, sans oublier les responsabilités propres du Sud. Il rappelait l'exigence de justice des principes chrétiens en fonction desquels l'ordre économique international doit être réformé ; il rappelait que les normes éthiques applicables aux problèmes internes l'étaient aussi au commerce international, aux investissements privés à l'étranger, au domaine alimentaire... Et le texte concluait : "La question n'est pas de savoir si les États-Unis peuvent se procurer les fonds nécessaires à la satisfaction des besoins sociaux, mais si nous avons la volonté politique de le faire" (161).

S'appuyant sur une longue expérience nationale de l'économie sociale de marché, les Églises d'Allemagne mènent, elles aussi, une réflexion œcuménique sur les exigences sociales dans une situation économique transformée. Les Conférences épiscopales catholiques de plusieurs pays ont fait paraître des déclarations portant sur le domaine social dont la convergence est manifeste. Elles réclament le contrôle de l'économie de marché par le pouvoir politique et par les organes responsables de la société civile, pour éviter que la croissance économique de type libéral ne creuse l'écart social [162].

Citons encore l'encyclique *Centesimus annus*, en 1991. Oui à la propriété privée selon l'enseignement traditionnel de l'Église, oui à l'entreprise libre et au profit "comme indicateur du bon fonctionnement de l'entreprise", dit en substance le pape Jean-Paul II. Oui au marché, à condition qu'il soit orienté vers le bien commun — mais pour cela, il doit être "contrôlé par les forces sociales et par l'État, de manière à garantir la satisfaction des besoins fondamentaux de toute la société" [163]. L'économie libre doit rester centrée sur l'homme.

La même année, les Semaines sociales de France posent précisément la question : "L'économie de marché, jusqu'où ?" Dans l'économie mondialisée, la concurrence s'impose; elle peut être vécue comme source d'émulation et créatrice de progrès, mais elle peut écraser les pays comme les personnes. La solidarité est donc un impératif qui sollicite, au-delà de la participation de chacun, l'engagement concerté des pouvoirs politiques nationaux et des Organisations internationales : il leur revient d'organiser les échanges de façon à rendre leur fonctionnement avantageux pour le plus grand nombre. "Concurrence et solidarité seront ainsi deux facteurs essentiels de la création de relations économiques internationales assurant à la fois le progrès de tous et la paix" [164].

Il ne serait pas raisonnable de récuser l'ensemble de ces déclarations sous le prétexte d'information défectueuse ou d'incompétence.

Les dirigeants français partisans du libéralisme ont su généralement se tenir en retrait des positions extrêmes du néo-libéralisme. Sauf exceptions, c'est un libéralisme "organisé" qu'ils envisagent, un libéralisme encadré par des règles du jeu telles que le social ne soit jamais perdu de vue dans la compétition économique. Vivre "à la française" serait-il encore une perspective réaliste ?

Même si certains reconnaissent à la France une aptitude à concevoir et à créer des formes originales de vie, même si cette vie "à la française" présente à leurs yeux une appréciable valeur d'humanité en même temps qu'une efficacité réelle dans le domaine économique [165], c'est désormais dans le cadre de l'Europe qu'un modèle de civilisation conserverait ses chances. La force des pressions exercées dans le sens d'un libéralisme sans contrôle — dans le domaine culturel aussi bien que dans celui des échanges économiques — ne permet plus à une nation isolée de maintenir un projet propre.

Restant isolée, "l'exception française" courrait donc tous les risques : elle serait bientôt effacée. Alors que, moyennant les négociations et les accommodements nécessaires, moyennant l'abandon d'archaïsmes que chacun déplore et maintient de toutes ses forces, elle peut inspirer le modèle social européen. Dans le rapport de forces qui déterminera l'avenir des sociétés, l'Europe serait mieux placée que chacune des nations qui la composent pour faire face aux pressions extérieures, pour maintenir les valeurs sociales de démocratie et de solidarité liées à son histoire et à sa culture, pour respecter les finalités humaines de la vie en société. Elle serait en mesure d'orienter les fièvres du néo-libéralisme vers des réalisations plus respectueuses des divers humanismes d'aujourd'hui[(166)].

Mais, pour cela, le projet européen doit évoluer et s'enrichir. Réduit, pour certains, à la rationalité marchande, élargi pour d'autres à la perspective d'une coopération politique, le projet européen, s'il veut réussir, sera nécessairement culturel. S'adressant au Parlement européen, le président de la République tchèque, Vaclav Havel, a exprimé son admiration pour la construction de l'Union européenne et pour l'ensemble cohérent d'institutions dont ce grand corps si divers a su se doter. Mais il a souligné avec autant de force que la dimension spirituelle paraissait faire défaut au "grandiose ouvrage administratif" qui régule déjà la vie du continent[(167)].

Si bien que deux voies indissociables sont ouvertes à l'Europe (et donc à la France) par ceux qui lui sont attachés : la voie d'une attention plus avisée aux richesses culturelles des grands ensembles humains de la planète, à leurs savoirs, aux sources culturelles de la compétitivité des plus brillants d'entre eux, au secret de ces sociétés qui "se modernisent sans s'occidentaliser"[(168)] ; la voie aussi d'une conscience plus nette de ses propres valeurs qui sont aujourd'hui "le pilier de la démocratie moderne, de l'État de droit et de la société civile", et qui dessinent l'identité européenne. Si elle avait la détermination de les respecter et de les affirmer, l'Europe serait en mesure, selon le président tchèque, de proposer "un nouveau modèle de communauté humaine".

NOTES

(1) Voir les dossiers proposés par *Mondes en développement*, n° 29-30, 1980, et *Futuribles*, n° 140, février 1990. Banque mondiale, *La Pauvreté et la faim*, 1986.

Joseph Klatzmann, *Nourrir 10 milliards d'hommes*, PUF, 1975 ; *Aide alimentaire et développement rural*, PUF, 1988 (l'auteur établit que, "si on le voulait vraiment, on pourrait nourrir convenablement toute l'humanité" : 50 millions de tonnes de céréales suffiraient pour porter à 2000 calories quotidiennes la ration des humains qui sont au-dessous de ce chiffre, c-à-d. 2,5 % de la récolte mondiale, dont le coût, en y comprenant le transport, se monterait à moins de 2% des dépenses mondiales d'armement) ; *Nourrir l'humanité, espoirs et inquiétudes*, INRA/ Economica, 1991.

Le Courrier de la Planète, n° 4, février 1992, "Une faim difficile à tromper" ; ainsi que son supplt "Afrique", p. 1-7, sur l'aide alimentaire ; n° 18, juillet-août 1993, p. 17-23 ; n° 36, septembre-octobre 1996, "La sécurité alimentaire à long terme".

Les opinions diffèrent : les experts pessimistes soulignant la limitation des ressources en eau et la dégradation de l'environnement, alors que les optimistes mettent en avant la sous-utilisation du potentiel agricole de certains pays et les possibilités offertes par les bio-technologies (Sur ce dernier point, C. Vincent présente "la révolution doublement verte", *Le Monde*, 16 novembre 1996). Au sujet des ressources en eau : J.-P. Besset, dans *Le Monde*, 23-24 et 28 mars 1997 (La demande mondiale double tous les 20 ans ; le premier Forum mondial de l'eau s'est tenu à Marrakech en mars 1997 pour analyser les causes de la pénurie prévisible et les moyens d'y faire face).

Voir les articles de J.-P. Tuquoi et L.-R. Brown, *Le Monde*, 10 février 1995, 27 février et 12 novembre 1996. P. Boyer, *La Croix*, 11 juin, 13 novembre 1996.

F. Nodé-Langlois, V. de Vezins, R. Heuzé, *Le Figaro*, 12, 13, 14 et 19 novembre 1996 (J. Diouf, directeur général de la FAO, a rappelé que le budget de son Organisation est "inférieur au coût de six jours de nourriture pour chiens et chats dans neuf pays développés, et représente moins de 5% des dépenses annuelles en produits amaigrissants aux États-Unis").

(2) D'après le dernier recensement, la population du Nigeria serait de 88 millions d'habitants au lieu des 123 millions qu'on lui attribuait. J.-M Poursin, "Les fausses surprises de la démographie mondiale", *Futuribles*, n° 183 ; janvier 1994, p.19-31.

(3) J.-P. Charvet et autres, "Prospective des équilibres alimentaires mondiaux. Le cas des pays en développement", *ibid.*, n° 174, mars 1993, p. 31-41. La décélération du rythme de la croissance serait moins nette que prévu ; la sécurité alimentaire est donc problématique.

(4) G. Mathews, "L'avenir de la population mondiale", *ibid.*, n° 190, septembre 1994, p. 45 et sv. Rappelons que la transition démographique est le passage de la croissance rapide de la population due à une mortalité réduite et à une fécondité encore élevée, à une phase où la maîtrise de la fécondité entraîne une baisse de la natalité et un ralentissement de la croissance de la population.

Exposé de Th. Locoh dans : CRID, FNUAP, *Population et développement durable*, Conférence des ONG francophones, Paris, 6 avril 1994, texte ronéoté, p. 21 et sv. Voir, pour sa valeur pédagogique : D. Noin, B. Collignon, G. Doudeau, "Six milliards d'hommes", *Documentation photographique*, n° 7023, juin 1994, La Documentation française.

"Politiques de population", *Politique africaine*, n° 44, décembre 1991 (analyse de la croissance démographique et des programmes élaborés pour y répondre).

G. Herzlich, "La croissance démographique se ralentit dans le monde", *Le Monde*, 28-29 août 1994 – ce qui n'empêchera pas, en raison du grand nombre de jeunes en âge de procréer dans le tiers monde, la population africaine de doubler d'ici 2 030, et celle de l'Inde de passer de 934 millions en 1994 à 1,4 milliard en 2030. *Id.*, "Le Sud a perdu son unité démographique", *Le Monde*, 16-17 juillet 1995.

(5) Voir la série d'articles consacrés aux problèmes qui allaient être traités au Caire : *Le Monde*, 19, 28-29, 30, 31 août, 1er, 2 septembre 1994 ; *La Croix*, du 17 au 30 juin 1994.

L. Tabah, "Les Conférences mondiales sur la population" ; G. Pison, N.H. Van Blyenburgh, "Six milliards d'hommes", *Population et sociétés*, n° 290 et 294, mai et octobre 1994. Louise Lassonde, dir., *Les défis de la démographie*, La Découverte, 1996.

(6) Exposé de J. Vallin, dans CRID, FNUAP, *Population et développement durable*, p. 11 et sv.

(7) Cf. *Réussites et déconvenues*, p. 138 et sv.

Un survol : J. Chonchol, "Modernisation agricole et exclusion des paysans en Amérique latine", dans : G. Baudot, dir., *L'Amérique latine : vingt-cinq ans de bouleversements, 1963-1988*, éd. du CNRS, 1992, p. 61-76. Colloque organisé à l'université de Toulouse-Le Mirail, novembre 1988.

Cérès, vol. 25, n° 139, janvier 1993, p. 13-30. Dossier "L'accès à la terre", *Peuples en marche*, n° 125, avril 1997, p. 5-10.

(8) Anne-Sophie Boisgallais, "La démocratie alimentaire reste à inventer", *Croissance*, n° 332, novembre 1990, p. 10-17.

Un survol de l'ensemble du problème, avec l'indication de quelques études majeures, dans : Ch.-P. Oman, G. Wignaraja, *L'évolution de la pensée économique sur le développement depuis 1945*, OCDE, 1991, p. 49 et sv.

(9) B. Schneider, *La révolution aux pieds nus*, Fayard, 1985, p. 56 et sv. ; *L'état du monde* 1991, p. 180.

S. Maillard, "Quels paysans pour l'Amérique latine ?", *CJN*, n° 266, novembre 1984, p. 17-18 ; Ch. Rudel, "Partager la terre en Amérique latine", n° 308, septembre 1988, p. 15-22 ; Ch. Rudel, "Paraguay : les paysans sans terre attendent", n° 323, janvier 1990, p. 27-29.

Au Pérou : le gouvernement militaire qui a pris le pouvoir en 1968 réalise une redistribution massive de la propriété de la terre, des possesseurs de *latifundio* aux paysans ; cette réforme agraire, dont la réussite est d'ailleurs très partielle, est arrêtée en 1980 avec le retour au pouvoir de F. Bellaunde : Maria Isabel Rémy, "Acteurs et politique dans l'agriculture péruvienne", *RTM*, t. XXXII, n° 128, octobre-décembre 1991, p. 731-789.

Au Brésil : citons deux exemples des violences exercées. Le massacre de Corumbiara (État de Rôndonia) par la gendarmerie brésilienne, dans un campement de paysans sans terre occupant une *fazenda*, le 9 août 1995, et la répression à la mitrailleuse (19 morts) d'une marche pacifique réclamant une rencontre avec le gouverneur de l'État du Para, le 17 avril 1996. R. Rezende, *Terres violentes au Brésil. Chronique de Rio Maria*, Karthala, 1995. Voir aussi : D. Dhombres,*Le Monde*, 20 et 23 avril 1996 ; J.-J. Sévilla, *Le Monde*, 23 janvier 1997.

DIAL, n° 1953, 9 février 1995 ; n° 1992, 15 juin 1995 ("Brésil : la commission pastorale de la terre , 20 ans au service des paysans") ; n° 2006, 7 septembre 1995 ; n° 2055, ler - 15 mars 1996 ("Entre marginalisation et extermination : la situation des peuples indigènes en Amérique centrale") ; n° 2069, 16-30 avril 1996 ("Les évêques brésiliens déclarent : Il y en a assez de sacrifier des vies pour sauver des plans économiques") ; n° 2072, 1er-15 mai 1996 ("Le massacre de paysans sans terre à Eldorado do Carajas").

Au Guatemala, le refus de toute réforme foncière a des effets sociaux que dénoncent les 16 évêques du pays : dans une lettre pastorale commune, ils soulignent "la situation d'inhumaine pauvreté" des paysans qui rend nécessaire et urgent le changement des structures sociales et du régime de possession du sol. *DIAL,* n° 1.307, 19 mai 1988.

Marielle Pépin-Lehalleur, "Mexique : la réforme agraire est bien finie", *Courrier de la planète,* n° 3, janvier 1992, p. 10-11.

Dossier "Fin des réformes agraires et nouvelles stratégies paysannes", *Problèmes d'Amérique latine,* n° 3, octobre-décembre 1991 (Pérou, Colombie, Brésil, Mexique).

(10) A. Le Sann, F. Bellec, dir., *La pêche, enjeu Nord-Sud,* 2 volumes, CCFD/SOLAGRAL, 1986. "Pêcheurs-artisans" , *Vivant univers,* n° 417, mai-juin 1995.

(11) *Recherche, vulgarisation et développement rural en Afrique noire,* colloque de Yamoussoukro, 1985 ; textes rassemblés et présentés par G. Belloncle, Ministère de la Coopération, 1987. *Un monde avenir. Après Rio,* colloque international organisé par le CRID, novembre 1993. Texte ronéoté, 85 p. et annexes ; p. 35 et sv.

J. P. Olivier de Sardan, "Savoirs populaires et agents de développement", introduction de *D'un savoir à l'autre. Les agents de développement comme médiateurs,* J.P. Olivier de Sardan et Elisabeth Paquot, dir., Ministère de la Coopération/GRET, 1991, p. 33.

(12) R. Lenoir, *Le Tiers Monde peut se nourrir,* Fayard, 1984 ; *id., Les cerisiers d'Ighil,* Fayard, 1981. G. Belloncle, *Jeunes ruraux du Sahel,* l'Harmattan, 1979. R. Mangeart, *Paysans africains,* l'Harmattan, 1984.

Si progressivement qu'il faille envisager la transformation des modes de culture, on ne doit pas perdre de vue que la modernisation des techniques est nécessaire et pressante : sans une forte croissance de la production agricole et sans une élévation sensible du pouvoir d'achat, quelle amélioration espérer des conditions de vie des ruraux ? J.-L. Fyot, "Obstacles au développement en Afrique noire", *Études,* janvier 1991, p. 17-28.

(13) CICIBA, *Facteurs culturels et projets de développement rural en Afrique centrale,* L'Harmattan, 1990. Le Centre international des civilisations bantu a été créé à Libreville en 1983. Voir une présentation de son travail par A. Mutanda Ntumba, *Courrier ACP-CE,* n° 126, mars-avril 1991, p. 37-38.

Sur les problèmes rencontrés par l'agriculture, compte tenu de l'environnement et des conditions socio-économiques locales : *Courrier de la Planète,* n° 34, mai-juin 1996.

Sur le renouvellement du monde paysan africain, sur ses initiatives nouvelles : *Croissance ou développement,* chapitre 7 : "Le développement rural en Afrique, par Bernard Charlery de la Masselière ; § 3 : "Un nouvel espace pour les paysans ?"

(14) J.-M. Yung, P.-M. Bosc, *Le développement agricole au Sahel,* t. 4, CIRAD, 1992. Sarah Reynolds, "Pour une mécanisation appropriée de l'agriculture africaine", *Courrier ACP-CE,* n° 122, juillet-août 1990, p. 101-103.

(15) En ce sens, la dévaluation du F CFA (janvier 1994) a favorisé le rééquilibrage des revenus agricoles par rapport à ceux des citadins (tout en frappant lourdement les citadins les plus pauvres). B. Lesch, "Les agro-exportateurs face à la dévaluation" , *Politique africaine,* n° 54, juin 1994, p. 88-103 ; SYFIA, "Les

agriculteurs, vrais-faux gagnants de la dévaluation", dans *Dévaluation du franc CFA. Une nouvelle donne,* dossier commun des Réseaux GAO, Recherche-développement et stratégies alimentaires, SOLAGRAL, avril 1995, p. 12-13 ; plusieurs articles sur la question dans : Observatoire permanent de la Coopération française, *Rapport* 1995, Desclée de Brouwer, p. 59-94 ; *Marchés tropicaux,* 13 janvier 1995, p. 75-79.

(16) Odette et Alain Vaguet, "Une métropolisation sans drame : l'exemple de Coïmbatore" ; Ph. Schar, "Capitalisme agraire et industrialisation rurale en Inde méridionale" , *Cahiers d'Outre-mer* (Bordeaux), avril-juin 1992, p. 107-124, 125-158. F. Landy, "La petite paysannerie indienne en danger" , *Le Monde diplomatique,* septembre 1995.

(17) D. Gentil, Y. Fournier, *Les paysans peuvent-ils devenir banquiers ? Épargne et crédit en Afrique,* Syros, 1993.

C. Mayoukou, *Le système des tontines en Afrique. Un système bancaire informel,* L'Harmattan, "Logiques économiques", 1994. A. Labey, D. Gentil, *Courrier de la Planète,* n° 5, mars 1992, Supplt Afrique, p. 10-11 ; n° 39, mars-avril 1997, p. 23-24. Sophie Fay, "L'Afrique des micro-crédits", *Le Monde,* 16 juillet 1997.

"Le financement décentralisé. Pratiques et théories", *RTM,* t. XXXVII, n° 145, janvier-mars 1996.

En Asie : J. Yaron, "Des institutions financières rurales qui ont réussi", *Finances et développement,* mars 1994, p. 32-35 (au Ghana : p. 36-37).

(18) F. Goossens, B. Minten, E. Tollens, *Nourrir Kinshasa. L'approvisionnement local d'une métropole africaine,* L'Harmattan, 1994. Les auteurs font une analyse détaillée des structures de la production, des moyens de collecte et de transport, de la distribution des produits alimentaires dans la capitale ; ils montrent les inconvénients de la relative inorganisation du système : coûts élevés, moindre efficacité, insécurité alimentaire ; ils indiquent les améliorations possibles.

Gertrude Mianda, *Femmes africaines et pouvoir. Les maraîchères de Kinshasa,* L'Harmattan, 1996.

Interdépendances villes-campagnes en Afrique, ouvrage coordonné par Catherine Coquery-Vidrovitc, Hélène d'Almeida-Topor et Jacques Sénéchal, L'Harmattan, 1996. Dû aux chercheurs de l'équipe "Afrique noire" de Paris VII, l'ouvrage montre que, malgré l'objectif affirmé par les Etats de l'autosuffisance alimentaire, les campagnes ne nourrissent toujours pas les villes ; des efforts sont entrepris pour améliorer les rendements agricoles, pour commercialiser les produits vivriers vers les villes, mais les importations, soutenues par les États, contrarient des efforts qu'ils aident par ailleurs.

Véronique Donnat, "Rude combat pour l'autonomie céréalière dans le Sahel", *Le Monde diplomatique,* septembre 1995.

Quelques années auparavant, un "Guide de recherche" a été publié dans le cadre de la mise en oeuvre du Plan de Lagos : OUA, *Autosuffisance alimentaire, autonomie technologique et progrès social en Afrique,* Institut international d'études sociales, Genève, 1984.

(19) Michel Griffon et Isabelle Marty, "Politiques agricoles agroalimentaires et développement rural en Afrique subsaharienne" dans S. Michailof, *op. cit.,* 219-237. Une interview de S. Michailof sur ces thèmes : "Il est temps de réorienter notre action" , *Courrier de la planète,* n° 16, mai 1993, p. 3-4. S. Madaule, "Nécessaire libéralisation", *ibid.,* n° 13, janvier-février 1993, Courrier Afrique, p. 2-3. (L'auteur traite de la libéralisation des marchés céréaliers internes).

(20) Par ex. R. Gendarme, *La pauvreté des nations,* Cujas, 1963. *Les pays les plus pauvres : quelle coopération pour quel développement ?,* Economica, 1982.

Une étude publiée par l'OCDE met en scène fictivement de hauts fonctionnaires qui, après bien des pénuries alimentaires, finirent par s'asseoir autour d'une table et par reconnaître "l'importance de la finalité ultime du développement de l'agriculture qui est de nourrir les gens". Ch. P. Oman, G. Wignaraja, *op. cit.*, p. 58.

(21) *DIAL*, n° 1950, 26 janvier 1995.

(22) Cf. *Réussites et déconvenues*, p. 105 et sv. Sophie Bessis, "Droit des femmes et développement, de Mexico à Pékin", dans le dossier "Femmes et développement", *Courrier de la planète*, n° 17, juin 1993, Courrier Afrique, p. 1-8.

Ingrid Palmer, "La place de la femme dans une stratégie de développement rural axée sur les besoins essentiels", *Revue internationale du travail*, 115 (1) janvier-février 1977, p. 105-116.

(23 Textes cités par L.-V. Thomas, *Le socialisme et l'Afrique*, Paris, Le livre africain, 1966, t. 1er, p. 193. Marie Monimart, *Femmes du Sahel. La désertification au quotidien*, Karthala/OCDE/Club du Sahel, 1989, p. 211 et sv.

(24) R. Dumont, *Pour l'Afrique, j'accuse*, p. 32 et sv., 80 et sv., 113 et sv.,321 et sv. Interview dans *Croissance*, n° 337, avril 1991, p. 39-41.

Catherine Dom, "Les femmes et la 'banque'. Éude de cas en zone Mali-Sud", *Courrier ACP-CE*, n° 143, janvier-février 1994, p. 70-73. L'auteur montre comment un projet, "l'Union des greniers", dont l'intention était de permettre aux plus pauvres l'accès à des caisses d'épargne et de crédit (les "greniers") a été conçu et fonctionne, de fait, de façon telle qu'il prive les femmes de tout pouvoir de décision, de gestion et de contrôle, faute d'une connaissance élémentaire des données sociologiques du milieu. Un village cependant a su prendre les initiatives qui ont adapté le modèle et l'ont rendu efficace.

Victoria Barrès, "Deux programmes de crédit bien adaptés aux besoins des femmes du tiers monde", *RTM*, t. XXVI, n° 102, avril-juin 1985, p. 435-442 (Inde, Nigeria).

(25) PNUD, *Rapport sur le développement humain*, 1993. L'indice de développement humain pour les femmes n'est estimé par le PNUD, bien souvent, qu'à 60% de celui des hommes ; p. 27 et sv., p. 49.

(26) OCDE, *Les femmes et l'égalité des chances*, 1979. FIDA, *Rapport annuel* 1990, p. 42. *Formation pour l'agriculture et le développement rural*, FAO, 1986 (décrit plusieurs projets de formation des femmes). Banque mondiale, *Rapport annuel* 1990, p. 63 et sv. ; 1991, p. 59 et sv. ; 1992, p. 54 et sv. ; 1993, p. 50 et sv.

Katrine A. Saito, "L'aide aux agricultrices dans les PMA", *Finances et développement*, septembre 1991, p. 29-31.

(27) Corinne Kumar, "Nous revendiquons une société intégrant les valeurs féminines", *Le Monde*, 27 avril 1994.

(28) B. Kodmani-Darwish, "Au-delà de la Conférence du Caire", *Politique étrangère*, 3/94, p. 631-634.

Dans une interview, René Valette, professeur à l'université catholique de Lyon et ancien président du CCFD, souligne "la nécessité d'avoir un authentique développement pour que la politique visant à espacer les naissances réussisse. Politique qui me paraît inséparable d'une politique sociale globale incluant la lutte contre la mortalité infantile, la scolarisation des filles, la promotion de la femme et la mise en œuvre d'un système de promotion sociale". Cité par J. Duquesne, "Famille : l'ONU impose-t-elle sa loi ?", *La Croix*, 24 juin 1994.

(29) Par exemple, ouvrages concernant surtout l'Afrique : G. Belloncle, *Femmes et développement en Afrique sahélienne*, Éd. ouvrières, 1980 ; B. Grossat, *Les femmes dans le développement*, OCDE, 1980 ; Jeanne Bisilliat, Michèle Fieloux, *Femmes du tiers monde*, Le Sycomore, 1983 ; *Le développement rural et la femme*

en Afrique, BIT, 1984 ; *Un autre développement avec les femmes*, séminaire organisé par l'AFAR (Organisation des femmes africaines pour la recherche sur le développement) et la Fondation Dag Hammarskjöld, Dakar, juin 1982, *Development dialogue*, n° spécial, 1985 (les études et témoignages portent sur les différents continents) ; *Femmes et politiques alimentaires*, Actes du séminaire international ORSTOM-CIE, Paris, janvier 1985 (741 p.), éd. de l'ORSTOM, 1985 ; W. Weekes-Vagliani, *L'intégration des femmes dans les projets de développement*, OCDE, 1985 ; "La sortie du travail invisible : les femmes dans l'économie", *RTM*, t. XXVI, n° 102, avril-juin 1985 ; W. Randin, *Développement : l'avenir par les femmes*, Lausanne, éd. Favre, 1988 ; Isabelle Droy, *Femmes et développement rural*, Karthala, 1990 ; Dorothée Versteylen-Leyser, "L'intégration des femmes dans le développement", *Courrier ACP-CE*, n° 125, janvier-février 1991, p. 14-18 ; *Femmes du Sud, autres voix pour le XXIe siècle*, par DAWN (Development alternatives with women for new era), éd. Côté Femmes, 1992 ; *Relations de genre et développement. Femmes et sociétés*, Jeanne Bisilliat, dir., ORSTOM, 1992 ; Irène Albert, *Des femmes, une terre*, L'Harmattan, 1993. J. Bisilliat, *Femmes du Sud, chefs de famille*, Karthala, 1996.

Deux bibliographies commentées : Geneviève Frank, Rose Marie Greve, *Femme, travail. société ; bibliographie sélective, 1970-1978*, Institut international d'études sociales, Genève, 1980 ; CEDID, *Femmes et développement*, ORSTOM, 1991.

Chaque association humanitaire a fait paraître une étude sur le sujet, ou lui a consacré un ou plusieurs dossiers de sa revue. Par exemple :

Les Nouvelles de l'UNICEF, n° 104, 1980/2 ; n° 122, 1985/1 ; D. Rousset, *Femmes contre la faim*, fascicule publié par le CFCF (Comité français contre la faim), 1986 ; *Peuples en marche*, n° 28, mai 1988 ; n° 81, mars 1993 ; *Messages du Secours catholique*, n° 466, janvier 1994 ; n° 477, janvier 1995 ; *Vivant univers*, n° 407, septembre-octobre 1993 ; A.-S. Boisgallais "Ce que femme veut. Portrait de celles qui font tourner la planète" , *Croissance*, n° 385, septembre 1995.

On notera l'intervention particulièrement saisissante de Gisèle Noublanche, *Femmes africaines, actrices de l'économie*, à l'A. G. de la section française de la LIFPL (Ligue internationale des femmes pour la paix), Paris, 1996. Texte ronéoté, 42 p.

Sur les femmes et l'environnement, voir plus loin.

(30) R. Lenoir, *Le tiers monde peut se nourrir*. Rapport au Club de Rome, Fayard, 1984.

(31) Sophie Bessis, "Le Sahel peut se passer de l'aide alimentaire" *Le Monde-dimanche*, 9 novembre 1980. M.-José et J. Tubiana, "Les éleveurs du Sahel peuvent résister à la sécheresse", *CJN*, n° 154-155, décembre 1974-janvier 1975. J. Giri, "Mes scénarios pour le Sahel", *CJN*, n° 323, janvier 1990, p. 16-18. Véronique Donnat, "Rude combat pour l'autonomie céréalière dans le Sahel", *Le Monde diplomatique*, septembre 1995.

(32) L. Chleq, H. Dupriez, *Eau et terres en fuite*, Dakar, ENDA / Paris, L'Harmattan, 1984. G. Belloncle, *Participation paysanne et aménagement hydro-agricoles*, Karthala, 1985. K. Verhagen, *L'auto-développement ? Un défi posé aux ONG*, L'Harmattan / Coll. UCI, 1991.

(33) M. Haubert, R. Rojas, dans le dossier "Politiques agraires et dynamismes paysans : de nouvelles orientations ?", *RTM*, t. XXXII, n° 128, octobre- décembre 1991, p. 725-740, 851-865.

P.-Y. Guiheneuf, "Les mouvements paysans au Brésil : une chance pour la démocratie ?" , *Courrier de la Planète*, n° 18, juillet-août 1993, p. 16.

(34) Cf. *Réussites et déconvenues*, p. 375 et sv.

(35) J. Berthomé, "Les associations villageoises de développement en Afrique de l'Ouest", *Économie et humanisme*, n° 314, juillet-septembre 1990, p. 15-27. Dominique Gentil, Marie-Rose Mercoiret, "Y a-t-il un mouvement paysan en Afrique noire ?", *RTM*, t. XXXII, n° 128, octobre-décembre 1991, p. 867-886. Les auteurs décrivent la multitude des associations et les buts qu'elles se donnent, et soulignent la capacité qu'elles ont de s'organiser ; présentes dans des secteurs variés, elles ne constituent pas encore un mouvement paysan capable de peser sur les choix politiques.

M.-R. Mercoiret, "L'émergence des dynamiques locales, une réponse au désengagement de l'État", communication au séminaire "L'avenir de l'agriculture des pays du Sahel", CIRAD/Club du Sahel, Montpellier, 1990, 34 p. Gaudens Dagnon, "Regards croisés sur les organisations paysannes au Mali", Réseau GAO/FPH, octobre 1992. J.-M. Yung, J. Zaslavsky, "Pour une prise en compte des stratégies des producteurs", CIRAD, 1992. H. Schneider, *Groupements paysans et productivité agricole, expériences africaines*, OCDE, 1988. B. Koffi Ehul, *Le pouvoir de la brousse : ni démocratie, ni développement en Afrique sans des paysans organisés*, L'Harmattan, 1993. Dossier "Organisations paysannes : instruments ou contre-pouvoirs ?", *Courrier de la Planète*, n° 18, juillet-août 1993, supplt Afrique.

(36) *La participation populaire au développement en Afrique noire*, études réunies et présentées par A.-C. Mondjanagni, Paris, Karthala/Douala (Cameroun), Institut panafricain pour le développement, 1984, p. 423 et sv. Des spécialistes ont attiré l'attention sur les dérives de ce mouvement coopératif et associatif dans les villages :

— la propension des milieux dirigeants à empêcher la participation populaire ou à la détourner de ses fins : A. Dumas, B. Jobert, *RTM*, t. XXIV, n° 95, juillet-septembre 1983, p. 513-536, 537-556.

— l'échec des entreprises d'État qui tentent de greffer un modèle moderne d'association sur des formes traditionnelles d'entraide relevant d'une autre logique : H. de France, *Économie et humanisme*, n° 287, janvier-février 1986, p. 46-54.

— l'échec des projets dont les promoteurs cherchent l'appui des populations après avoir tout décidé et mis au point : B. Lecomte, *L'aide par projet. Limites et alternatives*, OCDE, 1986.

(37) Sophie Bessis, "La paysannerie marginalisée", *Courrier de la Planète*, n° 5, mars 1992, p. 12-13. Bakary Traoré, *L'intégration économique de la paysannerie en Afrique subsaharienne*, L'Harmattan, 1989. S. Horner, "Réunion des partenaires sociaux à Bruxelles", *Courrier ACP-CE*, n° 137, janvier-février 1993, p. 11-13 (petits exploitants agricoles et artisans — soit 80% de la population — sont absents du processus démocratique).

(38) Dans S. Michailof, *op. cit.*, p. 162. P. Timmer, "La fin du développement ?", *Courrier de la Planète*, n° 33, mars-avril 1996, p. 10-12.

(39) M. Norro, "Afrique : pour un nouveau départ", *Mondes en développement*, t. 18, 1990, n° 69, p. 9-13, dans le dossier "Expériences 'réussies' de développement en Afrique" qui comporte la description du soutien apporté à l'auto-organisation paysanne, p. 63-66, 69-74.

(40) Michel Griffon, Isabelle Marty, "Politiques agricoles, agro-alimentaires et développement rural en Afrique subsaharienne", dans S. Michailof, *op. cit.*, p. 219-237 (dans la perspective d'une entrée mesurée et contrôlée dans le marché mondial).

L'autre coopération. L'appui des pouvoirs publics à la coopération non gouvernementale, Ministère des Affaires étrangères, Ministère de la Coopération et du développement, 1991, p. 66, 95 et sv., 104. D. Gentil et divers, "L'appui aux organisations paysannes en Afrique", Caisse centrale de coopération économique, "Notes et études", n° 35, juin 1990. Ch. Huillet, P. Van Dijk, "Développement rural et partenariat", *L'Observateur de l'OCDE*, n° 162, février-mars 1990, p. 19-22 (Étant donné la diversité des domaines, des partenaires multiples peuvent intervenir).

(41) B. Lecomte, *op. cit.*, p. 136.

(42) D. Cerezuelle, P.-J. Roca, "Marges du Nord, marges du Sud : l'agriculture périphérique", *Économie et humanisme*, n° 311, janvier-février 1990, p. 36-42.

Rosine Klatzmann, "Le travail noir" ; Anne Charreyron, "L'économie souterraine se développe à l'Est comme à l'Ouest", *Futuribles*, n° 26, septembre 1979, p. 43 et sv. ; n° 29, décembre 1979, p. 101-106. J. F. Lae, N. Murard, *L'argent des pauvres. L'économie informelle en cité de transit*, Seuil, 1986.

À côté du système agricole moderne intégré à l'échange international, des activités rurales se diversifient, intégrées à la société locale et visant le marché local ou régional : "une façon de renouer avec le passé où l'ensemble des activités étaient exercées dans les villages et les gros bourgs". "Un entretien avec M. Henri Mendras", *Le Monde*, 31 juillet 1984. (Du même auteur : *Voyage au pays de l'utopie rustique*, Actes Sud, 1979).

(43) Banque mondiale, *Rapport sur le développement dans le monde*, 1992, p. 27, 98. Chapitre 7 : "Une politique de l'environnement pour les zones rurales", p. 139 et sv.

(44) "Résultat : au lieu des trois millions d'arbres qu'il était prévu de planter dans 6 000 exploitations familiales, il y en a eu 20 millions dans 75 000 exploitations". A. Steer, "L'union de l'environnement et du développement", dans le dossier "Sauver l'environnement", *Finances et développement*, juin 1992, p. 18-21.

(45) R. M. Rochette, *Le Sahel en lutte contre la désertification*, CILSS/PAC GTZ/Verlag Joseph Margraf, 1989. P. Harrison, *Une Afrique verte*, Karthala, trad. fr., 1991. Ph. de Leener, dir., *Avenir des terroirs : la ressource humaine*, Dakar, ENDA éd., 1992.

M. Dufumier, Introduction au n° consacré à "Agriculture, écologie et développement", *RTM*, t. XXXIV, n° 134, avril-juin 1993, p. 245-261. "Environnement et développement rural", *RTM*, t. XXXIII, n° 130, avril-juin 1992, p. 295-310 (dans un numéro consacré à "Environnement et développement"). J. Diek van Mansvelt rappelle que l'agriculture biologique pourrait être une approche adéquate du problème pour les sociétés situées dans des éco-systèmes vulnérables, p. 311-328.

En Inde : A. Agarwal, S. Narain, *Quand reverdiront les villages. Environnement et démocratie*, Lorient, CRISCA, 1992 (publié à New Delhi. Cr. dans *RTM*, n° 133, janvier-mars 1993, p. 230).

M. M. Cernea, "L'approche sociologique du développement durable", dans le dossier "Faire durer le développement", *Finances et développement*, décembre 1993, p. 11-13. S.Schmidheiny, "Le développement durable : une entreprise stimulante", décembre 1992, p. 24-27. Seri Phongphit, *Savoirs populaires et développement rural*, Interfaces-UPC/éd. Descartes et Cie / Fondation pour le progrès de l'homme, 1995. G. Buttoud, "Les communautés, passage obligé", *Courrier de la Planète*, n° 35, juillet-août 1996, p. 24-25.

(46) Marie Monimart, *Femmes du Sahel. La désertification au quotidien*, Karthala/OCDE/Club du Sahel, 1989. Barbara Herz, "Le rôle des femmes dans le développement, l'exemple du Kenya", "Comment associer les femmes au développement économique", *Finances et développement*, juin 1989, p. 43-45 ; décembre 1989, p. 22-25. Ali A. Mazui, "Le rôle de la femme dans l'économie africaine", *ibid.*, juin 1992, p. 42-43. (Entre autres réflexions, l'auteur souligne le

risque pour les femmes d'une libéralisation de l'économie, et attend de l'État qu'il intervienne en faveur de l'égalité économique des femmes et des hommes). Dossier "Les femmes, gardiennes de l'avenir", *Nitassinan,* n° 40, avril-juin 1995, p. 13-27.

(47) "Des femmes veulent choisir", *Vivre autrement,* RIO 92, n° 5, 5 juin (1992), p. 3.

(48) Lester B. Brown, "La guerre entre l'homme et la terre est d'ores et déjà engagée", *Le Monde*, 27 février 1996.

(49) Sur la prise de conscience des dégâts catastrophiques causés à la planète, lire : D. L. Maedows, dir., *Halte à la croissance,* rapport au Club de Rome, Fayard, 1972 ; L. Timberlake, *L'Afrique en crise : la banqueroute de l'environnement,* L'Harmattan, 1985 ; J.-M. Pelt, *Le tour du monde d'un écologiste,* Fayard, 1990 ; Centre de recherche sur l'environnement de Delhi, *Inde : le défi de l'environnement,* L'Harmattan, 1988 ; J. Cl. Pomonti, "L'Asie défigurée", *Le Monde,* 17 juin 1995 ; CETIM, *La sève de la colère : forêts en péril. Du constat aux résistances,* Genève, 1990 ; Cl. Allègre, *Économiser la planète,* Fayard, 1990 ; Dossier "Agriculture et environnement : Menaces sur les terroirs", *Courrier de la Planète,* n° 34, mai-juin 1996.

(50) A. Fauve-Chamoux, *Malthus hier et au jourd'hui,* Éd. du CNRS, 1984 ; T. R. Malthus, *Essai sur le Principe de Population,* Flammarion, 1992 (trad. fr.)

(51) Banque mondiale, *Rapport annuel,* 1990, p. 38 et sv., 65 et sv. ; 1991, p. 39, 61 et sv. ; 1992, p. 45, 57 et sv. ; 1993, p. 51 et sv. Dossier "Pour un développement qui ménage l'environnement", *Finances et développement,* décembre 1989. R. Cans, "La Banque mondiale ne financera plus les projets nuisibles à l'environnement", *Le Monde,* 29 septembre 1995.

(52) *Interdépendance économique et écologique, Environnement et économie,* OCDE, 1982, 1985. L'OCDE publie *L'état de l'environnement* 1979, 1985, 1991. *Données OCDE sur l'environnement,* 1985, mis à jour tous les deux ans. Une bibliographie annotée avait paru en 1973 : Donn Block, *L'environnement et la croissance économique dans les pays en voie de développement.*

J.-Ph. Barde, "Le développement durable : la fin et les moyens", *L'Observateur de l'OCDE,* n° 164, juin-juillet 1990, p. 33-37. Il n'est guère de numéro de la revue qui ne comporte un ou plusieurs articles sur le thème de l'environnement. Parmi les ouvrages récents publiés par l'OCDE : *Politique d'environnement et compétitivité industrielle,* 1993 ; *Les effets des échanges sur l'environnement,* 1994 ; *Promotion des exportations et technologies de protection de l'environnement,* 1994 ; *L'éducation à l'environnement pour le XXIe siècle,* 1995 (pour soutenir l'action de l'école dans la formation des jeunes à un comportement responsable en vue d'un développement durable).

L'OCDE a ouvert un programme d'examens des "performances environnementales" de chaque pays membre : évaluation des politiques mises en œuvre, progrès accomplis, conformité aux engagements internationaux. La première éutde, en 1993, a été consacrée à l'Allemagne.

(53) *Le Courrier ACP-CEE,* n° 133, mai-juin 1992, consacré à "Environnement et développement" ; la Communauté se préoccupe d'intégrer des critères de développement durable dans ses propres programmes ; le 5e programme communautaire, en 1992, s'intitule "Vers un développement durable et respectueux de l'environnement".

(54) "Le Fonds pour l'environnement mondial", *Finances et développement,* mars 1991, p. 24.

(55) A. Chartrand, "Balises pour une éthique de l'environnement et du développement durable" ; M. Saint-Laurent, "Dynamique sociale et environnement", dans

Gestion de l'environnement, sous la direction de J. A. Prades, R. Tessier, J. G. Vaillancourt, éd. Fides (Québec), 1992, p. 127-139, 27-42.

Sur l'histoire des rapports complexes entre l'économie et l'écologie, à travers les théoriciens qui la jalonnent depuis les physiocrates et la révolution industrielle : F.-D. Vivien, *Économie et écologie,* La Découverte, "Repères", n° 158, 1994.

(56) P. Harrison, *Une Afrique verte,* Karthala, 1991.

(57) I. Sachs, "Quel développement pour le XXIe siècle ?", dans : Martine Barrère, dir., *Terre, patrimoine commun,* La Découverte/Association Descartes, 1992, p. 84-99 ; id., *L'éco-développement,* Syros. 1993.

Les voies du développement durable, XIes Journées Jeunes chercheurs sur le développement, *Les Cahiers de l'Association Tiers-Monde,* n° 11, 1996.

La bibliographie établie par Maryse Gaudier, *Écologie, monde du travail, participation sociale,* Institut international d'études sociales, Genève, 1986, série bibliographique, n° 10, constitue une présentation pertinente des différents aspects de la question.

Cf. *Croissance ou développement,* chapitre 6, § 1 : "Environnement et développement" par A. S. Boisgallais.

(58) H. von Stieteneron, "Perspectives hindoues" dans : H. Küng, dir., *Le christianisme et les religions du monde,* Seuil, 1986. p. 256 et sv.

(59) J. Hofbeck, "La référence aux religions non-chrétiennes dans les discours écologiques : un premier défrichement", dans *Gestion de l'environnement,* p. 141-157. *Religion et écologie,* Danièle Hervieu-Léger, dir., Cerf, "Sciences humaines et religion", 1993.

(60) Jürgen Moltmann, *Dieu dans la création. Traité écologique de la création,* Cerf, "Cogitatio fidei", n° 146, 1988 (éd. allemande en 1985). Alexandre Ganoczy, *Théologie de la nature,* Desclée, 1988. J.-M. Aubert, "Un nouveau champ éthique : l'écologie", *Revue des sciences religieuses,* 1982, n° 3, p. 201-219. *Foi et vie,* deux numéros doubles : décembre 1974, n° 5-6, "Écologie et théologie" ; avril 1977, n° 2-3, "Énergie et choix de société".

(61) R. Coste, *Paix, justice, gérance de la création,* Nouvelle Cité, 1989, chapitre 3, p. 79 et sv. R. Coste, J.-P. Ribaut, dir., *Sauvegarde et gérance de la création,* Desclée, 1991 ; *Les nouveaux horizons de l'écologie. Dans le sillage de Rio,* Centurion, 1993.

(62) Rassemblement œcuménique européen de Bâle, *Paix et justice pour la création entière,* Cerf, "Documents des Églises", 1989, p. 62 et sv., 187 et sv., 195 et sv.

(63) J.-P. Ribaut, "Environnement : les mentalités changent" ; R. Coste, "L'appel de Klingenthal", *La Croix,* 21 mars 1996, 17 avril 1997. *L'usufruit de la terre,* dossier coordonné par J.-P. Ribaut et Marie-José Del Rey, Pax Christi/ Fondation Ch.-L. Meyer pour le progrès de l'homme, 1997, "Dossier pour un débat", n° 73.

(64) N. Robins, *L'impératif écologique,* Calmann-Lévy, 1992. Candice Stevens, "L'industrie de l'environnement" (Les industriels prennent conscience qu'ils doivent adapter leurs activités aux règles protégeant l'environnement, et que l'environnement est devenu un secteur économiquement porteur) ; "Politiques d'environnement : une incidence sur la compétitivité" (L'incidence inégale selon les secteurs explique l'hésitation des entreprises et des gouvernements), *L'Observateur de l'OCDE,* n° 177, août-septembre 1992, p. 26-28 ; n° 183, août-septembre 1993, p. 22-25. R. Romi, *L'Europe et la protection juridique de l'environnement,* Victoires éd., 1990.

(65) Ch. Avérous, "L'état de l'environnement : un bilan mitigé. Pourquoi ?",

L'Observateur de l'OCDE, n° 168, février-mars 1991, p. 14-19 (Des politiques nationales insuffisantes) ; M. Potier, "Les accords volontaires sur l'environnement", *ibid.*, n° 189, août-septembre 1994, p. 8-11.

(66) F. Falloux, L. Talbot, *Crise et opportunité. Environnement et développement en Afrique*, Maisonneuve et Larose/ACCT, 1992.

(67) A. Lipietz, *Vert espérance. L'avenir de l'écologie politique*, La Découverte, 1993.

(68) D. M. Kabala, *Protection des écosystèmes et développement des sociétés. État d'urgence en Afrique*, L'Harmattan, 1994 ; en particulier, chapitre 2, p. 41 et sv.

En Asie, le début d'une prise de conscience dans les milieux officiels : J.-Cl. Pomonti, "L'Asie défigurée", *Le Monde*, 17 juin 1995.

Sur l'affrontement Nord-Sud et les conflits d'intérêts, sur la difficulté ("le refus") des acteurs de développement à envisager le problème : n° de la *RTM*, "Après le Sommet de la Terre : débats sur le développement durable", t. XXXV, n° 137, janvier-mars 1994 (En particulier l'introduction de J. Masini, les articles d'I. Sachs et G. Cruse, p. 9-29, 53-60, 151-167).

Sur des préoccupations analogues en France : P. Alphandéry, "Pourquoi l'agriculture paysanne est d'actualité", *Courrier de la Planète*, n° 18, juillet-août 1993, p. 11-13 (Plaidoyer pour une agriculture moins productiviste, mais contribuant à l'entretien de l'espace rural, à la vitalité du tissu social et au développement local). J. P. Besset, *Le Monde*, 28 juin 1997.

(69) Un administrateur de la Communauté européenne a avoué que le phénomène de l'urbanisation a provoqué "un certain vertige" : "Avec une croissance urbaine de l'ordre de 5,5%, tout va beaucoup trop vite par rapport à la capacité d'analyse et de prévision des décideurs", dans un dossier sur "La crise urbaine", *Courrier ACP-CE*, n° 131, janvier-février 1992, p. 72-73.

(70) J. Duvignaud, *Guide alphabétique de la sociologie*, Denoël, 1972, art. "Habitat", p. 187 et sv.

(71) Nicole Haumont et Alain Marie, dir., *Politiques et pratiques urbaines dans les pays en développement*, Colloque international tenu à Paris en septembre 1985 ; 2 vol, l'Harmattan, "Villes et entreprises", 1987 (en particulier : ler vol., p. 34 et sv.). G. Massiah et J.-F. Tribillon, *Villes en développement*, La Découverte, 1988.

M. Raj, V. Bhatt, "Inde : vers une révolution de l'habitat", *Économie et Humanisme*, n° 299, janvier-février 1988, p. 14-18 (Malgré la prolifération des institutions spécialisées, le secteur public se montre incapable d'assurer un logement à tous. Le secteur informel se montre beaucoup plus apte à répondre à la demande : "Plus de 1,2 millions de logements sont construits chaque année, mais 35 000 seulement sont produits dans le cadre du secteur public avec des fonds en provenance des plans de développement"). J. Silas sur l'Indonésie, p. 19-25. Bibliographie critique sur le logement : p. 92 et sv.

Isabelle Milbert, "L'Indonésie, ou les succès d'une politique volontariste de l'habitat", *Économie et Humanisme*, n° 276, mars-avril 1984, p. 9-14.

Jeanne Bisilliat, *La construction populaire au Brésil*, Karthala/ORSTOM, 1995. Voir aussi l'histoire d'un mouvement de quartier dans ce pays : Leïla Wolf, *La démocratie au quotidien*, Syros, 1993 (à Nova Iguaçu, dans l'État de Rio de Janeiro, où il apparaît que la pratique peut être moins réussie que le discours, les leaders prenant l'habitude de parler au nom d'une population qu'ils ont oublié de consulter).

(72) M. Bonetti, M. Conan, B. Allen, *Développement social urbain. Stratégies et méthodes*, L'Harmattan, 1991.

Voir deux ouvrages qui montrent aussi les obstacles : *Quelles politiques économiques de construction dans les pays en voie de développement ?* Étude coordonnée par F. de Vesvrotte, Publisud, 1989. Céline Sachs, *Sao Paulo. Politiques publiques et habitat populaire,* éd. Maison des Sciences de l'Homme, 1990.

Cf. Rivière d'Arc, "La ville en Amérique latine", dans *Croissance ou développement,* chapitre IX.

(73 *Projets de trames d'accueil,* Document de la Banque mondiale, avril 1974.

(74) S. K. Mayo, "Politique de logement : changer la structure", *Finances et développement,* mars 1994, p. 44-46.

Dans son *Rapport sur le développement dans le monde* 1994, la Banque mondiale étudie le problème posé par l'entretien et l'extension des infrastructures qui amélioreraient le sort des plus pauvres. Elle préconise la participation des usagers, la remise à l'entreprise privée des services pour lesquels celle-ci peut se montrer efficace et adaptée, et l'intervention des pouvoirs publics dans les secteurs où font défaut d'autres sources de financement. Cf. P. Lanjouw, "Infrastructure et ascension sociale des pauvres", *ibid.,* mars 1995, p. 31-33.

(75) R. Gendarme, "Urbanisation et développement des nations", *Mondes en développement,* n° 85 (consacré à "La cité dans le développement"), 1994, p. 9-22.

Voir les deux dossiers "Mégapoles à gérer", *Économie et Humanisme,* n° 303, septembre-octobre 1988 (les métropoles ingérables sont Bombay, Brasilia, Lima et Mexico) ; "La ville, test d'humanité", *ibid.,* n° 326, octobre 1993.

(76) Cl. Marchant, *Nord-Sud : pour un développement équitable. De l'aide au contrat,* Syros-Alternatives, 1991 ; chapitre 14, p. 143-154. N. Haumont, A. Marie, *op. cit.* ; en particulier les contributions de P. Vennetier et R. de Maximy, t. Ier, p. 60-66, 145-163. M. Gaud, P. Barbier, "L'économie informelle en Afrique", *Afrique contemporaine,* n° 157, janvier-mars 1991, p. 23-36.

(77) Ph. Hugon, "Approches pour l'étude du secteur informel dans le contexte africain", dans : D. Turnham, dir., *Nouvelles approches du secteur informel,* OCDE, 1990 ; chapitre 3, p. 81-101. Commission des Communautés européennes, *op. cit.,* p. 8 et sv. R. Arellano, Y. Gasse, G. Verna, "Le monde de l'entreprise informelle", *Futuribles,* n° 163, mars 1992, p. 41-54.

Sur la symbiose du formel et de l'informel, sur la légitimité sociale du non-respect de la loi : B. Lautier, Cl. de Miras, A. Morice, *L'État et l'informel,* L'Harmattan, 1991.

(78) S. Mc Laughlin, Kenneth King, J. J. Thomas, dans D. Turnham, *op. cit.,* p. 185 et sv.

L'aide apportée à l'économie populaire est très limitée encore, et les pouvoirs locaux, de même que certains aspects de la coutume, ont plutôt tendance à contrecarrer cette économie : voir les articles de Mohamed Soumaré, Evelyne Sylva et Anne Dupuis, Phawon Han dans *Vivre autrement,* RIO 92, n° 2, 3 juin (1992), p. 5-6 ; n° 13, 14 juin, p. 5-8.

M. L. Debatisse, "L'enrichissement du travail : également un dilemme pour les PVD", *Mondes en développement,* 1976, n° 15, p. 547-558 (L'auteur préconise une association plus étroite du secteur moderne et du secteur traditionnel, les entreprises sous-traitant à des ateliers artisanaux et permettant ainsi à la main-d'œuvre marginale d'acquérir une formation technique de base).

(79) H. de Soto, *L'Autre sentier. La révolution informelle dans le tiers monde,* La Découverte, 1994. P. Communal, "Le secteur informel, premier employeur d'Afrique", dans le dossier : Frères des hommes, "Les nouvelles économies africaines", *CJN,* n° 324, février 1990, p. 23-30.

(80) *Le droit et l'accès pour tous à l'habitat et à la ville,* Contribution à Habitat II des associations françaises de solidarité internationale, CRID, novembre 1995.

(81) Cl. Marchant, *op. cit.,* p. 41.

Fr. Douxchamps, "Les micro-réalisations, un instrument de coopération qui s'affirme", *Courrier ACP-CE,* n° 130, novembre-décembre 1991, p. 86-87.

(82) J. Wilheim, "Il faut redistribuer le pouvoir", dans le dossier "Villes géantes", *Le Monde,* 6 juin 1996, p. I-VIII. Voir aussi les art. de Ph. Bernard et G. Herzlich sur les mégapoles, dans le même dossier ; de Ph. Bernard et N. Pope, *Le Monde,* 16-17 juin 1996.

(83) S. Michailof, J. Giri, J.-P. Barbier, dans S. Michailof, *La France et l'Afrique. Vade-mecum pour un nouveau voyage,* Karthala, 1993, p. 70 et sv., 133 et sv., 142 et sv. *Problèmes d'industrialisation dans les pays en développement,* Séminaire 1982 sur la coopération industrielle organisé par le groupe de recherche et d'échanges technologiques, GRET, 1983.

Sur l'exemple, en ce domaine, de la Corée du Sud : *Réussites et déconvenues,* p. 264.

(84) R. Gendarme, "L'industrialisation en Afrique subsaharienne : deux voies de recherche inexplorées", *Mondes en développement,* t. XX, n° 77-78, 1992, p. 15-23.

On peut apprécier la continuité des conseils : *Id., La pauvreté des nations,* Cujas, 1963, p. 519 et sv. ; "L'industrialisation des PVD a-t-elle été bien comprise ?", *Mondes en développement,* n° 2, 1973, p. 60-81 — et, les conseils n'ayant généralement pas été suivis, la continuité des aberrations de la pratique.

D. L. Siazon (dir. général de l'ONUDI), "Vers une deuxième décennie du développement industriel de l'Afrique", *Courrier ACP-CE,* n° 119, janvier-février 1990, p. 2-5. "Rencontre avec Paul Frix", dir. du Centre pour le développement de l'industrie, de la Cté européenne, *ibid.,* n° 142, novembre-décembre 1993, p. 2-6.

Cl. Courlet, R. Tiberghien, "Le développement décentralisé des petites entreprises industrielles au Cameroun", *Économie et Humanisme,* n° 289, mai-juin 1986, p. 53-57. Anne de Lattre, "La petite entreprise et le développement du Sahel", *L'Observateur de l'OCDE,* n° 163, avril-mai 1990, p. 31-35. P. Logli, "Nouvelles approches pour les projets PME : le rôle des organismes intermédiaires" ; O. Sidibe, "Le financement des PME : l'approche de la BIAO-Mali", *Courrier ACP-CE,* n° 129, septembre-octobre 1991, p. 6-8, 34-36.

Ph. Régnier, "Dynamisme des PME/PMI dans les NPI d'Asie", *Économie et Humanisme,* n° 313, mai-juin 1990, p. 51-62. "Industrialisation de la Corée du Sud : à la recherche du rôle des petites et moyennes entreprises", *RTM,* t. XXXIV, n° 135, juillet-septembre 1993, p. 625-642 (où il est montré que les PME, si elles n'ont joué qu'un rôle mineur dans la politique d'industrialisation rapide des années 60 et 70, tout l'appui des pouvoirs se concentrant alors sur les grands conglomérats industriels — les *chaebols* — ont pris beaucoup plus d'importance à partir des années 80).

On pourra tenir compte des avis circonspects donnés par un spécialiste : M. Penouil, "Les activités informelles : réalités méconnues... espérances illusoires ?", *Économie et Humanisme,* n° 314, juillet-septembre 1990, p. 29-40.

(85) F. Chauveau, *Contribution à l'étude démographique du développement des villes moyennes en Amérique latine,* IHEAL, Document de recherche du CREDAL, n° 200, 1988 (Dans ce mémoire, les villes qualifiées de moyennes sont celles dont la population est comprise entre 100 000 et un million d'habitants).

Sabine Kradolfer, *Dynamique des villes secondaires et migration en Afrique de l'Ouest,* Neuchâtel, Centre de recherche sur le développement, 1991. Commission des Communautés européennes, *op. cit,* p. 21 et sv.

Monique Bertrand, "Plaidoyer pour les centres urbains secondaires en Afrique au sud du Sahara", *RTM,* t. XXXIV, n° 133, p. 117-138. (L'auteur plaide surtout pour *l'étude* des centres urbains secondaires, mais elle souligne l'importance de ces centres et leur originalité : trop souvent considérées en référence à la grande ville, ces villes moyennes et les collectivités citadines présentent des formes de vie et d'activités intéressantes).

P. Ove Pedersen, "Les petites villes et le développement rural", *Courrier ACP–CE,* n° 131, janvier-février 1992, p. 49–77. B. Ganne, "De la ville moyenne à la grande ville et du commerce à l'industrie" ; Ursula Eigel, "Assistance technique aux villes de moyenne et petite dimension", *ibid.*, n° 149, janvier-février 1995, p. 77-79, 89-91.

(86) Secrétariat général au Plan, *Entrer dans le XXIe siècle. Essai sur l'avenir de l'identité française,* La Découverte / La Documentation française, 1990, p. 40, 51 et sv., 61 et sv. B. Badie, M.-Cl. Smouts, *Le retournement du monde,* chapitre 2, "La montée des flux transnationaux", p. 69 et sv.

(87) J.-J. Salomon, "Maîtrise sociale de la technologie : l'enjeu démocratique", *Futuribles,* n° 157, septembre 1991, p. 3-18. Sur les différents aspects de la maîtrise du développement urbain, qui suppose une volonté politique s'exerçant avec suite pendant plusieurs décennies : R. Gendarme, "Urbanisation et développement des nations", *Mondes en développement,* n° 85, 1994, p. 9–22, dans un n° consacré à "La cité dans le développement". *L'innovation, clef du développement. Trajectoires de pays émergents,* sous la dir. de Françoise Nicolas et Lynn Krieger Mytelka, Masson/ IFRI, 1995.

(88) Banque mondiale, *Rapport sur le développement dans le monde* 1987, p. 8, 67 et sv.

(89) *Le Courrier du CNRS,* n° 78, janvier 1992, consacré à "Politique et actions internationales du CNRS".

(90) A. Ruellan, Intervention au Forum des partenaires, 9-11 septembre 1991 ; compte-rendu et propositions du groupe de travail "Grands programmes et coopération Nord-Sud" du CNRS, 13 juin 1996.

Charte de la politique du CNRS vis à vis des pays en développement, adoptée en octobre et décembre 1943, texte de 6 p.

Malheureusement, en Afrique, l'on a plutôt assisté à un "déménagement industriel" depuis les années 80. L'investissement direct étranger à l'Afrique sub-saharienne ne représente plus, entre 1980 et 1989, que 1 % du total mondial (contre 30 % à l'Asie), en raison de la baisse des taux de rendement des investissements et de leur différence entre les deux continents : à la fin des années 80, ce taux était estimé à 6 % en Afrique sub-saharienne contre 13,5 % en Asie (S. Quiers-Valette, V. Géronimi, E. Saint-Alary, "Les investissements directs étrangers : du risque à la certitude négative ?", dans Ph. Hugon, dir., *L'Afrique des incertitudes,* PUF, 1995, p. 85-106).

Un point est parfois évoqué : celui de la réhabilitation des usines fournies jadis par les pays développés et dont la maintenance n'a pas été assurée, lorsqu'un examen sérieux montrerait que leur fonctionnement peut encore contribuer utilement à la production nationale. Voir : Centre Nord-Sud de l'Institut de l'entreprise, *Pour un vrai partenariat avec l'Afrique,* 1985. Marie-Angèle Hermitte, "Des formes nouvelles de transfert de technologie", *Le Monde diplomatique,* avril 1988. B. Girard, "Relancer le développement par la maintenance industrielle", *ibid.*, juin 1988. H. Puel, "Entreprises et développement", *Économie et Humanisme,* n° 300, mars-avril 1988, p. 84-85.

(91) Ph. d'Iribarne, *La logique de l'honneur : gestion des entreprises et cultures nationales,* Seuil, 1989.

(92) *Croissance ou développement,* chapitre 2, § 3 : "Les multinationales et les pays en développement : un possible retour ?", par Bernadette Madeuf.

(93) "Transnationales entre profit et citoyenneté", *Courrier de la Planète,* n° 37,

novembre-décembre 1996. Qu'il s'agisse du respect de l'environnement ou de la défense des droits des travailleurs, des associations mènent campagne contre les agissements malhonnêtes et antisociaux des firmes, en particulier quand il s'agit des entreprises de sous-traitance situées dans les PVD. En France : "Agir ici", 14, Passage Dubail, 75010 Paris ; "Réseau Solidarité", 35, Rue Bizette, 35000 Rennes.

Sur les rapports de coopération et de conflit entre États-nations ou union régionale et firmes transnationales : P. Dicken, *Revue internationale de sciences sociales*, n° 151, mars 1997, p. 79-92.

(94) Cl. Cohen-Tanuggi, "Brésil. Une culture latine commune", *Le Courrier du CNRS*, n° 78, p. 60.

(95) Pendant les années de présidence de Patricio Aylwin, des progrès avaient été accomplis en ce domaine grâce à une croissance forte (10 % en 1992) et au choix d'une politique sociale (salaire minimum relevé de 30 %, allocations familiales réévaluées) : en 1987, 44,4 % de la population vivait au-dessous du seuil de pauvreté ; en 1992, on évaluait la proportion à 32,7%. D. G., "Eduardo Frei promet la croissance pour tous", *Le Figaro*, 21 décembre 1993.

(96) Dossier "Villes géantes", *Le Monde*, 6 juin 1996.

(97) Sanjaya Lall, *Les multinationales originaires du Tiers Monde*, PUF, 1984. P. Grou, *L'émergence des géants du Tiers Monde*, Publisud, 1988.

(98) Ch.-P. Oman, G. Wignaraja, *L'évolution de la pensée économique sur le développement depuis 1945*, OCDE, 1991.

(99) "L'interdépendance mondiale", *L'Observateur de l'OCDE*, n° 207, août-septembre 1997, p. 4, 7 ; R. Miller, p. 24-27.

(100) J.-R. Chaponnière, "L'Europe et la montée en puissance de l'Asie", *Futuribles*, n° 196, mars 1995, p. 35-57. Par exemple, le rapport entre les coûts horaires coréens et français était de 1 à 8 en 1979 et n'est plus que de 1 à 3 en 1994. Cette évolution n'affecte pas également tous les secteurs productifs ni tous les pays.

F. Lemaître, "Après les bras, Singapour veut attirer les cerveaux", *Le Monde*, 21 mai 1996.

(101) Irène Jarry, "Mexique : état d'urgence pour le nouveau président", *Le Figaro-Économie*, 27 décembre 1994.

P.-N. Giraud, "Le libre-échange crée l'inégalité", *Le Monde*, 1er novembre 1994. B. de la Grange, *Le Monde*, 5 juillet 1995, 20 mars 1996. P. Gouy, S. Brodzensky, *La Croix*, 5 avril 1996.

(102) J.-P. Tuquoi, *Le Monde*, 17-18 octobre 1993.

(103) L. Golbert, E. T. Fanfani, "Argentine : ancienne et nouvelle pauvreté", *Problèmes d'Amérique latine*, n° 8, janvier-mars 1993, p. 51-64. Annie Gasnier, "Argentine : la fin du miracle économique pour Carlos Menem", *La Croix*, 26 avril 1995 (dix millions de personnes exclues du "miracle"). A. Minujin, N. Lopez, "Au sujet des pauvres et des vulnérables : le cas argentin", *RTM.*, t. XXXVI, n° 142, avril-juin 1995, p. 365-381. Ch. Legrand, *Le Monde*, 19 août 1995.

L'exemple du Brésil :

A. Tiano, "Le Brésil : un colosse d'argile aux pieds d'airain", *Mondes en développement*, n° 70, 1990, p. 17-27. (L'auteur montre bien les deux faces de la croissance impressionnante de ce pays : l'inflation, la dette, les conflits agraires, la pauvreté, le développement inégalitaire, mais aussi la satisfaction du marché intérieur, l'assimilation des techniques étrangères, la "naturalisation" du comportement des multinationales, la force d'un État moderne. "Le capitalisme sauvage est naturellement créateur d'inégalités sociales et de pauvreté, mais aussi de richesse qui transforment la vie non seulement d'une petite frange de privilégiés, mais de dizaines de millions de nationaux"). I. Sachs, "Le Brésil en mal d'un projet"

Problèmes d'Amérique latine, n° 8, janvier-mars 1993, p. 79-88, et sa contribution au dossier" Brésil", *Futuribles*, n°162, février 1992, où il souligne l'énormité du phénomène d'exclusion sociale. Vera da Silva Telles," Pauvreté et citoyenneté, dilemme du Brésil contemporain", *Problèmes d'A. L.*, n° 9, avril-juin 1993, p. 73-85 (l'auteur, professeur de sociologie à l'université de Sao Paulo, décrit cette société où les lois "n'ont pas été faites pour supprimer mais bien pour préserver les privilèges des maîtres du pouvoir"). Dans un Brésil où, en trois ans, à partir de 1990, 20 millions de personnes ont perdu leur emploi et bon nombre d'entre elles ont été réduites au chômage : GEMDEV, *L'intégration régionale dans le monde*, p.147. Annie Gasnier," Le Brésil aux deux extrêmes", *La Croix*, 30 septembre 1994.

Cf. *Réussites et déconvenues*. Chapitre 7," Les Nouveaux pays industriels. La politique industrielle du Brésil", par J. Berthelot, p. 231 et sv. (p. 250).

Voir aussi l'opposition que rencontre la formulation d'une charte sociale qui garantirait certains droits aux travailleurs des pays membres de l'ALENA à mesure que l'Intégration aggravera le problème de l'emploi pour certaines catégories d'entre eux, dans GEMDEV, *ibid.*, p. 120.

(104) Laurence Monroe, "À Mexico, les évêques face au néo-libéralisme", *La Croix*, 10 mai 1995. Patrice Gouy," Le courage du nouvel archevêque de Mexico", 12 octobre 1995.

(105) Marie de Varney, Le Monde, 9 octobre 1993 ; J.-P. Tuquoi, 4-5 juin 1995 (selon une étude de la CNUCED) ; J.-P. Tuquoi, Fr. Lazare, S. Marty, *Le Monde*, 17 avril, 18 juillet, 11 octobre 1996. PNUD, *Rapport mondial sur le développement humain* 1996, éd. Economica, 1996. Préface.

(106) Anne Joubert-Jehle, "GATT : vers un marché unique mondial"; Sophie Boutillier, Dimitri Uzinidis," Quand le business lâche le Sud", *Croissance*, n° 323, janvier 1990, p. 30-32 ; n° 354, novembre 1992, p. 33-39.

J. Pelletier, "Et le Sud ?", *Le Monde*, 26 novembre 1993. Tim Wall, M. Drancourt, *Futuribles*, n° 169, octobre 1992, p. 39-49 ; n° 175, avril 1993, p. 63-69. P. Boyer, "Tiers monde riche et Tiers monde pauvre", *La Croix*, 21 avril 1993.

"Les 47 PMA ne représentent plus aujourd'hui que 0,3 % du commerce mondial au lieu de 2,3 % en 1960". Y. Berthelot, "Globalisation et régionalisation", dans GEMDEV, *L'intégration régionale dans le monde*, p. 11-18. J. de Bandt, "Chronique industrielle. L'éventail des produits et des revenus dans le monde", *Économie et humanisme*, n° 301, mai-juin 1988, p. 73-79 (la différenciation accrue entre les pays riches et les pays pauvres, à l'exception des NPI).

(107 À travers quelques études marquantes, on peut suivre les étapes de la prise de conscience de l'exclusion et l'analyse de ce drame social faisant apparaître ses racines lointaines, ses manifestations plus récentes avec la crise des années 70, puis son aggravation contemporaine :

Jean Labbens, *Le Quart Monde. La condition sous-prolétarienne*, éd. Science et service/ATD, 1969 ; *Sociologie de la pauvreté. Le Tiers Monde et le Quart Monde*, Gallimard, 1978 (L'auteur est fonctionnaire du PNUD).

René Lenoir, *Les exclus. Un Français sur dix*, Seuil, 2e éd., 1974.

Claude Ferrand, *Exclusion et sous-prolétariat*, éd. Programme 7, Paris, PUF, 1982. "Pauvreté et paupérisation", *Recherche sociale*, n° 82, 83, avril-juin et juillet-septembre 1982. Eliane Mossé, *Les riches et les pauvres*, Seuil, 1983. A.-M. Chartier-Estève, "Le paupérisme à nouveau d'actualité", *Économie et humanisme*, n° 280, novembre-décembre 1984, p. 15-20. Annie Ratouis, *28 mois au pays du chômage*, Nouvelle Cité, 1987. P. Bourdieu, dir., *La misère du monde*, Seuil, 1993. "Lutter contre la pauvreté et l'exclusion", *Courrier ACP-CE*, n° 143, janvier-février 1994, p. 40-79. *Pauvretés*, sous la dir. de Cl. Brisset, Hachette, 1996.

Parmi les très nombreuses études dues à ATD / Quart monde : Xavier Godinot, *Les travailleurs sous-prolétaires face aux mutations de l'emploi*, éd. Science et service/ATD, 1985. Ph. Joutard, dir., *Savoir la vie. La grande pauvreté à voix haute*, 1987. Mouvement international ATD / Quart monde, *Est-ce ainsi que des familles vivent ?*, 1994 (pour l'année internationale de la famille, remis à l'ONU en 1993).

À cette liste trop sélective, joignons trois colloques : *Les nouvelles solidarités*, Actes des assises internationales tenues en janvier 1989 sous l'égide du Secrétariat d'État chargé de l'action humanitaire et du Ministère de la Solidarité, sous la dir. de B. Kouchner, PUF, 1989. *Démocratie et pauvreté. Du quatrième ordre au quart monde*, Actes du colloque organisé en 1989 par ATD/Quart monde et l'université de Caen, éd. Quart Monde/Albin Michel, 1991. *Les exclus : défi pour la charité*, VIème colloque de la Fondation Jean Rhodain, Lourdes, novembre 1990, éd. SOS, 1991.
— deux rapports officiels :

(Rapport Oheix) *Contre la précarité et la pauvreté. 60 propositions*, rapport préparé à la demande du Premier ministre (R. Barre) et présenté en 1981.

Joseph Wresinski, *Grande pauvreté et précarité économique et sociale*, rapport présenté au nom du Conseil économique et social, *Journal officiel*, 28 février 1987.
— et une enquête : Th. Desjardins, "Les damnés de la crise", *Le Figaro*, 27 février, 2, 3, 7 mars, 4 avril 1995.

(108) BIT, *Le travail dans le monde* 1992, p. 13 et sv., 33 et sv. ; 1993, p. 12 et sv., 23 et sv. ; 1994, p. 13 et sv. *L'emploi dans le monde*, 1995.

(109) PNUD, *Rapport sur le développement humain* 1993, p. 38 et sv. Voir la présentation de ce rapport par Paula Boyer, "La croissance sans emploi frappe aussi le tiers monde", *La Croix*, 27 mai 1993.

(110) Sur les délocalisations et leurs répercussions en terme de chômage dans les pays industriels : J. Arthuis, *Les délocalisations et l'emploi*, éd. d'Organisation, 1993, Voir la discussion menée dans *Futuribles* et ses conclusions : art. de M. Lauré, D. Maillard, J. Arthuis, J. Ould Aoudia, D. Nivat et O. Paquier, n° 176, mai 1993, p. 3-19 ; n° 180, octobre, p.29-43 ; n° 181, novembre (les délocalisations suppriment des emplois ici, mais en créent grâce à la croissance provoquée là-bas et aux commandes obtenues). L'analyse de H. Bourguinat, *La tyrannie des marchés*, Economica, 1995, souligne bien cependant la gravité du problème (Chapitre 6, "La querelle des délocalisations", p. 89 et sv.).

(111) Martine Laronche, "Les nouveaux rouages de l'inégalité", *Le Monde*, 6 mai 1997. Rapport de l'OCDE sur l'emploi, 1994. Présentation par Paula Boyer, *La Croix*, 9 juin 1994. J. Berthelot, "Ouverture et emploi", dans : P. Maillet, Win Kosters, dir., *Une Europe plus favorable à l'emploi*, L'Harmattan, 1996, chapitre 7, p. 197-218, analyse la responsabilité des échanges de l'U.E. sur la croissance du chômage.

(112) BIT, *L'emploi dans le monde* 1995, p. 55 et sv., 78 et sv. BIT, Artisans du monde, Agir ici, *Pour une mondialisation au service de l'homme*, 1996. Chapitre 2 : "Les esclaves de la mondialisation" (l'enquête a été faite dans des usines asiatiques); chapitre 3 : "Défense des droits de l'homme au travail : la relative impuissance de l'OIT". J.-L. Validire, Figaro-Économie, 14 mai 1996.

(113) "Sociétés écartelées, planète disloquée", *Le Monde diplomatique*, mai 1988, p. 1, 15-22 ; Cl. Julien, "Quand le chômage sape la République", *ibid.*, juin 1988.

(114) M. Albert, *Le pari français*, Seuil, 1982. Chapitre 13, "Les vieux mâles font la loi", p. 176-187. R. Castel, *Les métamorphoses de la question sociale*, Fayard, 1995. D. Méda, *Le travail, une valeur en voie de disparition*, Aubier, 1996.

"Le pacte social", interview de René Lenoir, président de l'UNIOPSS (Union nationale interfédérale des organismes privés sanitaires et sociaux) : "À ce jour, quelle est la situation de la pauvreté en France ? — R.L. : Cinq millions de personnes vivent avec moins de 2500 F par mois, plus de cinq millions sont chômeurs, des milliers de malades n'ont pas d'accès aux soins ; 1,3 million de personnes sont analphabètes ; 1,4 million vivent dans des logements insalubres et 200 000 sont sans abri. Sans compter les pauvretés cachées (...). Les trente associations réunies sous le label "Grande cause nationale" déclarent la cote d'alerte atteinte : la France vit sur un volcan". *Faim et soif des hommes,* n° 115, avril 1995, p. 13-14.

B. Théret, "Néo-libéralisme, inégalités sociales et politiques fiscales de Droite et de Gauche dans la France des années 1980", *Revue française de Science politique,* juin 1991, p. 342-381. Martine Orange, "L'industrie s'est redressée au prix d'une destruction massive d'emplois" (en France), *Le Monde,* 14 juin 1995. Dossier "Quand le tissu social se déchire", *Travail. Le magazine de l'OIT,* n° 11, mars 1995, p. 4-21.

Maryse Gaudier, *Pauvretés, inégalités, exclusions : renouveau des approches théoriques et des pratiques sociales,* Genève, Institut international d'études sociales, série bibliographique, n° 17, 1993. Une bibliographie de plus de mille titres, précédée d'une analyse du problème : état des lieux, causes de la pauvreté, réponses proposées.

(115) Sophie Body-Gendrot, *Ville et violence. L'irruption de nouveaux acteurs,* PUF, 1993. Une étude plus ancienne : J. Pinatel, *La société criminogène,* Calmann-Lévy, 1971.

La violence urbaine et la délinquance ont des causes diverses ; le processus paraît être engendré et entretenu par la médiocrité de l'aménagement urbain et des infrastructures (logement, moyens de santé et de transport, accompagnement social), l'insécurité de l'emploi et les bas salaires maintenant les intéressés à un niveau de survie. Les injustices politiques, l'incompétence ou la malhonnêteté des dirigeants locaux et les brutalités policières accentuent le sentiment de frustration et de marginalisation, faisant des quartiers surpeuplés des grandes villes africaines des réservoirs de contestation et de délinquance. On prévoit qu'en l'an 2000, soixante villes africaines atteindront ou dépasseront le million d'habitants. Cf. Isaac O. Albert, "Urban violence in contemporary Africa. Some theoretica explorations", dans *Urban management and urban violence in Africa,* symposium international, Ibadan, 7-11 novembre 1994. Nigeria, IFRA (Institut français de recherche en Afrique), Ibadan, 1994, 2 volumes ; t. Ier, p. 9 et sv.

Les problèmes de santé s'aggravent aussi dans les très grandes villes : Dr Monique Vigy, "Les mégapoles saisies par les épidémies de la misère", *Le Figaro,* 3 mars 1995. Christine Garin, "La pénurie de logements aggrave les déséquilibres sanitaires et sociaux", dans le dossier "Villes géantes", *Le Monde,* 6 juin 1996, p. I-VIII.

(116) P. de Beer, "L'Angleterre des nouveaux riches", "L'envers du miracle Thatcher", *Le Monde,* 29, 30 avril 1997. Voir les dossiers consacrés à l'économie de la Grande Bretagne et à ses problèmes sociaux, à la veille des élections législatives : *Le Figaro,* 8, 16 avril 1997 ; *La Croix,* 29 avril 1997.

(117) Au cours des années 70 et 80, selon le FMI, tandis que les salaires les plus élevés n'ont cessé d'augmenter, les travailleurs du bas de l'échelle ont subi une perte de revenu réel. "Pendant la dernière décennie, le revenu a baissé de 23 % pour les salariés du décile inférieur et de 17 % dans le deuxième décile". Elaine Buckberg et Alan Thomas, "Dispersion des salaires et croissance de l'emploi aux États-Unis", *Finances et développement,* juin 1995, p. 16-19 (L'étude ne porte que sur les hommes blancs ; que seraient les chiffres s'ils englobaient les femmes et les Noirs ?).

M. Albert a montré comment, après dix années d'ultra-libéralisme, le modèle américain fondé sur la réussite individuelle, le profit financier à court terme et le délire des spéculateurs a transformé les inégalités de jadis en un "dualisme social" détruisant le lien social, dans *Capitalisme contre capitalisme*, Seuil, 1991, ch. 2 et 3, p. 47 et sv., 75 et sv., 123 et sv.

J. Grapin, "Vers une dérégulation sociale internationale", *Le Figaro Économie*, 10 mars 1994.

P. Sigaud, "États-Unis. La pauvreté recule mais s'enracine", *La Croix*, 26 octobre 1995. Dans *Le Monde*, les articles de S. Marti, E. Izraelevicz, F.-X Merrien, A. Vernholes, 7-8 avril, 24 mai, 5 juillet (en réponse à F. Aftalion, "La vérité sur la pauvreté aux États-Unis", 25 juin), 3 août 1996. Avec *Le Figaro*, un "Voyage aux avant-postes de la pensée libérale" : J.-P. Robin, P. Palasi, 27 octobre 1995, 18 octobre 1996 ; P.-Y. Dugua (sur les emplois) 7 mai 1996 et 5 février 1997 ; S. Roquelle, 19 février 1997.

Sur la suppression de l'aide sociale aux défavorisés : J. Claudel, Gw. Possémé-Rageau, *La Croix*, 2, 11-12 août 1996. L. Zecchini, *Le Monde*, 2, 3 août 1996.

Sur l'ensemble de cette évolution et sur la réalité de la fracture sociale, une étude du secrétaire d'État américain au Commerce (puis au Travail) : R. Reich, *L'économie mondialisée*, Dunod, 1993. Chapitre 15 : "Pourquoi les riches deviennent plus riches et les pauvres plus pauvres".

(118) Sur les prisons américaines : G. Coomans,"Le Sommet social de Copenhague", *Recherches internationales*, n° 41-42, Printemps-été 1995, p. 5-34.

(119) S. Kauffmann, "Les gains mirobolants d'un champion américain du licenciement" ; R. Lenoir, "Le surhomme, la fracture et le prolétaire", *Le Monde*, 7 et 21 mars 1996. Ph. Boulet-Gercourt, "Bob Allen : 80 millions par an, 40 000 licenciements", *Le Nouvel Observateur*, 14 mars 1996, p. 24.

(120) B. Perret, G. Roustang, *L'économie contre la société*, Seuil, "Esprit", 1993, p. 13 et sv., 151 et sv., 165 et sv.

(121) Parmi les plus récents : Guy Sorman, *La solution libérale*, Fayard, 1984 ; *L'État minimum*, A. Michel, 1985 ; *La nouvelle richesse des nations*, Fayard, 1987. L'auteur présente, lui aussi...

(122) Fereydoun A. Khavand, *Le nouvel ordre commercial mondial. Du GATT à l'OMC*, Nathan, "Économie, Sciences sociales", n° 34, 1995. P. Messerlin, *La nouvelle organisation mondiale du commerce*, IFRI/Dunod, 1995. A. Vernholes, "Une nouvelle ère pour le commerce mondial" ; J. Habel, "L'OMC ou la déraison du plus fort", *Le Monde*, 29 novembre 1994, 23 mai 1997.

(123) B. Perret, G. Roustang, *op. cit.* D. Méda, "Réduisons la place du travail et de l'économie dans nos sociétés", *Le Monde*, 13 février 1996.

J.-L. Laville, dir., *L'économie solidaire*, DDB, 1994. Dossier "Une ambition, l'économie sociale", *Économie et humanisme*, n° 330, octobre 1994, p. 6-71.

(124) L. Delattre, "Allemagne, le bon modèle ?", *Le Monde*, 11 février 1997, p. 1.

Dossier "Pratiques syndicales flexibles en Europe", *Le Monde*, 19 mars 1996. Ces articles s'appuient sur l'étude *Négocier la flexibilité, pratiques en Europe*, sous la dir. de Danielle Kaisergruber, éd. d'Organisation, 1996 ; ils montrent la capacité d'adaptation des syndicats européens aux nouvelles contraintes, en contraste avec l'attitude de certaines centrales françaises.

Voir le dossier "Ce que flexibilité veut dire", par G. Adam, P. Boyer, *La Croix*, 21 janvier 1997, p. I-IV.

(125) M. Albert, *Capitalisme contre capitalisme*. A. Bergougnioux, B. Manin, *La social-démocratie ou le compromis ; Le régime social-démocrate*, PUF, 1979, 1989.

Anne-Marie Le Gloannec, "Le sens de la puissance allemande", dans : Z. Laïdi, dir., *L'ordre mondial relâché. Sens et puissance après la guerre froide*, Presses de la Fondation des Sciences politiques/Berg, 1992, p. 47-67 (sur les limites du modèle allemand, "envié mais guère transposable").

(126) P. Artus, "Interrogations sur le modèle allemand. Un affaiblissement préoccupant", *Le Figaro-Économie*, 23 mai 1996.

Voir le dossier "L'Allemagne de nos incertitudes", *Esprit*, mai 1996 (analyse les doutes éprouvés par les Allemands eux-mêmes, en même temps que la conviction raisonnée de certains que le modèle allemand offre une image d'efficacité et de solidité, et que le pays lui-même exerce au centre de l'Europe "une capacité structurante". L. Delattre, p. 10-23). J.-P. Depecker, S. Milano, *Économie et société allemande*, Nathan, 1995. S. Milano, *Allemagne. La fin d'un modèle*, Aubier, 1996.

(127) Voir *Mondes en développement*, 1994, n° 88, consacré à "Mondialisation, défis mondiaux, gouvernabilités".

(128) J.-M. Jeanneney, *Pour un nouveau protectionnisme*, Seuil, 1978. Citons seulement un bref passage de sa conclusion : "Il serait dramatique que, faute d'avoir perçu les nocivités d'un libre-échange presque absolu, du laxisme monétaire et de concurrences anarchiques, les gouvernants de l'Europe occidentale se révèlent impuissants à y préserver le plein emploi et à y accroître la prospérité. Les peuples auraient le sentiment d'être victimes des décisions de puissances anonymes, lointaines, étrangères. Craignons qu'alors ils donnent le pouvoir à qui exalterait le nationalisme, dénoncerait les méfaits des entreprises privées et condamnerait toute économie de marché" (p. 122).

(129) D. Lenoir, *L'Europe sociale*, La Découverte, "Repères", n° 147, 1994.

Les réunions du G7 à Lille, en avril 1996, puis à Lyon, en juin, qui devaient avoir pour thème essentiel, à la demandu du président J. Chirac, les problèmes de l'emploi, les effets sociaux de la mondialisation économique et la situation des exclus du progrès, se sont surtout occupés d'autres problèmes : *Le Monde*, 28 juin, 30 juin-1er juillet, 2 juillet 1996. Voir aussi les dossiers sur l'Europe, double page dans *La Croix*, 23-24 mars, 5 avril, 7 mai 1997.

(130) Solon, "Crise régressive", *Le Monde*, 15 décembre 1995.

(131) Voir sur ce débat : P. Bairoch, "Libre-échange et protectionnisme, idées reçues et réalités : les enseignements de l'histoire", *Économie et humanisme*, n° 277, mai-juin 1984, p. 8-18. J. Delcourt, P. Sauvage, *Futuribles*, n° 164, avril 1992, p. 3-34 ; n° 195, février 1995, p. 21-29. G. Blardone, *La Croix*, 10 février 1996 ; Y. Durrieu, *Le Monde*, 29 avril 1997.

Alternatives économiques, hors-série n° 23, 1er trimestre 1995, "La mondialisation".

Problèmes économiques, n° 2.415-2.416, 15 mars 1995, "La mondialisation de l'économie, menace ou progrès ?".

Informations et commentaires, n° 95, avril-juin 1996, "Mondialisation, coopération internationale : scénarios pour le futur".

Histoires de développement, n° 34-35, décembre 1996, "Mondialisation et développement : des enjeux contradictoires ?".

Courrier de la Planète, n° 39, mars-avril 1997, "Marchés financiers. Dérégulation, la fuite en avant".

H. Assmann, F. J. Hinkelammert, *L'idolâtrie de marché. Critique théologique de l'économie de marché*, Cerf, 1993. Ph. Arondel, *L'impasse libérale*, DDB, 1995.

Renvoyons encore à la présentation, par J.-G. Padioleau, sous le titre "Une overdose de marchés ?", d'études parues à Londres et New York, *Le Monde*, 15 avril 1997.

Quelle que soit la valeur des critiques adressées par des spécialistes à l'ouvrage de Viviane Forrester, *L'horreur économique,* Fayard, 1996, le succès de ce livre est un signe de l'intérêt porté aux questions ainsi présentées et de l'adhésion très large de l'opinion à cette analyse — que les faits ne paraissent pas démentir.

(132) Christine Legrand, *Le Monde*, 19 août 1995 ; Ph. Pons, 16, 23 janvier 1997. J.-L. Validire, "Corée du Sud : un conflit exemplaire", *Figaro-Économie,* 3 janvier 1997. Interview de Cl. Chancel, "La grève pour la démocratie", *Le Nouvel Observateur,* 9 janvier 1997, p. 46.

(133) *Croissance ou développement,* chapitre Ier.

(134) F. Vellas, *Les échanges Sud-Sud,* Economica, 1987, p. 57 et sv.

(135) Géraldine Faès, "Franc CFA. La révolutlon silencieuse", *J. A.*, n° 1748, 7 juillet 1994, p. 18-23.

Sur la dévaluation, le point de vue du FMI : J.A.P. Clément, "Comment retrouver la stabilité : le réalignement du franc CFA" ; "Bilan après la dévaluation du franc CFA", *Finances et développement*, juin 1994, p. 10-13 ; juin 1995, p. 24-27. Et celui de la Coopération française : "Paris dresse un bilan positif de la dévaluation du franc CFA", *Le Monde,* 16 août 1995. L'optimisme officiel est rarement confirmé par l'expérience vécue des populations concernées.

(136) F. C. Weffort, "L'Amérique latine fourvoyée", *Problèmes d'Amérique latine,* n° 1, nouvelle série, avril-juin 1991, p. 5-29. P. Salama, J. Valier, "Heurs et malheurs de la décennie perdue en Amérique latine" ; J. Revel-Mouroz, "La question des intégrations au centre des défis de la décennie 90" dans GEMDEV, *L'avenir des tiers mondes*, IEDES/PUF, 1991, p. 87-110, 65-85.

(137) F. Pena, "L'intégration économique et les défis actuels de l'Amérique latine" ; Paule Arnaud-Ameller, "Bilan de l'ALADI (1970-1986)", *Problèmes d'Amérique latine,* n° 91, Ier trimestre 1989, p. 47-65, 67-87. Ch. Rudel, S. Tolotti, *Croissance,* n° 339, juin 1991, p. 20-23 ; n° 345, janvier 1992, p. 9-11.

(138) J. Schwarzer, R. Sidicaro, *ibid.*, n° 8, janvier-mars 1993, p. 3-23, 25-35. J.-P. Langellier, "L'Argentine enfin stabilisée", *Le Monde,* 29 novembre 1994.

(139) C. Dutilleux, "Le réveil du géant brésilien", L. Wiznitzer, "L'exploit de Cardoso", *La Croix,* 7 avril, Ier octobre 1994. Ch. Rudel, S. Tolotti, *Croissance,* n° 339, juin 1991, p. 20-23 ; n° 345, janvier 1992, p. 9-11. Th. de Montbrial, "La renaissance du Brésil" ; interview du président Itamar Franco au sujet du plan *Real,* *Le Figaro,* 17 octobre, 24 novembre 1994.

(140) Dominique Dombres, "Le cône sud-américain crée un marché commun de 200 millions de personnes" ; Martine Jacot, "Les économies sud-américaines en marche vers l'intégration", *Le Monde,* 18-19 décembre 1994, 18 janvier 1995. J. Huteau, "Marchés régionaux : le véritable démarrage", *Le Figaro,* 8 mars 1995.

(En Amérique du Sud, "le commerce intrarégional a pratiquement triplé en moins de 4 ans"). J.-L. Peytavin, "Le MERCOSUR veut être le partenaire prioritaire de l'Europe", *Le Figaro,* 17 mars 1995.

Voir les contributions de C. Secchi, J. Revel-Mouroz, G. Boismenu, R.-A. Dreyfuss et D. Brand, dans GEMDEV, *L'intégration régionale dans le monde,* p. 21-34, 97-113, 115-127, 129-148, 149-152. Diana Brand, "Libre-échange en Amérique latine : les perspectives de succès" ; Carlos J. Moneta, "L'intégration latino-américaine dans le contexte international des années 1990", *Problèmes d'Amérique latine,* n° 7, octobre-décembre 1992, p. 3-25, 27-38.

(141) B. Mencier, "Les avantages de la gestation lente", *Le Figaro-Économie,* 5 janvier 1995. Th. de Montbrial, "Le Mexique en crise", *Le Figaro,* 25 janvier 1995. I. Sachs, "Quelques leçons de la débâcle mexicaine", *Le Monde diplomatique*, avril 1995. G. Nicaud, "Les difficiles lendemains de la crise mexicaine", *Le Figaro-*

Économie, 10 août 1995 (On note que la dette extérieure du pays s'élève à 172 milliards de dollars). Paula Boyer, "Les leçons mondiales de la crise mexicaine", *La Croix*, 24 juin 1995.

Ch. Rudel, "L'Amérique latine sous l'emprise de la volonté intégrationniste nord-américaine", *Foi et développement*, n° 235. août-septembre 1995 (où il est montré que le projet d'extension de l'ALENA au continent a, pour les États-Unis, une valeur plus géo-politique qu'économique).

(142) F. Vellas, *op. cit.*, p. 97 et sv. Anne Richards, "Corée, Taïwan, Thaïlande : libéralisation des échanges et croissance économique" ; "Hong-Kong, Singapour, Malaisie : la libéralisation des échanges", *L'Observateur de l'OCDE*, n° 184, octobre-novembre, 1993, n° 185, décembre 1993-janvier 1994. P. de Beer, "Les Dragons asiatiques partent à l'assaut du marché britannique", *Le Monde*, ler février 1995. G. Benko, *Géographie des technopoles*, Masson, 19911, p. 108.

(143) Cécile Sépulchre, *L'ASEAN, carrefour du Pacifique*, Sudestasie, 1987.

J.-Ch. Victor, "Coopération en Asie-Pacifique : l'APEC et les autres", *État du monde*, 1991, p. 495-496. A. Panagariya, "L'Asie de l'Est : un nouveau bloc commercial ?" E. Stern, "L'Asie en développement : un nouveau pôle de croissance", *Finances et développement*, mars 1994, p. 16-19 ; juin 1994, p. 18-20. F. Gipouloux, Gao Xian, dans GEMDEV, *L'intégration régionale*, p. 44-58, 59-62. J.–R. Chaponnière, "L'Asie de l'Est et du Sud-Est à l'horizon 2020", *Futuribles*, n° 177, juin 1993, p. 3-24.

(144) Ph. Pons, "Vers un nouvel asiatisme", *Le Monde*, 2, 3 décembre 1994.

(145) F. C. Weffort, "L'Amérique latine fourvoyée", *Problèmes d'Amérique latine*, avril-juin 1991, p. 5-29.

(146) J. de Mello, A. Panagariya, "Le nouveau régionalisme" ; Cl. Shiells, "Les blocs régionaux créent-ils ou détournent-ils le commerce ?", *Finances et développement*, décembre 1992, p 37-40 ; mars 1995, p. 28-30. R. C. Hine, "Globalisation ou régionalisation ? Le régionalisme et l'intégration de l'économie mondiale", *Problèmes économiques*, n° 2.415-2.416, 15 mars 1995, p. 63 et sv.

(147) R. Gendarme, *Des sorcières dans l'économie : les multinationales*, Cujas, 1981, p. 211.

(148) M. Schooyans, *La dérive totalitaire du libéralisme*, Mame, 1995. H. Bourguinat, *La tyrannie des marchés*, Economica, 1995. (149) J.-P- Robin, "Les marchés imposent de plus en plus leur loi aux États" ; "Les États face à la tyrannie des marchés", *Le Figaro*, 3 février, 18 mai 1995 (pages économiques). Interview de J.-P. Fitoussi, "La France dans l'économie mondialisée", recueilli par P. Boyer (L'auteur est président de l'Observatoire français des conjonctures économiques).

Fr. Chesnais, "Défense et illustration de la dictature des marchés" ; I. Sachs, "Quelques leçons de la débâcle mexicaine" ; J. Decornoy, "Du monde des affaires aux affaires du monde", *Le Monde diplomatique*, mars, avril, mai 1995. D. Plihon, P. H. Dembinski, F. Chesnais, *Courrier de la Planète*, n° 39, mars-avril 1997, p. 14 et sv.

Th. Philippon, "La dictature des marchés", *Le Nouvel Observateur*, mars 1995, p. 72-75. Voir aussi plusieurs art. sur "la mondialisation des marchés financiers", *Problèmes économiques*, n° 2.415-2.416, 15 mars 1995, p. 34 et sv.

(150) J.-P. Robin, "Les développements de la crise financière mexicaine. Diagnostics divergents à Davos", *Le Figaro-Économie*, 28-29 janvier 1995. Christine Mital attribue la phrase, sous une forme affirmative, à Raymond Barre : "On ne peut décidément plus laisser le monde aux mains d'une bande d'irresponsables de trente ans qui ne pensent qu'à faire de l'argent", "Au rendez-vous des maîtres du monde", *Le Nouvel Observateur*, 9 février 1995, p. 62-63.

(151) A. Frachon, Ph. Lemaître, sur le G 7, *Le Monde*, 18-19 juin 1995. J.-P. Robin, "Les gouvernements du G 7 trop faibles pour s'imposer aux marchés", *Le Figaro-Économie*, 11 avril 1995 (l'auteur précise : trop faibles parce que incapables de s'entendre entre eux et d'imposer à leurs opinions publiques les remèdes nécessaires). H. Puel, "La finance internationale est-elle folle ?", *La Croix*, 15 septembre 1994. M. Emmerich, *Courrier de la Planète*, n° 39, mars-avril 1997, p. 28-29. Éditorial dans *Le Monde*, 20 juin 1995, p. 16.

(152) Cette référence est donnée au moins à titre provisoire, l'humanité, étant donné sa diversité socio-culturelle et juridique, ne paraissant pas en mesure d'élaborer un code moral fondamental formulant "les grandes orientations qu'appellent la dignité de la personne humaine et l'unité de l'humanité". R. Coste, "L'éthique : problème politique", *La Croix*, 15 décembre 1993.

A. Comte-Sponville, "La capitalisme est-il moral ?", *L'Expansion*, 9 janvier 1992, p. 110-120. J. Saint-Geours, "La revanche de l'éthique", *Futuribles*, n° 192, novembre 1994, p. 81-95.

(153) H. Puel, *L'économie au défi de l'éthique. Essai d'éthique économique*, Cujas, 1989.

"Peut-on moraliser l'économie ?", *Économie et humanisme*, n° 320, janvier-mars 1992 (n° spécial, réalisé avec *Alternatives économiques*, qui propose, en particulier, la formulation de codes de conduite pour le commerce international).

(154) J. Berthelot, "Les consommateurs, victimes et complices", *Le Monde diplomatique*, janvier 1981. F. de Ravignan, *L'économie à l'épreuve de l'Évangile*, Cerf, 1992.

(155) A. de Salins, F. Villeroy de Galhau, *Le développement moderne des activités financières au regard des exigences éthiques du christianisme*, Conseil pontifical Justice et Paix, Libreria editrice vaticana, 1994. Ph. Laurent, "Éthique et monnaies", *Documents Épiscopat*, n° 6, avril 1995.

(156) S. Marti, "Les bémols des capitalistes de Davos", *Le Monde*, 21 mai 1997.

(157) M. Albert, *op. cit.*, p. 138 et sv. G. Herzlich, "Le retour de l'État en Amérique Latine" ; Claire Bandin, "Privatisations : la fin des tabous", *Le Monde*, 19 janvier, 2-3 juin 1996.

Ph. Delmas, *Le maître des horloges. Modernité de l'action publique*, Odile Jacob, 1991. Le sous-titre indique mieux que le titre que l'auteur veut faire redécouvrir la richesse de la tradition européenne de l'État et les conditions auxquelles l'action de celui-ci pourrait être reconnue légitime.

(158) F. Dalle, J. Bounine-Cabalé, *L'entreprise du futur*, Calmann-Lévy, 1971. Les auteurs soulignaient que les problèmes d'"efficacité sociale" comme l'offre d'une qualité de vie professionnelle meilleure s'imposeraient au dirigeant d'entreprise : « Une partie décroissante de son temps sera sans doute consacrée à "faire des affaires", une partie croissante au règlement — en collaboration avec les pouvoirs publics, les syndicats, les associations de consommateurs, l'université et les institutions de recherche — de problèmes d'intérêt général tels que l'urbanisation, la pollution de l'air, la circulation dans les villes, la qualité des produits, leur esthétique et leur sécurité, la moralisation de la publicité et de la Bourse, l'éducation permanente, ainsi que la sécurité de l'emploi » (p. 102).

J. Lecaillon, *La société de conflits*, Centurion, 1979. M. Falise, J. Régnier, *Repères pour une éthique d'entreprise*, Centre d'éthique contemporaine, Université catholique de Lille. O. Lecerf, "L'éthique de l'entreprise", *Études*, avril 1991, p. 483-491.

Catherine Leroy, "Gardien de la morale des banques, le déontologue veille à faire respecter les règles du jeu", *Le Monde*, 14 novembre 1995.

(159) *Économie et société humaine.* Rencontres internationales du ministère de l'Économie et des Finances, Denoël, 1972. Préface de V. Giscard d'Estaing.

(160) J. Delcourt, "Globalisation de l'économie et progrès social", *Futuribles,* n° 164, avril 1992, p. 3-34. OCDE, *La mondialisation industrielle. Quatre études de cas,* 1992.

(161) Lettre pastorale des évêques des États-Unis sur l'économie : *Justice économique pour tous,* éd. Castella, Suisse/Cerf, 1988 ; texte également dans *Documentation catholique,* 21 juin 1987.

(162) H. Puel, "Les Églises allemandes débattent sur la situation économique", *La Croix,* 17 mai 1995. *La lettre de Justice et Paix,* n° 38, février 1997.

(163) Jean-Paul II, *Lettre encyclique Centesimus annus,* 1er mai 1991, à l'occasion du centenaire de *Rerum novarum,* P. Téqui, 1991, § 35, 42.

Rappelons un texte du pape Paul VI : "La règle de libre-échange ne peut plus, à elle seule, régir les relations internationales. Ses avantages sont certes évidents quand les partenaires ne se trouvent pas en conditions trop inégales de puissance économique : elle est un stimulant au progrès et récompense l'effort. C'est pourquoi les pays industriellement développés y voient une loi de justice. Il n'en est plus de même quand les conditions deviennent trop inégales de pays à pays : les prix qui se forment 'librement' sur le marché peuvent entraîner des résultats iniques. Il faut le reconnaître : c'est le principe fondamental du libéralisme comme règle des échanges commerciaux qui est ici mis en question." *Populorum progressio,* § 58, "Au-delà du libéralisme", éd. Spes, 1967.

Sur le même thème, un autre texte : Commissions Justice et Paix d'Europe, *Justice sociale pour tous,* 1994. Appel adressé aux gouvernements et aux Organisations internationales préparant le Sommet social de Copenhague.

(164) 68e Session des Semaines sociales de France, Paris, 1991, *Concurrence et solidarité. L'économie de marché, jusqu'où ?,* éd. ESF, 1992. Les conclusions sont présentées p. 165 et sv.

(165) Cl. Bruclain, "À la française", *Futuribles,* novembre 1971, p. 1295-1318. Interview de François Léotard, *Le Monde,* 20 février 1996. Ezra N. Suleiman, *Les ressorts cachés de la réussite francaise,* Seuil, 1995.

Pour la période antérieure, citons l'historien anglais Théodore Zeldin, *Histoire des passions françaises, 1848-1945.* Cinq volumes parus en traduction française au Seuil, 1980 et 1981. L'auteur s'adresse à ses lecteurs français : "Votre civilisation est d'une telle richesse, et vous l'avez discutée avec tant de finesse que tout étranger qui veut comprendre les problèmes de la nature humaine et de l'organisation sociale en général est obligé de l'étudier" (...) "La France a toujours eu quelque chose d'intéressant à dire sur pratiquement tous les aspects de la vie". Préface à l'édition française du l*er* volume, p. 7 ; conclusion du 5*ème* volume, p. 466.

J.-Cl. Thil, "Société et sociétés entre France, Allemagne et Japon", *Économie et humanisme,* n° 329, juin 1994, p. 93-99.

(166) Le thème d'un "espace social européen", évoqué par les présidents Giscard d'Estaing et Mitterrand, débouche avec Jacques Chirac sur le formulation d'un "modèle social européen" : sommet Europe-Asie à Bangkok (mars 1996) ; ouverture du G 7 sur l'emploi à Lille (avril) ; Conférence annuelle de l'OIT à Genève (juin). L'expression recouvre parfois seulement les mesures communes qui devraient être prises en faveur de l'emploi, parfois une politique de justice sociale, ou même la formulation de droits fondamentaux, de règles du jeu commercial "favorables à tous les partenaires sociaux de l'économie mondiale" (*Le Monde,* 12 juin 1996. Voir aussi *Le Figaro-Économie* du même jour).

Malgré l'adoption, en 1989, par les membres de la Communauté européenne —

la Grande-Bretagne exceptée — de la Charte sociale européenne, la notion d'un modèle européen reste une ébauche fragile (Michelle Durand, "L'Europe sociale, une grande illusion ?", *Esprit*, février 1992, p. 89-102), en raison particulièrement de tout ce qui sépare les cultures politiques de l'Allemagne et de la France, principaux partenaires de la construction européenne ("L'Allemagne et la France, deux cultures politiques ?", entretien avec A.-M. Le Gloannec et Pierre Hassner, *Esprit*, mai 1996, p. 44-52, ainsi que les autres contributions à ce dossier).

J.-L. Levet, J.-Cl. Tourret, *La révolution des pouvoirs*, Economica, 1992.

J. Berthelot, "Subsidiarité et principes pour des échanges extérieurs solidaires de l'Union européenne", ECSA-World Conference, Bruxelles, mai 1994 ; "La mondialisation au défi de la solidarité", *Masses ouvrières*, n° 459, janvier-février 1995, p. 10-25. F. Morin, "Les nouveaux espaces de l'économie mondiale", *Études*, mai 1996, p. 591-600. "L'Union européenne : quelles perspectives ?", Table-ronde Futuribles international, *Futuribles*, mai 1997, n° 220, p. 27-32. C.-r. par E. Letourneur-Fabry.

Semaines sociales de France, *Entre mondialisation et nations, quelle Europe ?* Bayard éd./Centurion, 1997.

(167) *Europe-Documents*, Agence internationale d'information pour la presse, n° 1874, 16 mars 1994. Allocution du président Havel au Parlement européen, 8 mars 1994.

(168) W. Lepenies, "Le fondamentalisme occidental est dépassé" ; O. Vallet, "Quand la France s'éveillera..." *Le Monde*, 17 février 1996.

Sur la tradition philosophique et juridique qui a donné naissance, dans les pays d'Occident, au pouvoir politique et à ses institutions régulant la vie commune dans la poursuite du bien commun, sur le sens et le fondement de la solidarité, sur le développement de la législation sociale et la "planification à la française" conçue et mise en œuvre après 1945 : Alain Barrère, *L'enjeu des changements. Exigences actuelles d'une éthique économique et sociale*, Toulouse, Erès, 1991, p. 69 et sv., 84 et sv., 107 et sv.

3 – UN NOUVEL ORDRE CULTUREL

Le dynamisme des économies occidentales a été tel, et telle la puissance de diffusion des systèmes culturels des pays économiquement développés que nul, dans les tiers mondes, et quelles que soient ses prises de position, n'a pu échapper à leur influence. Dans cette grande transformation des cultures traditionnelles, les questions soulevées dès le début n'ont plus cessé de se poser. Rappelons-les.

Négliger les valeurs traditionnelles serait une mutilation dommageable pour les communautés humaines qui en vivaient. L'héritier de ces cultures pourrait-il prendre en main la responsabilité de son existence s'il avait éliminé une partie de son être ? À l'inverse, comment remettre en honneur et conserver ces valeurs sans paraître renoncer aux richesses de la modernité occidentale, sans mettre en péril un avenir de progrès ? La décolonisation intellectuelle et culturelle que certains souhaitaient — à supposer qu'elle fût possible — n'aboutirait-elle pas à un repli appauvrissant sur des attitudes et des méthodes dépourvues d'efficacité dans un nouveau contexte ?

Or il faut être efficace : il faut se donner les moyens de gérer un État moderne, puisque cet État est là désormais ; et de faire vivre une société moderne, puisque tous les jours cette société se multiplie en hommes qui ont besoin de se nourrir, de s'instruire et de trouver un gagne-pain. Qui peut indiquer le dosage optimal d'ancien et de nouveau et les démarches appropriées ? Qui peut garantir la réussite d'une telle mutation des sociétés ?

Il apparaît assez clairement aujourd'hui que la transformation des sociétés ne peut faire abstraction de la force des systèmes culturels traditionnels et de leur dynamisme souterrain, mais que ces systèmes culturels ne peuvent pas non plus demeurer ce qu'ils sont. Dans cette évolution globale, Nord et Sud sont inévitablement partenaires.

— Les continuités culturelles

— L'avenir des traditions

— Nord et Sud partenaires

Les continuités culturelles

Un écrivain antillais d'origine indienne, V. S. Naipaul, a raconté la découverte qu'il fit un jour des crocodiles sacrés de Yamoussoukro. Non loin du centre universitaire, des royales avenues et de l'immense basilique, les crocodiles sacrés du président catholique de la Côte d'Ivoire attestaient la permanence d'une autre culture ; ils témoignaient, tout près du sommet de l'État, d'une autre Afrique, d'une "Afrique de la nuit", la seule peut-être qui compte vraiment [(1)].

— Dans le monde rural et à la ville

Juxtaposés ou sous-jacents aux modes de vie et de pensée introduits par le monde occidental, subsistent des éléments traditionnels. On n'est pas surpris d'en constater le maintien dans le monde rural : la coutume, bousculée et amoindrie mais reconnaissable, structure encore partiellement les sociétés paysannes. On la reconnaît dans certains savoir-faire, dans les relations familiales et les solidarités ethniques, dans les modes de transmission des connaissances et dans ce qu'il reste de la formation morale des jeunes ; elle subsiste peut-être plus forte dans l'interprétation donnée de la maladie et de la mort, et dans les peurs qui habitent l'existence quotidienne. Elle connaît parfois un réveil au sein de populations dominées qui la réapprennent, retrouvant leur passé pour reconstruire l'unité de leur groupe [(2)] et pour mieux se défendre de l'avenir, semble-t-il, plutôt que pour mieux l'accueillir.

À la ville, la coutume est présente aussi, sous des formes adaptées : elle se trouve à la base des associations du secteur informel ; elle est vivante dans les liens familiaux et l'attribution des rôles sociaux, dans les systèmes de valeurs et les rites. Des entreprises modernes combinent l'utilisation d'instruments perfectionnés et les références à la tradition, dans le souci de garantir l'identité socioculturelle du groupe.

— Dans la gestion des entreprises

Une équipe de chercheurs l'a bien montré pour l'Inde, en analysant le monde des travailleurs : les motivations, les relations avec l'autorité et avec les compagnons d'atelier, l'organisation du travail..., pour le mettre en rapport avec l'univers culturel de l'Inde, les particularités de la structure sociale, les codes familiaux et la religion "qui ne s'arrête pas aux portes des entreprises". Une partie de l'industrie, en Inde, — et non la moins efficace — fonctionne toujours sur le mode de la firme lignagère traditionnelle. Il faut l'admettre, même si la complexité des rapports internes dont elle tire sa force relative déroute l'esprit cartésien ; tout au plus l'effort de rationalisation obtiendra-t-il peut-être une légère simplification de l'organigramme.

La vie syndicale elle-même est marquée, au moins dans l'un des syndicats les plus importants du pays, d'une idéologie d'appartenance communautaire qui lui fait rechercher la réalisation personnelle de chacun dans la coopération et l'harmonie nationale plus que dans la lutte des classes. Ces choix et ces comportements sont liés aux catégories sociales et spirituelles reçues de la tradition indienne (3). La conscience de son identité est si forte, conclut un spécialiste, que l'Inde a su utiliser les apports occidentaux autant pour s'affirmer non occidentale que pour se transformer (4).

Tibor Mende avait remarqué que le Japon des années soixante devait sans doute certains succès au maintien de ses structures sociales traditionnelles : l'introduction du système occidental avait pris la forme d'une "harmonisation consciente avec une base socio-culturelle préservée presque intacte" (5). Des analyses plus récentes confirment cette observation. Au cours des dernières décennies, le Japon a manifesté simultanément une "efficacité entrepreneuriale" assimilant les innovations techniques et le maintien d'une culture, d'un mode de pensée, d'une vision du monde et de pratiques relationnelles absolument originales (6). De l'aveu d'hommes d'affaires américains qui eurent à coopérer avec des chefs d'entreprise japonais, leur impression fut de "plonger en des eaux inconnues", "d'être entré dans la quatrième dimension". Même s'il faut relativiser la portée de ces témoignages, l'omniprésence des traditions qui donnaient un tour si singulier aux rapports commerciaux et à la manière de traiter les affaires n'était-elle pas justement le secret des succès remportés par les entreprises (7) ? Des Japonais aussi le pensent : l'organisation "à la japonaise" permet à l'entreprise de s'adapter à un environnement changeant et d'adopter la technologie moderne, mais en fonction des coutumes et des attitudes historiques[8]. Quant à Singapour, l'un des quatre dragons, dont la population est aux trois quarts d'origine chinoise, son ancien Premier ministre voit dans l'éthique confucéenne, fondement de la culture chinoise dont toute la diaspora reste profondément imprégnée, le ressort profond des progrès économiques[9] ; il faut sans doute ajouter, parmi les facteurs de ce progrès, un régime dictatorial très contraignant.

Rien n'est simple sans doute : l'univers mental traditionnel imprégné d'une religion peut aussi constituer un barrage face à la rationalité scientifique de type occidental, des exemples le montrent ; mais l'on est conduit à penser que l'un des éléments du dynamisme asiatique se trouve là. L'accueil des formes diverses de la modernité — parfois les plus perfectionnées — a été pratiqué à partir d'un tissu culturel encore ferme. Même si l'observateur occidental ne peut omettre de mentionner les inconvénients qui en résultent pour les individus et les familles, et les restrictions apportées aux libertés, le pays d'accueil pouvait prendre appui sur des structures familiales et des rapports sociaux, des traditions de vie, des philosophies et des systèmes religieux.

Ceci ne peut surprendre. Philippe d'Iribarne a étudié les racines sociales et culturelles, ancrées dans l'histoire, des conduites observées dans des entreprises de trois pays développés : États-Unis, Pays-Bas et France. Chaque culture, on le sait, est un système de valeurs, de significations sociales, d'institutions, de mœurs. Cet ensemble, lentement mûri dans l'histoire, fournit une légitimation aux conduites particulières. L'étude dont nous parlons montre comment la conception des entreprises et leur gestion, comment les relations de travail s'inscrivent dans ce système culturel. Les comportements individuels et collectifs dans l'entreprise, et la façon d'assumer les responsabilités sont marquées par ces traditions nationales, par les valeurs qu'elles reconnaissent et par un sens particulier de l'honneur professionnel. Peut-être faut-il renoncer à l'idée qu'existeraient des méthodes universelles de gestion où l'on verrait "l'expression d'une rationalité transcendant les frontières". Il semble plutôt qu'il y ait "une manière française de vivre ensemble" dans l'entreprise et de gérer celle-ci, une manière néerlandaise et une manière américaine. Pourquoi ne pas admettre la légitimité d'une gestion asiatique ou "à l'africaine"— car l'on connaît aussi des exemples dans ce continent[10] — où se combineraient de façon inédite contraintes universelles de la gestion et traditions locales[11] ?

D'où il résulterait que les entreprises, lorsqu'elles acquièrent une dimension mondiale, devraient prendre en compte de plus en plus les spécificités culturelles des pays où elles s'implantent[12]. Cependant le perfectionnement extrêmement rapide des techniques contraint les membres les plus ouverts des sociétés traditionnelles à une adaptation de leurs habitudes.

Car il est vrai en même temps, et de plus en plus vrai, qu'aucune société au monde ne peut ignorer l'existence et le mode d'emploi de techniques de production, de gestion, d'échange ou de gouvernement que les pays occidentaux, depuis quelques siècles, travaillent à perfectionner. Nul pays au monde ne peut se passer entièrement de ces instruments de la modernité occidentale. Non seulement parce qu'ils ont franchi mers et montagnes et qu'ils sont là : déjà ils fonctionnent et l'on hésiterait à les débrancher pour s'en débarrasser. Mais parce que les ensembles que l'homme doit aujourd'hui gérer — qu'il s'agisse de production de céréales ou de consommation d'énergie, de natalité ou d'information — sont trop vastes et trop complexes pour que l'on puisse les maîtriser au moyen des outils traditionnels, même améliorés.

— Dans la vie politique

La vie politique pourrait-elle ne pas ressentir l'influence de ces forces très profondes que nous décelons dans la vie de l'entreprise ? On sait, depuis Max Weber et Émile Durkheim, que l'activité sociale d'un groupe est largement déterminée par sa culture : c'est dans la culture que trouvent leur sens les rapports sociaux et les institutions qui les expriment et les stabilisent. Des analyses plus récentes — celles de Georges Balandier et de Bertrand Badie en particulier — ont bien mis en lumière les liens qui rattachent les différents modèles d'organisation politique à l'histoire et à la culture particulière des différentes sociétés. Tout système politique reçoit ses caractéristiques propres de la collectivité dont il assure la régulation. C'est de cette collectivité et des structures sociales qu'elle a élaborées au cours des péripéties de son histoire : système de parenté et hiérarchie, statut et rôle différencié de chaque membre, c'est du monde symbolique dont elle est porteuse que le système politique tire son agencement particulier.

La conception du droit, la formulation de la loi, l'autorité d'un centre politique national, les signes de la souveraineté, le territoire et ses frontières ne sont pas perçus partout à l'identique. Le sentiment d'appartenance à une entité nationale est vécu également de bien des façons. Ces notions, que l'on tenait pour universelles, se révèlent particulières au modèle étatique élaboré en Europe. Sous d'autres cieux, les sociétés ont élaboré les systèmes politiques originaux qui leur ont paru répondre à leurs besoins à partir des courants mêlés de leur histoire et de leur culture(13). Les doctrines politiques ont subi de semblables transformations : nous avons vu les formes "déviantes" prises par les socialismes africains, jamais conformes aux normes, adaptant et réinventant la théorie(14).

La vie politique contemporaine ne peut donc guère échapper à ces forces de continuité souvent décelées chez ceux que l'on appelait naguère "les évolués". Fabien Eboussi Boulaga, professeur de philosophie à l'université de Yaoundé, a analysé dans cette perspective les Conférences nationales de la transition démocratique. Dans ces palabres exceptionnelles a resurgi, écrit-il, "l'inconscient culturel africain", toujours présent et actif. Dans l'espace du jeu ouvert, en rupture temporaire avec les conditions ordinaires de la vie, la Conférence a opéré comme un rituel de guérison et de restauration ; à partir de la dissolution des réalités habituelles, elle a joué "un retour aux origines en vue d'un autre commencement". Par la violence contrôlée de cette thérapie collective sont passées la réconciliation des hommes et la recomposition du groupe. Comme le rite de l'initiation le fait pour l'individu, la théâtralisation des moments forts de la Conférence nationale recrée le lien des générations, assure la continuité, réaffirme le groupe vivant et maître de son destin en le fondant de nouveau sur le modèle de ce qu'ont fait les ancêtres "indépassables et surhumains" ; elle réintègre le groupe dans l'ordre cosmique(15).

Il n'est donc pas possible d'ignorer l'existence de ces profonds ressorts traditionnels ; il ne serait pas rationnel d'en négliger l'influence sur les psychologies individuelles et les mentalités collectives, pas raisonnable de vouloir simplement rompre avec eux. Car les coutumes, a écrit un romancier latino-américain du XIXe siècle, "c'est le temps qui les a créées, avec autant de patience et de lenteur qu'il a mis à faire les montagnes, et seul le temps, en travaillant jour après jour, peut les détruire"(16). La coutume est donc là, tenace, mais en perpétuel travail de réinterprétation et d'adaptation.

Des Africains ont étudié, lors de colloques organisés par l'UNESCO, les problèmes posés par la permanence de ces traits culturels du passé dans des sociétés en pleine évolution et dans des pays appelés à se moderniser. Ils sont unanimes à reconnaître l'importance de l'identité culturelle pour l'existence d'un groupe et pour sa cohésion, d'une identité reconnue par les membres de ce groupe et par l'extérieur. Ils voient bien aussi le risque couru si l'on encourage un groupe à affirmer son identité et si l'on valorise les traditions qui l'expriment, car la conscience culturelle est vécue dans le cadre de l'ethnie beaucoup plus que dans celui de la nation. Aucun État ne correspondant à une aire culturelle homogène, ce serait mettre en danger l'unité nationale. Il paraît possible, cependant, de construire une identité culturelle nationale riche à partir des particularités locales échangées et partagées. Certains ne croient pas utopique de faire naître une conscience culturelle à l'échelle continentale : selon eux, la "personnalité africaine" est une réalité ; des structures sociales et des valeurs communes à tous devraient permettre — sans doute par l'intermédiaire d'aires culturelles plus restreintes et plus homogènes (17) — de faire naître de la diversité une image commune du continent tout entier, une identité, un projet commun (18).

L'avenir des traditions

— Une évolution nécessaire

Tout ne peut être conservé, dans les cultures traditionnelles. Bien des coutumes condamneraient à l'immobilisme les sociétés qui leur demeureraient trop attachées. C'est ainsi que dans certaines sociétés de solidarité où l'égalité est considérée comme une valeur primordiale, la loi du partage s'impose à chaque membre du groupe. "Quiconque émerge", explique un Tchadien, "est à la fois un danger et en danger" ; tous les moyens sont employés pour l'abattre et le ramener au niveau commun. Cette uniformité imposée, qui décourage l'innovation, peut empêcher toute amélioration de la vie du groupe. Il faut, conclut l'auteur de cet article, "une rapide transformation des comportements et une redéfinition des valeurs" pour rendre la solidarité constructive (19). À plus forte raison serait-il illusoire et dangereux d'imaginer un retour en arrière et de vouloir reconstruire les structures socio-économiques d'antan, indûment tenues pour sacrées.

Une sociologue camerounaise, Axelle Kabou, a critiqué allègrement cette "ambition crépusculaire" de rester soi-même, qui n'est à ses yeux qu'inertie et signe de la rigidité des mentalités africaines. Cet enracinement dans la culture traditionnelle par crainte de l'aliénation culturelle évite surtout l'effort de repenser la tradition pour lui donner un contenu dynamique. Tel qu'il a été vécu par les masses et prôné par certains intellectuels et par les milieux dirigeants, ce refus de la notion de développement a conduit, estime Axelle Kabou, à l'immobilisme et à la marginalisation de l'Afrique par rapport à l'évolution du monde [20].

Autant que le passé, compte le projet d'avenir que les hommes d'aujourd'hui peuvent concevoir. Une évolution est donc nécessaire. Des techniques obsolètes seront remplacées : une population plus nombreuse et qui double tous les trente ans requiert une production alimentaire accrue et donc la transformation des modes de culture. Des techniques plus modernes sont désormais indispensables, que devront accompagner les technologies correspondantes, des notions scientifiques et une organisation du travail plus rigoureuse. Certains agencements de la vie sociale : des statuts et des rôles sociaux, des formes de rapports entre les membres d'un groupe sont jugés dévalorisants par les générations scolarisées, ou rendus caducs par les contraintes inéluctables de la période contemporaine.

La condition féminine, par exemple, devra changer. Les femmes elles-mêmes, un peu partout, s'y emploient : l'accès aux prêts et aux innovations agricoles, l'égalité des salaires, la reconnaissance de leurs droits, la maîtrise de leur fécondité, la possibilité d'un engagement social et politique plus libre constituent, avec des variantes selon les lieux et les milieux sociaux, les thèmes habituels de leurs revendications et de leurs actions concrètes [21]. Mais les hommes aussi sont concernés. Si cette amélioration n'est pas voulue par un respect de la femme et par un souci, que certains jugent trop occidental, de l'égalité des sexes, il faudra réaliser cette transformation pour que les familles aient de quoi se nourrir, pour que l'environnement soit mieux respecté, pour que le développement ait quelque chance de réussite. En ce domaine encore, la coutume doit évoluer.

Dans un registre plus général, des symboles et des rites peuvent disparaître lorsque disparaissent les réalités sociales dont ils étaient l'expression. Des mythes doivent également disparaître, selon lesquels la société négro-africaine a organisé son imaginaire social. L'Africain s'est rêvé lui-même, écrit le pasteur Kä Mana : il fantasme au sujet de l'Occident, objet de fascination et de répulsion plutôt que réalité objectivement étudiée ; il fantasme au sujet de son identité culturelle et de son indépendance rêvée comme le passage de l'esclavage à la liberté, des ténèbres à la lumière. Le développement, lui aussi, a été rêvé comme une promesse de bonheur... L'imaginaire africain reste encombré de ces mythes stérilisants. Il faut, dit Kä Mana, "transformer les mythes qui nous font rêver en problèmes qui nous font réfléchir", et convertir les problèmes" en énergies qui nous font agir" - sinon l'Afrique pourrait en mourir[22].

Les dieux eux-mêmes, qui ne se sont pas souvent montrés favorables à l'évolution des sociétés, peuvent — si leurs dévots savent les en persuader — devenir réceptifs aux formes de modernité qu'exigent les besoins d'aujourd'hui.

En témoigne, par exemple, l'épisode que voici. Un coopérant, bien accepté par les villages africains auprès desquels il travaillait, fut un jour convié à la palabre. Pour régler la scolarité des enfants, les femmes avaient semé un champ de riz d'une façon que la coutume n'autorisait pas. Les hommes s'étaient fâchés. Le chef du village avait alors convoqué tout son monde, et chacun s'expliqua longuement. Les hommes ont raison, conclut le chef, car il faut respecter la coutume ; mais les femmes n'ont pas tort, car il faut bien instruire les jeunes et donc payer leur scolarité. Prions donc, pour que nos dieux, auteurs et gardiens de la coutume, se modernisent. Ainsi chacun put-il regagner en paix la case familiale : les femmes avaient obtenu gain de cause, mais les hommes n'avaient pas perdu la face. Et les dieux eux-mêmes étaient invités à jouer encore leur rôle de protecteurs de la communauté villageoise, à condition qu'ils fassent l'effort voulu pour se mettre à la hauteur des circonstances nouvelles. Un peu plus tard, notre coopérant fut de nouveau convié au village. Que se passait-il : l'affaire n'était-elle pas terminée ? Si, mais les femmes avaient voulu la conclure par un grand repas de réconciliation. Et que servirent-elles à leurs hommes, ces femmes astucieuses ? Du riz, bien sûr : le riz, soigneusement apprêté, du champ de la transgression !

Des facteurs extérieurs jouent avec force dans le même sens. La période coloniale est passée dans l'histoire des sociétés comme une expérience ineffaçable ; elle a amorcé des changements durables. Si prudemment que les responsables nationaux ouvrent leurs économies au marché mondial, l'interdépendance, sans considération pour les économies les plus fragiles, va imposer une modernisation des procédés de production et de gestion. La concurrence accrue accentuera les déséquilibres dont nous avons parlé. Cette impulsion se répercutera jusqu'au fond des brousses et des pampas. La modernité technique médicale, l'introduction continue d'apports scientifiques réduiront inéluctablement le rôle d'outils, de procédés thérapeutiques et de savoir-faire variés, mais aussi de croyances. Cela va bousculer des coutumes respectables mais périmées. On apprendra à ne plus faire comme avant, comme les anciens l'avaient enseigné.

L'influence des pays économiquement développés s'impose encore sur un autre mode, par l'attirance qu'exercent les façons de vivre occidentales. C'est l'attrait, chez quelques uns, des richesses et des valeurs que les vieilles civilisations européennes peuvent offrir, et, pour le grand nombre, le désir des produits et sous-produits d'une civilisation de consommation onéreuse et gaspilleuse. Si raisonnables qu'on les souhaite, les populations du tiers monde peuvent-elles ne pas s'y laisser prendre ? "Tu crois qu'ils vont renoncer à ce qu'ils ont aperçu !" disait un homme d'expérience, un Blanc qui avait longtemps vécu outre-mer.

— Une évolution possible

Une évolution est donc nécessaire. Une évolution est possible puisque, de fait, au cours des âges, les cultures, liées aux situations historiques vécues par les sociétés humaines, n'ont cessé d'évoluer. Les emprunts et les ajouts d'éléments étrangers peuvent conduire temporairement à des combinaisons hasardeuses, tels les rituels composites imaginés par les fondateurs de religions nouvelles où se mêlaient symbolisme africain traditionnel et symbolisme chrétien [23]. Puis l'évolution se poursuit, comme elle l'a toujours fait, esquissant des synthèses plus heureuses où se manifestent progressivement une accoutumance à des modes de pensée et des pratiques de vie, une aisance dans la maîtrise des techniques et des notions qui les sous-tendent. Mais si quelques individus ont été capables de réussir sans accident le parcours périlleux de la mutation culturelle rapide imposée par l'Occident pendant le dernier demi-siècle, comment s'attendre à voir des populations entières accomplir ce parcours sans de graves dommages, sans courir le risque de blocages violents ou même de processus régressifs ? "Il faut, dit un proverbe du Bénin, tisser la nouvelle corde au bout de l'ancienne". De cette épissure patiemment nouée, ni la tradition, ni la modernité importée ne sortiront indemnes.

C'est ce dont témoigne, par exemple, la littérature latino-américaine contemporaine. Une longue période de modernisation à l'européenne avait vu l'appauvrissement des cultures nationales et régionales, faites des traditions ibériques mêlées aux survivances des civilisations indiennes et aux modes de vie des descendants d'esclaves noirs. Puis, à la fin du XIXe siècle, une réaction s'est amorcée : il fallait renouer avec ces composantes essentielles du continent, redéfinir et réaffirmer l'identité culturelle de l'Amérique latine. Après le risque de l'oubli de soi venait celui du repli sur soi. Jusqu'à ce que de grands auteurs contemporains, profondément enracinés dans les réalités de leurs pays respectifs, dans les conditions de vie et dans l'imaginaire collectif, sachent en même temps exprimer quelques traits de l'expérience humaine d'aujourd'hui et atteindre à une dimension universelle. Cette littérature, écrit un commentateur, a "un style, un ton qu'on ne peut confondre avec aucun autre et qui porte la marque de la terre natale avec ses inquiétudes et ses espérances, ses frustrations, ses mythes, ses utopies, ses promesses, tout cela au service de valeurs qui peuvent être reconnues par tous les hommes"[24].

— L'actualité du développement endogène

Ce qui précède conduit à reconsidérer une notion dépréciée, celle de développement endogène. Les cultures redécouvertes et respectées permettent d'en saisir la richesse et l'actualité[25].

Dans chaque domaine d'activité, nous avons rencontré des acteurs et des ressources qui apparaissent comme des facteurs indispensables à tout développement. Ce sont, en premier lieu, les hommes et les femmes qui travaillent à l'atelier et au champ, parfois selon des formes collectives d'exploitation, comme jadis ; qui fournissent en produits le marché voisin, améliorent eux-mêmes leur habitat et s'organisent en collectivités locales ; ce sont ces collectivités, reconnues ou non comme propriétaires du sol, mais gérant en commun — et d'abord pour la satisfaction de leurs besoins essentiels — la production, la commercialisation des produits, puis la répartition du revenu. Ces collectivités de quartier ou de village sont probablement les seuls organismes capables de fournir, à partir des ressources locales, des matériaux et des techniques que maîtrisent leurs membres, les biens et les services accessibles à tous sous diverses formes d'échange. L'épargne locale, judicieusement investie dans des projets à bonne échelle, gérés et contrôlés par les intéressés, est un élément essentiel du développement local.

Dans d'autres domaines, les acteurs d'un développement que l'on peut encore dire endogène sont les dirigeants d'entreprises publiques ou privées qui auront su introduire ou conserver dans la gestion de leur personnel certains éléments propres à leur monde culturel, dans la mesure compatible avec un fonctionnement efficace. Ce sont encore les responsables des affaires publiques capables d'utiliser avec discernement certaines formes traditionnelles de l'autorité permettant à la fois l'expression des volontés populaires et une régulation raisonnable du pouvoir.

Partout, dans les tiers mondes, des groupes humains connaissent encore les moyens traditionnels d'une gestion heureuse de la vie sociale dont la palabre africaine est l'un des lieux les plus efficaces. Dans cette confrontation patiente et respectueuse des points de vue opposés, les besoins spécifiques peuvent être pris en compte, la population peut évaluer ses capacités, élaborer son avenir, tester sa volonté de jouer un rôle responsable. Ces démarches, ces procédures de type traditionnel peuvent être adaptées aux exigences contemporaines ; des Africains le pensent et le disent, qui sont de bons connaisseurs du patrimoine culturel et social de leur continent. De même, ces experts estiment que des notions et des pratiques culturelles chargées de sens sont capables de féconder dans tous les domaines "la reconstruction de l'Afrique moderne dans le progrès, la démocratie, la justice et la solidarité"[26]. Pour décrire cette démarche de créativité solidaire à partir de la base, les anglo-saxons parlent de *self-reliance*, les auteurs de langue française d'autosuffisance, à moins qu'ils ne disent simplement qu'il faut compter sur ses propres forces[27]. Ce vieil adage rejoint le principe de subsidiarité selon lequel l'instance plus élevée n'intervient que lorsque l'instance moins élevée n'est pas en mesure d'atteindre les objectifs envisagés. Ce principe, après des siècles de centralisation, retrouve un certain crédit dans la société civile européenne et dans les Églises[28].

Apparaît ainsi la convergence, pour une population donnée, du souci qu'elle garde d'être profondément elle-même, et de la liberté politique recouvrée qui lui permet de redevenir créatrice de ses propres valeurs ; la convergence du souci qu'elle a de satisfaire en priorité les besoins qu'elle reconnaît comme essentiels, et de la capacité qui lui est enfin reconnue de s'employer à les satisfaire en comptant sur ses propres forces ; la convergence enfin d'une identité culturelle affirmée, et de besoins essentiels qui ne peuvent être déterminés avec justesse que par rapport à cette culture. Ces différents aspects d'un régime véritablement démocratique se renforcent l'un l'autre et définissent les bases d'un développement endogène centré sur l'homme, et sur la dignité de la personne humaine[29].

Des recherches récentes ont mis en lumière l'importance des facteurs culturels de la croissance économique. Le développement du "capital humain" par l'enseignement et par la richesse de l'environnement culturel — où concourent la transmission du patrimoine et l'accès aux sources nouvelles de la connaissance ouvrant à l'innovation — est tenu aujourd'hui pour un facteur déterminant de la croissance économique, à côté des investissements en capital et des inventions techniques, à un titre différent mais comparable[30].

Tout ceci est aisément compréhensible. Tout ceci est réalisable puisque, de fait, expérimenté mille fois dans le cadre de la vie locale, comme la mise en œuvre d'une culture vivante. Une communauté culturelle vivante est créatrice d'elle-même ; à partir de ses racines et de son héritage, à partir des apports extérieurs qu'elle sélectionne et adopte en les transformant, elle contribue à inventer son avenir[31]. À mesure que les visions traditionnelles de l'homme et du monde sont confrontées avec celles dont l'étranger est porteur, des perspectives nouvelles peuvent être acceptées sans angoisse, car la rencontre se présente alors non comme un risque de destruction, mais comme la chance d'une ouverture plus large et d'un renouvellement.

Nord et Sud partenaires

— Les responsabilités du Sud

Même si le système international dans lequel ils sont engagés restreint considérablement leur liberté d'action, les dirigeants des tiers mondes ne sont pas sans pouvoir ; bien des choses dépendent encore d'eux. Des priorités qu'ils choisiront dans la gestion des fonds publics, des orientations qu'ils donneront dans tous les domaines de la vie nationale peuvent résulter l'amélioration ou la dégradation des conditions de travail et d'existence du plus grand nombre. Du respect de certaines règles démocratiques dans la vie nationale, de la reconnaissance des aspirations fondamentales des hommes dépend le mieux-être des trois milliards d'humains que les rapports du PNUD désignent comme les plus démunis[32].

Les tentatives particulières ne peuvent devenir projet national que par la concertation élargie, par le soutien et l'arbitrage des pouvoirs publics. Aux dirigeants du tiers monde de prendre au sérieux leurs propres problèmes. Ils les connaissent, ils ont souvent les moyens d'y remédier, ils n'ont pas à attendre qu'un autre vienne les résoudre à leur place.

Il ne faut pas imaginer que le volontaire venu d'Europe viendra nourrir un par un les enfants déshydratés du Sahel, si les politiciens africains persistent à négliger les conditions élémentaires de la production locale et refusent les mesures susceptibles d'assurer la sécurité alimentaire des populations. Il ne faut pas imaginer que le volontaire venu des pays riches va réinsérer les bandes des enfants de la rue des grandes villes d'Amérique latine, ou récupérer un par un les enfants des deux sexes dans les maisons closes d'Asie du Sud-Est, si les politiciens de ces continents persistent à refuser les mesures économiques et sociales qui auraient pu endiguer le chômage des parents et la destruction des familles. Pourquoi faut-il encore des volontaires étrangers pour creuser des puits ou améliorer l'irrigation, quand des hommes du pays ont reçu, ou pourraient recevoir la formation voulue et s'en tirer fort bien avec la main-d'œuvre locale ? Des techniciens, des médecins sont disponibles dans le pays même, ou pourraient l'être. Pourquoi s'en remettre à la venue de l'étranger ? D'autant plus que le Blanc, l'homme des pays riches, s'est trop longtemps conduit en colonialiste pour ne pas craindre de le paraître encore, même lorsqu'il essaie de ne plus l'être.

C'est un autre aspect du rôle de l'État qui apparaît ici : libérer les initiatives, permettre et soutenir l'engagement libre de chacun, susciter la participation responsable des groupes locaux, des associations, des professionnels, voire des membres de l'administration. Car il existe des hommes politiques soucieux du bien commun, des fonctionnaires efficaces, des chefs d'entreprise éclairés ; car on peut voir, en mille points des tiers mondes, chez bien des hommes et des femmes, courage, ingéniosité, compétence, volonté de vivre.

Pour que certaines nations en danger aient encore des chances de figurer durablement sur la planète, c'est par tous et à tous les niveaux qu'est indispensable la découverte concrète et appliquée des contraintes modernes de l'existence collective ; indispensable également — même en tenant compte de l'appréciation diverse que les différentes cultures se sont formée de ces notions — la pratique individuelle et collective de quelques vertus fondamentales : la compétence professionnelle, l'honnêteté en affaires, le respect des personnes, le sens du bien commun. Ainsi pensait Mgr Nkombo, président de la Conférence nationale du Congo lors de la transition démocratique. Au cours d'une cérémonie de réconciliation nationale, il donna à la Conférence trois orientations inspirées mot à mot du texte biblique des "commandements de Dieu" transmis par le catéchisme traditionnel de l'Église catholique : "Tu ne tueras point. Tu ne mentiras point. Tu ne voleras point". Comment sans cela, dit-il, pourrait-on bannir les maux qui ont déstructuré la vie socio-politique et économique du pays[33] ? Mais il serait déplacé de prêcher aux populations du Sud et à leurs dirigeants la pratique de vertus dont le monde officiel de notre hémisphère s'écarte si volontiers. Voilà donc, pour employer le langage des organismes internationaux, "un programme substantiel d'action" pour les dirigeants du Nord et du Sud.

— Le Nord et la dépossession du monde

Bien que les Portugais et les Espagnols aient perdu au XIXe siècle leurs possessions américaines héritées des conquistadors, l'Occident se tenait encore, au milieu du XXe siècle, pour le maître du monde, et cette situation lui paraissait durable. Cependant, aussitôt terminée la Deuxième Guerre mondiale, le grand mouvement de décolonisation reprit, amenant à l'indépendance politique les pays dominés.

L'Occident n'a été dépossédé qu'en apparence. Sous des formes renouvelées, ont perduré les courants bien connus de marchandises, de techniques et d'idéologies qui le maintenaient présent. Sur l'histoire des tiers mondes, son influence économique et politique est restée déterminante pendant deux décennies. Ce que certains ont appelé "l'impérialisme culturel" a accompagné cette domination. Sans qu'il y ait eu nécessairement une volonté d'éliminer les cultures locales, cet impérialisme a bien failli détruire l'identité culturelle des nations colonisées[34]. Or le vent tourne.

Les spécialistes de la géopolitique constatent la montée en puissance de pôles économiques capables de rivaliser avec les États-Unis et l'Union européenne ; ils analysent la capacité de ces ensembles à constituer des forces politiques prenant place dans le jeu des relations internationales : le Nord sera obligé de renoncer à définir seul l'histoire du monde. Plus discrètement, des aires culturelles revendiquent outre-mer d'être reconnues et respectées. Dans leurs domaines propres et sans que l'on puisse déceler une convergence voulue et organisée, ces mouvements contestent l'hégémonie culturelle du monde occidental. Ce sont peut-être moins des États qui s'affrontent désormais, a-t-on dit, que des civilisations qui entrent en compétition, car "les civilisations, qui ont un passé, découvrent qu'elles ont un avenir"[35].

Lors d'une table ronde organisée en 1992 par l'association Futuribles-international, c'est un économiste, professeur à l'université de Rabat, qui aborda le point de vue de la culture. Il faut renoncer à l'ethnocentrisme occidental, dit Mahdi Elmandjra. Le Nord s'est montré incapable d'accepter l'existence de systèmes culturels autres que le sien, incapable de comprendre d'autres systèmes de valeurs. "Il a voulu, comme Dieu, refaire le monde à son image". Et maintenant, comme leurs prédécesseurs à Bandoung, les jeunes générations du Sud refusent de se soumettre à l'ordre du monde et aux règles du jeu définies par le Nord[36]. Un fossé culturel s'est creusé.

Ce rejet, partiel, n'est exprimé que par certains secteurs de l'opinion "éclairée", mais le Nord n'a pas besoin d'attendre qu'il prenne une forme plus virulente. Il en sait assez pour s'interroger et s'ouvrir à des perspectives nouvelles. Ces perspectives ont souvent été énoncées par des experts "non conformes" issus des pays occidentaux.

L'Occident devrait donc renoncer à son projet d'hégémonie culturelle. Sa culture n'est pas l'expression unique de l'humanité. À côté du type de rationalité qu'il supposait universel — et qui semble demeurer nécessaire en certains domaines de l'activité — il devrait reconnaître la validité de rationalités différentes. Il devrait renoncer à "l'évidence" de sa supériorité. La culture occidentale, dont tant de penseurs et de maîtres de vie, en Occident même, ont dénoncé les dérives abâtardies, les errements technocratiques et les limites[37], n'est pas forcément, par tous ses éléments, l'avenir de l'humanité. La pauvreté des perspectives proposées aux tiers mondes est en dépendance directe de l'indigence du projet collectif formulé par les sociétés modernes des pays développés. Comment pourrions-nous faire le bonheur des autres avec des moyens de croissance matérielle qui n'assurent pas le nôtre ?

Les formes d'existence que les sociétés occidentales se sont données n'expriment plus la conception que l'homme aujourd'hui se fait de lui-même, ni ce qu'il attend de la vie. Hors de ce modèle, d'autres chemins sont possibles, d'autres finalités peuvent être préférées. Cela ne peut manquer d'avoir des répercussions dans les domaines de l'enseignement, de l'information et de la communication, de la croissance économique elle-même.

En 1972, un rapport préparé pour l'UNESCO par Edgar Faure et une commission internationale montrait bien que les systèmes éducatifs "expriment au plus haut point la conscience nationale, la culture et les traditions de chaque peuple". Il était donc normal que l'éducation, tout en se renouvelant et en s'ouvrant à l'échange intellectuel permanent, portât la marque de la société dont elle formait les nouvelles générations[38]. En 1980, une autre commission internationale présidée par Sean Mac Bride remit au directeur de l'UNESCO un nouveau rapport. Malgré l'interdépendance reconnue et admise des communautés nationales, la diversité des sociétés devait être respectée et, pour cela, un nouvel ordre de la communication instauré. À chaque communauté d'élaborer démocratiquement la politique de communication correspondant à sa culture et à ses besoins ; à chaque société, soutenue par la coopération internationale, de préserver son identité culturelle tout en la faisant évoluer dans un réseau de relations avec les autres cultures [39].

Mais la densité des flux de communication s'est intensifiée dans le sens Nord-Sud ; les multinationales de l'image et du son n'ont cessé d'exporter vers le Sud les modèles culturels dominants. "La liberté de chaque peuple de maîtriser le contenu culturel de l'information et des programmes diminue un peu plus chaque jour", conclut un expert [40]. Or, à l'encontre des publicitaires et des marchands, les hommes de culture savent que "l'homogénéisation culturelle est en soi source de déclin, puisqu'elle tend à perpétuer un système donné". L'élimination des cultures périphériques menace la vitalité de la culture dominante. Le dialogue des cultures est indispensable, à la fois pour que les populations des tiers mondes puissent évoluer à partir de leurs sources originales, et pour que, comme le pourraient alors celles des pays riches, elles demeurent créatives [41].

Décoloniser ainsi la modernité, permettre aux acteurs et aux courants de la modernisation d'inventer des formes non occidentales d'avenir et de progrès, ce serait, tout simplement redécouvrir l'homme et s'ouvrir à la solidarité.

*

* *

Un avenir pour l'humanité ?

Quelle que soit la voie que nous ayons suivie dans les pages qui précèdent, celle de la démocratie en politique, celle d'un mode de croissance renouvelé en économie, celle de relations internationales respectueuses des cultures, ce sont les êtres humains qui constituent le cœur, l'agent essentiel et le but même du développement. Nous sommes en train de redécouvrir l'homme, le PNUD en a fait l'aveu, aux premières pages de son premier *Rapport sur le développement humain* : face aux événements contemporains, face à "la vague irrésistible de liberté" qui transforme les systèmes politique, nous redécouvrons une vérité primordiale : "les femmes et les hommes doivent être au centre de tout développement"[42].

Certains, pourtant, n'avaient cessé de le répéter. Citons l'un d'entre eux, consultant auprès de plusieurs Organisations internationales, qui avait constaté le sérieux des études concernant les moyens matériels de production. "Mais des hommes, on n'en parle pas. Pourtant, que faire sans eux, et n'est-ce pas pour eux que toutes ces études sont faites ? Il est capital de connaître leur style de vie, leurs habitudes, leur comportement, leurs motivations, la forme de leur conception du monde, les conditions de leur scolarité, de leur état de vie, leur capacité de perception, de changement face à la modernisation ; quelle forme de sensibilité, de formation il faut employer pour les aider à modifier leur milieu. Or rien de cela n'existe, n'a été fait"[43]. Des intervenants sur le terrain ont souvent essayé de mieux saisir ces aspects humains du développement que l'UNESCO, sans être guère entendue ni suivie, n'a cessé de mettre en évidence[44] et sur lesquels le courant des besoins essentiels a centré sa revendication. Mais, s'agissant des acteurs internationaux et des organisations étatiques bilatérales, cette critique, émise en 1969, n'est-elle pas restée largement valable, vingt ou trente ans plus tard ?

C'est bien ce qu'a reconnu le Centre de développement de l'OCDE, lors d'un séminaire organisé en 1980. Les échecs des deux premières décennies du développement, dit Philippe de Seynes, responsable de niveau élevé aux Nations unies et président de Futuribles, révèlent "une crise du savoir". Les mécanismes économiques, que l'on croyait pourtant connaître, peuvent avoir des effets pervers que l'on ne soupçonnait pas. Que dire alors des comportements sociaux et du fait culturel, longtemps négligés ? Il faut désormais les insérer dans la discussion des politiques de développement. Aussi l'OCDE, institution économique, avait-elle centré sa réflexion sur la culture et invité le philosophe libanais René Habachi. C'est donc une méditation sur l'homme et sur la solidarité qui fut proposée en introduction à ce séminaire d'économistes et d'hommes politiques.

Le développement, dit René Habachi ne peut être conçu qu'à partir de l'homme et de "ce foyer d'intériorité qui le constitue si profondément que son annulation annule l'homme lui-même" ; à partir de sa liberté, c'est-à-dire de son aptitude à se développer lui-même ; à partir de sa culture qui est le milieu où l'une et l'autre s'accomplissent. Or le monde n'offre à voir que des caricatures, des "pathologies" de développement. Il faudrait tout reconsidérer.

L'homme doit être reconnu comme le principe de ses choix. Coopérer à son développement devrait permettre, à moins de manquer l'essentiel, la croissance de l'intériorité et de la liberté de chacun par rapport aux déterminismes externes et internes. Un vrai développement respecte toutes les "manières d'être homme" que sont les cultures. En même temps serait facilitée l'ouverture sur un monde total "par la solidarité de tous les peuples (...) en vue du partage proportionné de l'ensemble des ressources du cosmos". Cette approche du développement concerne et questionne le Nord aussi bien que le Sud [(45)]. Redécouvrir l'homme, s'ouvrir à la solidarité, tels furent les deux thèmes abordés par ce philosophe.

Les dernières décennies ont imposé la notion d'interdépendance dans tous les domaines. Or nous avons constaté la résistance tenace des États et des Organisations internationales pour éviter que l'interdépendance n'ait à se transformer en solidarité ; nous avons observé, au cours d'un grand nombre de Conférences internationales, les discussions interminables dont le but était de concéder le moins possible aux revendications du Sud, c'est-à-dire d'échapper aux exigences de la solidarité [(46)]. Nous avons relevé la totale indifférence des marchés financiers à toute considération d'ordre social ou humanitaire. Les capitaux privés se détournent donc volontiers des pays les moins avancés, de l'Afrique en particulier, continent voué au naufrage [(47)] où les profits avoués sont si réduits. Un exemple de ce désintérêt nous est donné par certaines grandes firmes pharmaceutiques : malgré l'expansion du sida, qui se poursuit surtout dans le tiers monde et qui pourrait aggraver la mortalité en Afrique subsaharienne, de grandes firmes ont abandonné la recherche d'un vaccin, estimant que la mise au point de ce vaccin ne présentait pas pour elles d'intérêt financier : quel profit tireraient-elles, en effet, d'un vaccin qui concernerait surtout des pays non solvables ? Pour cause de rigueur budgétaire, le gouvernement français, de son côté, renonce en 1995 à financer le programme des Nations unies contre le sida [(48)]. Les capitaux publics sont donc aussi en baisse : les États de l'Union européenne hésitent de plus en plus à investir dans les pays les moins avancés.

Comme on a pu l'écrire, les nantis n'ont plus besoin des pauvres ; les pays riches ont de moins en moins besoin des pays pauvres [(49)]. Leur tendance naturelle est donc de s'en détourner. La réalité dominante reste la compétition des intérêts privés. Le point de vue de la solidarité paraît plus éloigné que jamais des perspectives de ceux qui ont pu passer, un temps, pour des acteurs de développement [(50)].

Il existe heureusement dans toute population, selon l'estimation d'Edgar Morin, 8 à 10% de personnes "qui ressentent fortement et continûment la pulsion altruiste". C'est dans ce groupe que le sociologue voit se recruter les militants et les animateurs des partis, des syndicats et des organisations caritatives (51). Si le plaidoyer en faveur de la solidarité ne cesse pas, qu'il s'agisse des exclus du Nord ou de ceux du Sud, c'est grâce à ces femmes et à ces hommes de cœur qui ont compris que l'homme doit devenir la mesure du développement, qui ont reconnu l'originalité des sociétés du tiers monde et leur capacité de choisir leur avenir, qui ont su voir en elles une richesse précieuse pour tous. Ils disent et ils répètent qu'il faut désormais non seulement s'accommoder de l'interdépendance, mais l'habiter autrement : passer de l'interdépendance subie à la solidarité voulue. Ils le disent et souvent le réalisent dans leur vie.

Nous en avons rencontré beaucoup au cours de cet ouvrage, parmi les membres anonymes des Organisations de solidarité internationales — le nouveau nom des ONG — et des associations humanitaires, parmi les experts "non conformes" dont les noms sont connus ; parmi les hommes de science et les chercheurs, les universitaires et les chefs d'entreprise également, dont certains veulent *Repenser la solidarité* (52). On en trouve aussi parmi les personnalités officielles, comme en témoignent en France, la création du ministère de la Solidarité et la tenue, en 1989, sous l'égide de ce ministère et du secrétariat d'État chargé de l'action humanitaire, d'Assises internationales sur "les nouvelles solidarités" (53).

Ce plaidoyer reçoit l'appui constant des Églises qui donnent à la solidarité un éclairage original. Elles ont toujours enseigné l'unité fondamentale du genre humain issu du geste créateur de Dieu, et la destination universelle des biens de la terre dont nul ne devrait être privé (54). Elles enseignent le droit, qui doit être reconnu à chaque être humain, de participer à la production des biens ; le droit de chacun à une répartition équitable des ressources, des services, des connaissances et du pouvoir. À mesure que les rapports internationaux se sont intensifiés, les Églises ont perçu la responsabilité collective de l'humanité dans la gestion des ressources communes. Sans négliger ni les droits et les devoirs personnels, ni les responsabilités nationales, c'est à l'échelle mondiale et par la communauté humaine entière que les grands équilibres doivent être cherchés. Les encycliques du pape Paul VI, en 1967, qui appelle à "un développement solidaire de l'humanité" et du pape Jean-Paul II, en 1987, qui montre comment "la paix est le fruit de la solidarité" (55), ne sont que les plus marquants des textes pontificaux[56].

Quant à l'épiscopat français, il a encore consacré l'une de ses Assemblées plénières de 1994 à la solidarité, sous son double aspect national et mondial[57] ; tandis que les associations chrétiennes, comme la Fondation Jean Rhodain, le Secours Catholique ou le CCFD, continuent à chercher, à travers leur expérience sociale, comment traduire les exigences de l'Évangile dans l'engagement personnel et l'action collective[58].

On sait le statut fragile du discours utopique au regard des scientifiques. On sait l'efficacité réduite de ces textes qui s'appuient sur une exigence morale, qui font référence à la solidarité, à l'humanité, au respect de la dignité humaine, qui rêvent d'égalité, de justice et de paix, et qui comptent pour y atteindre sur la transformation intérieure de l'homme[59]. Au milieu des années soixante-dix, après avoir enseigné près de dix ans outre-mer, un professeur de droit, Emérentienne de Lagrange, énumérait quelques orientations qui, à ses yeux, s'imposaient au monde développé : "Renoncer aux politiques d'hégémonie et de domination ; accepter le partage des richesses ; comprendre la coopération culturelle et technique comme un service et un échange ; combattre la misère au lieu de combattre la vie". Quelques suggestions étaient faites ensuite à l'intention des pays en voie de développement. Est-ce une utopie ? se demandait l'auteur. C'est une "utopie réaliste", répondait-elle, dont dépend l'avenir du monde[60].

Est-il réaliste d'imaginer une société qui saurait régler pacifiquement ses conflits, adapter ses structures aux besoins des populations et à leur dignité, établir des rapport internationaux respectant les aspirations légitimes des communautés humaines plus fragiles ? Est-il réaliste de penser que les pays dominants, que les acteurs internationaux dominants — en économie, en politique, en communication — vont consentir des transformations de l'ordre international, en quelque domaine que ce soit, dans un sens qui ne serait pas celui de leurs intérêts à court terme ; qu'ils vont faire des concessions en vue d'un ordre plus juste lorsque les rapports de forces jouent en leur faveur ; et qu'ils sauront renoncer à des avantages immédiats en vue des intérêts plus lointains de la communauté humaine ? Est-il réaliste d'espérer que le respect de l'homme et la solidarité vont s'inscrire comme des priorités en vue d'un nouveau développement du Nord comme du Sud ?

Pour devenir efficace à l'échelle de l'humanité entière, la solidarité doit trouver une traduction politique. Le Béninois Albert Tévoédjrè, ancien ministre et sous-directeur du BIT, a proposé une formule, celle d'un "contrat de solidarité" selon lequel "le privilège cède la place à l'égalité des chances et (...) la dépendance cède la place à la dignité". Dans l'esprit de la Charte des Nations unies, ce nouveau contrat social prendrait acte de l'interdépendance des intérêts économiques et des objectifs de progrès social, et de la communauté de ces intérêts entre le Nord et le Sud. En continuité de doctrine avec les Conventions internationales signées au cours du demi-siècle, les États, mais aussi les Organisations internationales, les entreprises multinationales et les représentants de la société civile — organisations syndicales et professionnelles en particulier — devraient souscrire un engagement. Alors que les déclarations antérieures orientent plus qu'elles ne contraignent, l'engagement souscrit devrait constituer ici une réelle obligation juridique. Le principe de solidarité acquerrait ainsi valeur normative. Liant les pays développés et les pays en voie de développement par des obligations réciproques, le contrat de solidarité permettrait aux uns et aux autres de mieux percevoir leur intérêt supérieur commun et d'y collaborer dans le respect mutuel, "pour le bien-être du plus grand nombre"[(61)]. Est-il utopique d'en espérer la réalisation, alors que les partenaires dépendent les uns des autres ?

En effet, précise Louis Emmerij, président du Centre de développement de l'OCDE, le Nord essaie d'empêcher d'exploser "une grenade dégoupillée" : le ressentiment croissant né du fossé creusé entre le Nord et le Sud. Le Nord redoute la migration massive venue du Sud, les menaces sur l'environnement, la concurrence des producteurs du Sud. Dans tous ces domaines, il est sur la défensive. En élargissant les perspectives du débat à la notion de sécurité humaine, dont il a été question au sommet de Stockholm, il y a donc matière à des négociations équilibrées et à des contrats entre un Nord souvent en position de demandeur et un Sud disposant d'atouts sérieux[(62)].

L'homme a accompli bien des prouesses sur la terre, écrit le Père Vincent Cosmao, attentif, lui aussi, au devenir du monde. Or "la maîtrise des dynamiques sociales n'est pas plus impensable que la maîtrise de la nature". Pourquoi l'homme ne saurait-il pas réussir "le passage nécessaire à l'organisation collective de sa vie collective"[(63)] ?

Même si cette transformation apparaît bénéfique pour tous, nécessaire et urgente pour ceux auxquels presque tout fait défaut, il est pourtant assez peu probable que les dirigeants du Nord et du Sud s'y rallient en fonction de normes morales. La voix des pauvres, en règle générale, n'est pas entendue, la vie des faibles n'est pas respectée. Et "celui qui fait trois repas par jour, disait Raoul Follereau, n'est pas pressé". Il n'est pas pressé d'entendre ou de comprendre, ni d'aller voir.

Il est donc vraisemblable que vont être maintenus les choix mercantiles et les rapports de forces. Tout au plus verra-t-on les acteurs dominants consentir quelques aménagements de détail quand les conséquences négatives de leurs politiques franchiront des seuils d'injustice, de violence et de malhonnêteté que les médias ne pourront taire et qui leur vaudraient, de la part de l'opinion publique, une dépréciation dommageable. Ils pourront s'en remettre d'ordinaire à l'activité humanitaire pour qu'il soit porté secours, avec des moyens dérisoires, aux naufragés de la planète. Éventuellement, un soutien mesuré sera apporté aux organisations de solidarité pour que celles-ci puissent compenser, dans une très faible proportion, les dégâts provoqués par l'"ordre" international. Mais l'on évitera de mettre en péril les intérêts dominants et donc de modifier sérieusement les rapports internationaux qui les garantissent.

Cependant, pour que se construise un monde où les hommes puissent vivre, il faudra bien que la volonté de collaborer l'emporte sur celle de dominer ; il faudra que la solidarité trouve les moyens de s'étendre, non seulement dans l'espace aux plus démunis et aux exclus mais, dans le temps, aux générations futures. Ceci est utopie ou chimère au jugement de beaucoup, mais il faut répéter que, pour d'autres, cela relève de la pratique quotidienne.

C'est ce qui fonde l'espoir du sociologue Edgar Morin. Dans *Terre-Patrie*, rédigé avec Anne-Brigitte Kern, il montre comment, après des millénaires de bruit et de fureur, l'humanité aborde à l'ère planétaire. L'humanité découvre que la terre pourrait devenir la patrie commune de tous les humains, si les activités et les relations étaient enfin humanisées, civilisées, harmonisées. Tout se joue, pour Edgar Morin, sur cette petite planète "où la vie a créé son jardin, où les humains ont formé leur foyer, où désormais l'humanité doit reconnaître sa maison commune", dans la conviction que rien n'existe au-delà de notre destin commun "de vie et de mort terriennes".

Tous les êtres de bonne volonté peuvent entendre son invitation à habiter la terre, à y vivre ensemble, à y vivre "poétiquement", c'est-à-dire en sachant y recueillir toute la beauté dont cette "Terre-Patrie" est porteuse ; ils peuvent entendre l'appel de la fraternité et poursuivre leur effort dans le sens de l'union ; ils peuvent vivre selon la "religion" naturelle sans révélation, ni promesse, ni au-delà, qui est faite de toute la richesse terrestre et humaine[64].

Est-il permis d'aller plus loin ?

Au-delà du futur à moyen terme que les études économiques prospectives dessinent à grands traits approximatifs, au-delà des projets d'intégration politique dont les difficultés s'affirment en même temps que l'espoir d'y parvenir, au-delà des richesses que nous promet la rencontre des cultures, et des hésitations collectives à assumer les risques de ces différentes aventures, au-delà surtout de la destruction annoncée des êtres vivants et du cosmos qui constitue l'horizon ultime de la "Terre-Patrie", est-il possible d'envisager une autre perspective pour l'humanité, un sens plus large qui serait offert à son évolution ?

Rassemblées et ordonnées par un scientifique visionnaire, les réalités connues des plus lointaines préhistoires ont été reprises et assumées dans une synthèse susceptible d'éclairer la condition humaine et le devenir de l'homme. La trajectoire passée de l'évolution, telle que Pierre Teilhard de Chardin l'a interprétée, est celle du grand mouvement du monde vers la vie, vers la conscience et vers l'amour : une vie de plus en plus complexe et diversifiée, une conscience de plus en plus exigeante et une relation perçue comme l'exigence fondamentale de l'homme. Le message des sagesses anciennes, l'enseignement des religions, l'aspiration fondamentale de chaque être humain trouvent dans cette théorie une actualité nouvelle : complexe et divisée, ayant de ce caractère une conscience aiguë, l'humanité n'aura pourtant d'avenir, selon Teilhard de Chardin, que dans l'amour et dans la réalité ultime qui en est le foyer transcendant. Tout au long de ce lent déploiement, l'humanité aura bien inutilement souffert d'elle-même.

Sa tâche, si elle veut parfaire l'évolution déjà parcourue, serait alors d'organiser la planète de telle façon que celle-ci devienne la demeure de tous ; sa tâche serait de faire d'elle-même la communauté internationale qu'elle prétend être. La grande convergence du monde, pressentie et amorcée au cours de l'évolution passée des êtres, devient ainsi l'avenir de l'homme[65].

NOTES

(1) V. S. Naipaul, *Sacrifices*, Albin Michel, 1984. Deuxième partie : "Les crocodiles de Yamoussoukro".

(2) J.-Cl. Devèze, *Réflexions sur l'enjeu culturel du développement rural africain*, Caisse centrale de coopération économique, "Notes et études", n° 50, avril 1992.

A. Kourouma, "La civilisation européenne vue par un Africain", *Courrier ACP-CE*, n° 134, juillet-août 1992, p. 88-94.

(3) G. Heuzé, dir., *Travailler en Inde*, éd. EHESS, coll. " Purusartha", 1992. Ont été utilisées ici les contributions de Monique Selim (souci de l'identité socio-culturelle du groupe) ; Véronique Dupont, Gérard Heuzé dans l'introduction (rapports sociaux) ; G. Heuzé (pratiques religieuses) ; P. Lachaier (la firme lignagère traditionnelle) ; Ch. Jaffrelot (la vie syndicale).

(4) J. -L. Racine, "Inde : l'autonomie prioritaire", dans "*Tiers-Mondes : figures d'incertitude*", J. -L. Racine, dir., L'Harmattan, 1991, p. 201-239.

À Haïti, les observateurs sont frappés par la force des structures culturelles : comportements familiers, logiques mises en œuvre dans le savoir et dans la vie, mœurs, systèmes symboliques, P.-J. Roca, ibid., p. 95-109. Cf. aussi : Anne-Marie d'Ans, *Haïti. Paysage et société*, Karthala, 1987.

(5) Tibor Mende, *De l'aide à la recolonisation*, Seuil, 1972 , p.19 et sv. L'auteur pense trouver, à la source des échecs, la destruction des traditions par la civilisation industrielle occidentale "ôtant aux bénéficiaires leur dignité et le sentiment de leur utilité sociale" (p. 200 et sv.).

(6) M. Drancourt, *L'économie volontaire, l'exemple du Japon*, éd. Odile Jacob, 1989. L'auteur cité (p. 30) H. Landier : "Entre l'Orient et l'Occident, il n'y a pas seulement compétition économique ; la compétition économique dissimule l'affrontement entre deux civilisations, deux visions du monde, deux modes de pensée, deux façons de concevoir l'homme et l'univers". *L'entreprise poly-cellulaire*, Entreprise moderne d'édition, 1987.

(7) Mitchell Deutsch, *Banzai ! Le défi japonais*, Businessman/A. Michel 1987, p. 164 et sv.

(8) M. Morishima, *Capitalisme et confucianisme*, Flammarion, 1986. Attribue au confucianisme les caractères propres de la société japonaise et la force de son économie. Masahiko Aoki, *Économie japonaise*, Economica, 1991.

(9) Entretien d'A. Peyrefitte avec Lee Kuan Yew, *Le Figaro*, 28 février 1996. Évoquer la dictature — dont le ministre ne parle pas — comme facteur de progrès économique paraît en contradiction avec ce que nous avons dit plus haut de la nécessaire démocratisation. Il semble qu'un régime dictatorial intelligent et comportant des personnalités économiquement compétentes ait pu effectivement, dans les NPI asiatiques, obtenir des résultats *économiques* intéressants, et donc une réelle croissance. Cela n'enlève rien à la nécessité d'une démocratisation du régime pour que l'on puisse parler de développement.

Voir également l'entretien de F. Luizet avec le Premier ministre Go Chok Tong, *Le Figaro*, 17 octobre 1994 (et la rigueur des règles de vie imposées au nom du confucianisme et de la compétitivité, 21 octobre 1994).

(10) Ph. Delalande, *Gestion de l'entreprise industrielle en Afrique*, Agence de coopération scientifique et technique/Economica, 1987. L'expérience africaine de l'auteur lui permet d'avancer que "les techniques occidentales de gestion ne sont pas l'unique référence de la bonne gestion", et qu'une entreprise peut être efficace par des moyens relevant de sa culture, sans toutefois exclure la rigueur : prévision,

organisation, contrôle. Noter la bibliographie sur les problèmes liés à l'industrialisation en Afrique, p. 160 et sv.

(11) Ph. d'Iribarne, *La logique de l'honneur*, Seuil, 1989 (cité d'après la 2e éd., 1989, p. XIV, XX, 56, 253 et sv.).

A. Henry, "Vers un modèle du management africain", *Cahiers d'études africaines*, n° 124, XXXI-4, 1991, p. 447-473. "Face à l'impossible décentralisation des entreprises africaines", *Revue française de gestion*, n° 80, septembre-octobre 1990, p. 28-39.

"Gestion d'entreprise et cultures africaines", n° spécial de *Quid pro quo. Cultures et développement*, n° 20/21, 2/1995.

Voir aussi un point de vue plus général : *La culture, clef du développement*, sous la direction de J.C. Sanchez Arnau, UNESCO, 1983.

(12) Ph. d'Iribarne, "Cultures nationales et économie internationale", *Futuribles*, n° 140, février 1990, p. 45-55.

(13) G. Balandier, *Anthropologie politique*, PUF, "SUP - Le sociologue", 1967. En particulier, chapitres 3, 4, 5, 6.

B. Badie, *Culture et politique*, Economica, 3e éd., 1993. B. Badie, M.-Claude Smouts, *Le retournement du monde*, chapitre 1er, "L'éclatement culturel", p. 24 et sv.

P. Lecomte, B. Denni, *Sociologie du politique*, Presses universitaires de Grenoble, 1990, chapitre 3, 4, 5.

(14) Cf. *Croissance ou développement*, chapitre 1er, "L'exemple des expériences africaines".

(15) F. Eboussi Boulaga, *Les Conférences nationales en Afrique noire*, Karthala, 1992, p. 147 et sv.

(16) Benito Pérez Galdos, cité par Octavio Paz, *Esprit*, octobre 1983, p 19.

(17) *Spécificités et convergences culturelles dans l'Afrique au sud du Sahara*, UNESCO, 1986, "Introduction à la culture africaine", n° 7. L'ouvrage rassemble les contributions de la réunion d'experts organisée par l'UNESCO à Accra en 1980.

(18) *L'affirmation de l'identité culturelle et la formation de la conscience nationale dans l'Afrique contemporaine*, UNESCO, 1981, "Introduction ... ", n° 5, Brazzaville, 1978.

(19) R. Naingaral Madjiro, "Pour une nouvelle solidarité en Afrique", *Études*, mars 1993, p. 293-303.

(20) Axelle Kabou, *Et si l'Afrique refusait le développement ?*, L'Harmattan, 1991.

(21) "Les femmes et le développement", *Vivant univers*, n° 407, septembre-octobre 1993. Un exemple de lutte des femmes contre les violences et les injustices que cautionnent les traditions hindoues et le rigorisme islamique : Corinne Lesne, "Les femmes rebelles du Bangladesh", *Le Monde*, 4 juillet 1995 ; leur lutte contre les archaïsmes sociaux d'un pays en voie d'industrialisation rapide : Sandrine Tolotti, "Rebelles à Jakarta", *La Vie*, 24 juillet 1997, p. 50-57.

(22) Kä Mana, *L'Afrique va-t-elle mourir ?*, Cerf, 1991.

(23) G. Balandier, *Afrique ambiguë*, Plon, 1957, p. 308 et sv.

(24) J. Pérez, "Identité culturelle et modernité en Amérique latine", dans : G. Baudot, dir., *L'Amérique latine : vingt-cinq ans de bouleversement, 1963-1988*, éd. du CNRS, Centre régional de publication de Toulouse, 1991, p. 219-229. P. Pascallon, "Le développement culturel et les pays du tiers monde", *RTM*, t. XXIV, n° 95, juillet-septembre 1983, p. 497-512 (p. 507 et sv.).

(25) R. Gendarme, "Le réalisme du développement endogène contre l'utopie du développement exogène", dans *Développement endogène, fiscalité, intégration*, colloque organisé par l'Institut de l'économie et des finances et la Faculté de droit et

des sciences économiques de Yaoundé, Libreville, Presses universitaires du Gabon, 1994, p. 19-28.

(26) Iba Der Thiam, "Comment les cultures traditionnelles africaines peuvent-elles féconder la reconstruction de l'Afrique moderne ... ", et "Synthèse des discussions et conclusions", *L'affirmation de l'identité culturelle...*, p. 183-206 (p. 202 et sv.), 213-234.

Tradition et développement dans l'Afrique d'aujourd'hui, UNESCO, 1990, "Introduction ...", n° 8, Yaoundé, 1980. M. Dia, "Développement et valeurs culturelles en Afrique subsaharienne", *Finances et développement*, décembre 1991,

Des hommes informés suggèrent que le modèle asiatique et plus précisément japonais, de développement pourrait inspirer l'Afrique de façon plus adaptée que ne le fait l'Europe. R. J. Ballon, "Europe-Afrique concurrencée par Asie-Afrique ? ", *Mondes en développement*, n° 92, 1995, p. 137-149. E. Fottorino, Ch. Guillemin, E. Orsenna, *Besoin d'Afrique*, Fayard, 1992, p. 166 et sv.

(27) H. Desroche, "La créativité des peuples ou les mûrissements de la *self-reliance*", *Foi et développement*, n° 224, juin-juillet 1994.

(28) Chantal Millon-Delsol, *Les idées politiques au XXe siècle*, PUF, 1991, p. 240 et sv. ; *L'État subsidiaire*, PUF, 1992.

Traité sur l'Union européenne, signé à Maastricht le 7 février 1992, art. 3 B.

R. Heckel, *Self-reliance : compter sur soi*, Commission pontificale "Justitia et pax", Cité du Vatican, 1978, p. 21 et sv.

(29) R. Preiswerk, "Identité culturelle, self-reliance et besoins fondamentaux", dans *Il faut manger pour vivre... Controverses sur les besoins fondamentaux et le développement*, Paris, PUF / Genève, Cahiers de l'Institut universitaire d'études du développement, 1980, p. 129-154. *Spécificité et dynamique des cultures négro-africaines*, UNESCO, "Introduction... ", n° 6, 1986, p. 172 et sv.

Sur l'ensemble de ces questions : Luce Kellermann, *La dimension culturelle du développement*, bibliographie sélective et annotée, UNESCO, 1986 ; et le deuxième volume, même titre, 1985-1990, L'Harmattan/UNESCO, 1992.

(30) X. Dupuis, *Culture et développement*, UNESCO, 1991. Chapitre 3, "La culture vue à travers le prisme de la science économique", p. 55-73.

(31) Th. Verhelst et le Réseau Cultures-Europe, "La dynamique culturelle dans le développement", *Cultures et développement. Quid pro quo*, n° 24, 4/1996, p. 4-13.

(32) PNUD, *Rapport sur le développement humain*, 1992, graphique de couverture.

(33) D. Mayala, "Le processus démocratique au Congo", *Peuples en marche*, n° 74, juillet-août 1992, p. 5. Voir aussi, par exemple, le message des évêques du Congo, du 16 novembre 1991 "Le difficile apprentissage de la démocratie", *D. C.*, n° 2043, 2 février 1992, p. 145-146.

(34) S. Latouche, "Déculturation ou sous-développement", *RTM.*, t. XXV, n° 97, janvier-mars 1984, p. 43-58.

(35) 0. Servoise, "Le réveil des civilisations. Sur *Le choc des civilisations*, de S. P. Hungtington", *Futuribles*, n° 194, janvier 1995, p. 61-67.

(36) Cr. de la table-ronde par B. Ollivier, *Futuribles*, n° 168, septembre 1992, p. 63-67.

À Bandoung déjà, un délégué africain, Moustapha Wade, s'était exprimé ainsi : "Pendant des décades, l'Europe a considéré comme étant sa propriété le droit de faire l'histoire des autres peuples. Après la Conférence de Bandoung, elle se doit de méditer cette pensée de Lavisse : La faculté de conduire l'histoire n'est point une propriété perpétuelle". Interventions des délégués africains, témoignages, *Présence africaine*, n° 3, août-septembre 1955, p. 28-44 (p. 38).

(37) Citons un auteur, et seulement quelques ouvrages de lui :

Jacques Ellul, *La trahison de l'Occident*, Calmann-Lévy, 1975 (où, sans vouloir accabler l'Occident et nier ses grandeurs, l'auteur en rappelle les errements et l'obstination à les continuer, citant la phrase qu'il avait écrite trente ans auparavant : "Nous sommes partis à une vitesse croissante vers nulle part") ; *Le système technicien*, Calmann-Lévy, 1977 (où il montre l'illusion de résoudre les problèmes de l'organisation sociale par le recours à un perfectionnement d'ordre technique et à une logique du même ordre) ; *Le bluff technologique*, Hachette, 1988 (où le développement technique, toujours plus valorisé et dominant de plus en plus la société, apparaît de moins en moins utile socialement et de moins en moins contrôlable).

(38) E. Faure, *Apprendre à être*, Fayard/UNESCO, 1972, p. 200 et sv.

(39) *Voix multiples, un seul monde*, Rapport Mac Bride, UNESCO/ Documentation française/Dakar, NEA, 1980. Éd. abrégée, UNESCO, 1986, p. 208 et sv., "La communication demain".

(40) X. Lacroix, *Culture et développement*, p. 50 et sv.

(41) UNESCO, *Séminaire du Prieuré de Corsendonk. Rapport général*, septembre 1981. Texte ronéoté, 19 p. Réunion préparatoire au *Colloque d'Avignon*, 23-27 mars 1982. Commission française pour l'UNESCO, Rencontre entre les communautés culturelles de l'Afrique, de l'Europe et du monde arabe.

(42) PNUD, *Rapport mondial sur le développement humain*, 1990, p. III.

(43) Dr G. J. Bretonès, "L'enseignement agricole et l'éducation rurale dans la stratégie du développement", *RTM*, t. X, n° 38, avril-juin 1969, p. 301-334.

(44) Cf. *Croissance ou développement*, chapitre 6.

"L'homme est à l'origine du développement, il en est aussi la fin". UNESCO, Conférence mondiale sur les politiques culturelles, Mexico, 1982. Rapport final, p. 40, § 14.

(45) René Habachi, *Points critiques du développement dans les années 80*, Séminaire organisé par le Centre de développement de l'OCDE, Paris, 1er – 3 décembre 1980. *Bulletin de liaison*, nouvelle série n° 7, OCDE, 1981.

(46) Cf. *Croissance ou développement*, chapitre 6, n° 3. "Les progrès et la réflexion officielle sur le développement — L'interdépendance".

(47) F. Soudan, "Pourquoi les Blancs lâchent l'Afrique", *J.A.* , n° 1737, 21 avril 1994, p. 12-14.

(48) G. Herzlich, "Sida en Afrique : la mort, la vie", *Le Monde*, 18 février 1994 ; éditorial du 6 mai 1994 ; dossier du 8 juillet 1996. P. de Charentenay, "Le sida dans le tiers monde", *La Croix*, 30 novembre 1995. À l'occasion de la 11e Conférence internationale sur le sida, à Vancouver : Dr Martine Pérez, *Le Figaro*, 8 Juillet 1996.

(49) R. Prud'homme, "Les nantis n'ont plus besoin des pauvres", *Le Monde*, 29 novembre 1994.

(50) Le Père Lebret a témoigné d'un semblable pessimisme : "L humanité nous est apparue titubante dans son cheminement désordonné d'impasse en impasse, incapable en tous cas de résoudre les problèmes qu'elle ne se résignait pas à poser en termes rigoureux, moins peut-être par incapacité intellectuelle que par volonté de ne pas remettre en question des valeurs illusoires", *Suicide ou survie de l'Occident ?*, Éditions ouvrières, 1958, p. 9.

(51) E. Morin, "La solidarité et les solidarités", *Le Monde*, 26 novembre 1993. Voir aussi l'enquête menée par G. Petitjean et d'autres "Solidarité : Français, vous êtes formidables, mais ... " *Le Nouvel Observateur*, 23 décembre 1993.

Reconnaissons aussi, avec le directeur du Centre Nord-Sud de l'Institut de l'entreprise, qu' "on trouve autant d'hommes généreux dans les entreprises que dans les ONG, mais chacun agit dans les structures qui sont les siennes, avec les moyens et les logiques qui leur sont propres". E. Jahan, "Entreprises, ONG et développement", *La Croix*, 14 novembre 1985.

(52) *Repenser la solidarité*, Y. Bresson et H. Guitton, dir., Éd. Universitaires, 1991.

(53) *Les nouvelles solidarités*, B. Kouchner, dir., PUF, 1989.

(54) Conseil pontifical Justice et Paix, *Une terre pour tous les hommes. La destination universelle des biens*, Colloque international, 13-15 mai 1991.

(55) Paul VI, Encyclique *Populorum progressio*, sur le développement des peuples, Spes, 1967 ; Jean-Paul II, Encyclique *Sollicitudo rei socialis* sur la question sociale, Cerf, 1988, Centurion, 1988.

(56) Cf. *Croissance ou développement*, chapitre 5 : "L'engagement de l'Église catholique". Commission française Justice et Paix, *Solidarité et développement. L'engagement de l'Église catholique*, Cerf, 1992. P. Parent, "Pour une théologie de la solidarité", *Foi et développement*, n° 210-211, février-mars 1993.

(57) Assemblée plénière des évêques de France, *La solidarité*, Paris 1994, suivie d'une déclaration de l'épiscopat dans *L'Évangile est attendu*, Lourdes 1994, Centurion, p. 85 et sv.

(58) Fondation Jean Rodhain, *Les exclus de la solidarité : nouveau défi pour la charité ; Qui est mon prochain ? Droit d'asile, devoir d'accueil*, colloques de Lourdes, 1990, éd. S.O.S. ; 1992 et 1994, Desclée de Brouwer.

Signalons aussi les instruments pédagogiques proposés par l'Enseignement catholique, "Le défi de la solidarité", "Croyance en l'homme, développement et solidarité", "Éduquer à l'universel". *Enseignement catholique documents*, n° 9O2, décembre 1982 ; n° 1423, novembre-décembre 1988 ; n° 1981, décembre 1994.

Sous le titre "La solidarité internationale en crise", le baromètre de la solidarité établi par sondage pour le CCFD, pour la cinquième fois, montre que le développement du tiers monde n'apparaît plus qu'en 5e position parmi les causes qui devraient être soutenues en priorité, avec seulement 16,9% de réponses positives. *Faim-développement magazine*, n° 103, mars 1994, p. 3-9.

(59) J. Coussy, "Les métamorphoses récentes du discours utopique sur les relations Nord-Sud", *RTM.*, t. XIX, n° 75, juillet-septembre 1978, p. 601-624.

(60) Emérentienne de Lagrange, *Monde nouveau et nouveau Tiers Monde*, Clermont-Ferrand, éd. G. de Bussac, 1975. Agrégée de droit, l'auteur a travaillé neuf ans à Tunis au titre de la coopération scientifique et culturelle.

(61) A. Tévoédjrè, *Pour un contrat de solidarité*, Colloque mondial sur les implications sociales d'un Nouvel ordre économique international, 19-23 janvier 1976 ; *Le contrat de solidarité, formule circonstancielle ou fondement prospectif d'un nouvel ordre économique international*, communication à l'Académie des Sciences morales et politiques, Paris, 19 novembre 1979 ; éd. de l'Institut international d'études sociales, Genève.

(62) L. Emmerij, *Nord-Sud. La grenade dégoupillée*, Document First, 1992.

Voir son interview dans *Courrier de la planète*, n° 7, mai 1992, p. 38-39. L. Box, "De l'assistance à la coopération", *ibid.*, n° 33, mars-avril 1996, p. 6-7.

(63) V. Cosmao, *Changer le monde. Une tâche pour l'Église*, Cerf, 1979, p. 21.

(64) E. Morin, A.B. Kern, *Terre-Patrie*, Seuil, 1993, p. 198 et sv., 217.

(65) P. Teilhard de Chardin, *Le Phénomène humain*, Seuil, 1955.

B. de Solages, *Teilhard de Chardin. Témoignage et étude sur le développement de sa pensée*, Toulouse, Privat, 1967. B. Paternostre de la Mairieu, *Ultra-évolution et développement*, Louvain-la-Neuve, éd. Cabay, 1985.

BIBLIOGRAPHIE

Ouvrages utilisés pour *Réussites et déconvenues* (vol. 1), *Croissance ou développement* (vol. 2), *Vers un nouveau développement* (vol. 3), classés par thèmes :

1. Ouvrages généraux
2. Continents et pays
3. Nations unies
4. Droit
5. Politiques de coopération
6. Mouvements tiers-mondistes
7. État
8. Démographie
9. Monde rural
10. Industrie
11. Ville et bidonville
12. Environnement
13. Échanges internationaux
14. Femmes des tiers mondes
15. Santé
16. Enseignement
17. Médias
18. Culture
19. Religions

1 - OUVRAGES GÉNÉRAUX

(Études globales, tiers monde et développement, notions et théories du développement, rapports internationaux, interdépendance)

Les Afriques politiques, sous la dir. de Ch. Coulon et D .C. Martin, La Découverte, 1991.

Albert M., *Capitalisme contre capitalisme*, Seuil, 1991.

Albertini J.-M., *Mécanismes du sous-développement et développement*, éd. Économie et humanisme/Éd. ouvrières, 1981.

Allais M., *Combats pour l'Europe 1992-1994*, éd. Clément Juglar, 1995.

Amin S., *L'accumulation à l'échelle mondiale*, Dakar, IFAN/Paris, Anthropos, 1970.

Annuaire du Tiers Monde, Berger-Levrault.

Austruy J., *Le scandale du développement*, éd. Marcel Rivière, 2e éd. 1972.

Badie B., Smouts M.-Cl., *Le retournement du monde. Sociologie de la scène internationale*, Presses de la Fondation des Sciences politiques/Dalloz, 1992.

Bairoch P., *Le Tiers Monde dans l'impasse*, Gallimard, 1971.

Banque mondiale, *Rapport sur le développement dans le monde*, (annuel), Washington.

R. S. McNamara, *Discours prononcés devant le Conseil des Gouverneurs*, Banque mondiale, Washington.

Barre R., *Économie politique*, PUF, t. 2, 1976.

Beaud M., *L'économie mondiale dans les années quatre-vingt*, La Découverte, 1989.

Beaud M., *Le système national mondial hiérarchisé*, La Découverte, 1987.

Beaujeu-Garnier J., *Images économiques du monde* 1986, Société d'édition d'enseignement supérieur.

Belanger M., *Institutions économiques internationales*, Economica, 1992.

Benko G., Lipietz A., *Les régions qui gagnent*, PUF, 1992.

Bertalanffy L. von, *Théorie générale des systèmes*, Dunod, 1973.

Berthelot Y., Fossi G., *Pour une nouvelle coopération*, PUF/IEDES, 1975.

Birou A., Henry P.-M., *Pour un autre développement*, PUF/IEDES, 1976.

Blardone G., *Progrès économique dans le tiers monde*, Librairie sociale et économique, 3 vol., 1972, 1973. tome 1er : *L'environnement socio-politique du développement*.

Braillard Ph., *L'imposture du Club de Rome*, PUF, 1982.

— *Mythe et réalité du non-alignement*, PUF/Publications de l'Institut universitaire des hautes études internationales, Genève, 1987.

Byé M., Destanne de Bernis G., *Relations économiques internationales*, Dalloz, 5e éd., 1987.

Carlsson I., Ramphal S., *Our global neighbourhood*, Oxford univ. press, 1995.

Carrère d'Encausse H., *Ni paix ni guerre*, Flammarion, 1986.

Chesnais, *La revanche du tiers monde*, Robert Laffont, 1987.

Club de Rome :

— Meadows D., *Halte à la croissance*, Fayard, 1972.

— Mesarovic M., Pestel E., *Stratégie pour demain*, Seuil, 1974.

— Petitjean A., *Quelles limites ? Le Club de Rome répond*, Seuil, 1974.

— Tinbergen J., *Du défi au dialogue (RIO)*, Dunod, 1976.

— Guernier M., *Tiers Monde, trois quarts du monde*, Dunod, 1980.

— Saint-Geours J., *L'impératif de coopération Nord-Sud. La synergie des mondes*, Dunod, 1981.

— Schneider B., *La révolution aux pieds nus*, Fayard, 1985.

— King A., Schneider B., *Questions de survie*, Calmann-Lévy, 1991.

Colard D., *Le mouvement des pays non alignés*, La Documentation Française, 1981.

Cosmao V., *Changer le monde. Une tâche pour l'Eglise*, Cerf, 1979.

Colliard Cl.-A., *Institutions des relations internationales*, Dalloz, 7e éd., 1978.

Coméliau, *Mythes et espoirs du tiers-mondisme*, L'Harmattan, 1986.

Commission française Justice et Paix, *Les cent mots du développement et du tiers monde*, La Découverte, 1990.

Conrath C., *Les espaces du développement inégal*, PUF/IEDES, 1984.

Crouzet M., *L'époque contemporaine. A la recherche d'une civilisation moderne*, PUF, 1957.

— sous la dir. de M. Crouzet, *Le monde depuis 1945*, tome 1er, *Les pays riches et la troisième révolution industrielle*, PUF, 1973.

Dailler P., *Les institutions du développement*, PUF, 1972.

Développement endogène, fiscalité, intégration, colloque organisé par l'Institut de l'économie et des finances et la Faculté de Droit et des sciences économiques de Yaoundé, Libreville, Presses universitaires du Gabon, 1994.

La dimension économique, éd. de l'ORSTOM, 1990.

1999. L'expertise de Wassily Léontief, Dunod, 1977.

Drogat N., *Les pays de la faim*, Flammarion, 1963.

Duvignaud J., *Guide alphabétique de la sociologie*, Denoël, 1972.

Économie et société humaine, Rencontres internationales du ministère de l'Économie et des Finances, Denoël, 1972.

Elias N., *La dynamique de l'Occident*, Calmann-Lévy,1975.
Ellul J., *La trahison de l'Occident*, Calmann-Lévy, 1975.
— *Le système technicien*, Calmann-Lévy, 1977.
— *Le bluff technologique*, Hachette, 1988.
Emmanuel A., *L'échange inégal. Essai sur les antagonismes dans les rapports économiques internationaux*, Maspero, 1969.
L'état du monde, sous la dir. d'E. Comarin, La Découverte, 1987.
— sous la dir. de S. Cordellier, 1989.
Faim au Sud, crise au Nord, sous la dir. de J.-P. Alaux et Ph. Norel, L'Harmattan, 1985.
Fontanet J., *Le social et le vivant*, Plon, 1977.
Freyssinet J., *Le concept de sous-développement*, Mouton, 1966.
GEMDEV, *L'avenir des tiers mondes*, IEDES/PUF, 1991.
Gendarme R., *La pauvreté des nations*, Cujas, 1963, 2e éd., 1973.
George S., *Comment meurt l'autre moitié du monde*, Robert Laffont, 1978.
Gheddo P., *Le réveil des peuples de couleur*, Centurion, 1957.
Gonidec P.-F., Tran Van Minh, *Politique comparée du Tiers Monde*, Montchrestien, 1980, tome 1er.
Gosselin G., *Changer le progrès*, Seuil, 1979.
Grousset R., *Bilan de l'Histoire*, Plon, 1946.
Guitard O., *Bandoung et le réveil des peuples colonisés*, PUF, 4e éd., 1976.
Hardy G., *Histoire sociale de la colonisation française*, Larose, 1953.
Heckel R., *Self-reliance : compter sur soi*, Commission pontificale "Justitia et Pax", Cité du Vatican, 1978.
Herrera A. O., *Un monde pour tous, le modèle mondial latino-américain*, PUF, 1977.
Histoire économique et sociale du monde, sous la dir. de P. Léon, t. 6 : *Le second XXe siècle. 1947 à nos jours*, A. Colin, 1977.
Histoire générale du socialisme, sous la dir. de J. Droz, t. 4 : *De 1945 à nos jours*, PUF, 1978.
IFRI, *RAMSES*, (annuel), Economica, puis Dunod.
Les pays les plus pauvres : quelle coopération pour quel développement ?, Economica, 1982.
Illich I., *Libérer l'avenir*, Seuil, 1971 ; *Une société sans école*, 1971 ; *La convivialité*, 1973 ; *La Némésis médicale*, 1975.
Interfuturs. Face aux futurs pour une maîtrise du vraisemblable et une gestion de l'imprévisible, sous la dir. de J. Lesourne, OCDE, 1979.
Jacobowics J.-M., *Le monologue Nord-Sud. Du mythe de l'aide à la réalité du sous-développement*, Le Sycomore, 1981.
Jalée P., *Le pillage du tiers monde*, Maspero, 1979.
Jouve E., *Relations internationales du Tiers Monde et Droit des peuples*, Berger-Levrault, 1979.
— *Le Tiers Monde dans la vie internationale*, Berger-Levrault/Publisud, 1983.
Justice économique internationale. Contribution à l'étude de la Charte des droits et des devoirs économiques des États, Gallimard, 1976.
King J. A., *Les projets de développement économique et leur évaluation*, Dunod, 1969.
Lacharrière G. de, *La nouvelle division internationale du travail*, Genève, Droz, 1969.
Lacoste Y., *Contre les anti tiers-mondistes et contre certains tiers-mondistes*, La Découverte, 1985.

— *Géographie du sous-développement*, PUF, 1965.
— *Les pays sous-développés*, PUF, 1963.
— *Unité et diversité du tiers monde*, La Découverte, 1984.
Lagrange E. de, *Monde nouveau et nouveau Tiers-Monde*, Clermont-Ferrand, éd. G. de Bussac, 1975.
Lacouture J., Baumier J., *Le poids du Tiers Monde*, Arthaud, 1962.
Latouche S., *Faut-il refuser le développement ?*, PUF, 1986.
— *L'occidentalisation du monde*, La Découverte, 1989.
— *La planète des naufragés*, La Découverte, 1991
Laugier H., *Du civisme national au civisme international*, Gap / Paris, éd. Ophrys, 1972.
Lebret L.-J., *Suicide ou survie de l'Occident ?*, Éd. ouvrières, 1958.
— *Dynamique concrète du développement*, Éd. ouvrières, 1961.
Lecaillon J., Germidis D., *Inégalités des revenus et développement économique*, PUF, 1977.
Le Masson H., *Faut-il encore aider les pays en développement ?*, éd. du Félin, 1992.
Lenoir D., *L'Europe sociale*, La Découverte, 1994.
Lenoir R., *Les cerisiers d'Ighil*, Fayard, 1981.
— *Le Tiers Monde peut se nourrir*, Fayard, 1984.
Levet J.-L., Tourret J.-Cl., *La révolution des pouvoirs*, Economica, 1992.
Lipietz A., *Choisir l'audace. Une alternative pour le XXIe siècle*, La Découverte, 1989.
Massé P., *La crise du développement*, Gallimard, 1973.
M'Bow, Amadou M., *Le temps des peuples*, R. Laffont, 1982.
Mende T., *De l'aide à la recolonisation*, Seuil, 1972.
— *Entre la peur et l'espoir*, Seuil, 1958.
Ménil G. de, *Les sommets économiques : les politiques nationales à l'heure de l'interdépendance*, Institut français des relations internationales, Economica, 1983.
Michalet Ch.-A., *Le défi du développement indépendant*, éd. Rochevignes, 1983.
Le Monde, *Bilan économique et social*, 1994.
Moreau-Defarges Ph., *La politique internationale*, Hachette, 1990.
Morin E., Kern A.-B., *Terre-Patrie*, Seuil, 1993.
Moussa P., *Les nations prolétaires*, PUF, 1959.
Myrdal G., *Le défi du monde pauvre*, Gallimard, 1971.
— *Théorie économique et pays sous-développés*, Paris, Présence africaine, 1959.
Le mythe du développement, sous la dir. de Candido Mendès, Seuil, 1977.
Nord-Sud. Un programme de survie, Commission Willy Brandt, Gallimard, 1980.
Norel Ph., *Nord-Sud : les enjeux du développement*, Syros, 1986.
Nations unies, *Le progrès économique par la coopération internationale*, New York, 1960.
— Jackson R., *Étude de la capacité du système des Nations unies pour le développement*, 2 vol., 1969.
OCDE
— *Interfuturs*, sous la dir. de J. Lesourne, 1979.
— *Les politiques de développement et la crise des années 80*, sous la dir. de L. Emmerij, 1987.
— *Vingt-cinq anq de coopération*. Rapport 1985.

— Oman Ch.-P., Wignaraja G., *L'évolution de la pensée économique sur le développement depuis 1945*, 1991.

— Oman Ch., *Globalisation et régionalisation : quels enjeux pour les pays en développement ?*, 1994.

— *L'interdépendance mondiale. Les liens entre l'OCDE et les principales économies en développement*, 1995.

L'ordre mondial relâché. Sens et puissance après la guerre froide, sous la dir. de Z. Laïdi, Presses de la Fondation des Sciences politiques/Berg, 1992.

Partant F., *La fin du développement*, Maspero, 1983.

— *La ligne d'horizon*, La Découverte, 1988.

Pearson Lester B., *Vers une action commune pour le développement du tiers monde*, Denoël, 1969.

Perroux F., *L'Europe sans rivages*, PUF, 1955.

— *L'économie du xxe siècle*, PUF, 3e éd., 1969.

— *Pouvoir et économie*, Bordas, 1972.

— *Pour une philosophie du nouveau développement*, Aubier, 1981.

La pluralité des mondes. Théories et pratiques du développement, Cahiers de l'Institut d'études du développement, Genève/PUF, 1975.

PNUD, *Rapport mondial sur le développement humain*, Economica (annuel).

Pour une histoire du développement, sous la dir. de C. Coquery-Vidrovitch, D. Helery, J. Piel, L'Harmattan, 1988.

Reich R., *L'économie mondialisée*, Dunod, 1993.

Rostow R. R., *Les étapes de la croissance économique*, Seuil, 1963.

Sachs I., *La découverte du tiers monde*, Flammarion, 1971.

Secrétariat général au Plan, *Entrer dans le XXIe siècle. Essai sur l'avenir de l'identité française*, La Découverte/La Documentation française, 1990.

Servan Schreiber J.-J., *Le défi mondial*, Fayard, 1980.

Sid-Ahmed A., *Nord-Sud: les enjeux*, Publisud, 1981.

Stern B., *Un nouvel ordre économique international*, Economica, 1983.

Tévoédjrè A., *La pauvreté, richesse des peuples*, éd. Économie et humanisme/Éd. ouvrières, 1978.

Tiers Monde. Controverses et réalités, Economica, 1987.

Le "Tiers Monde", sous-développement et développement, sous la dir. de G. Balandier, INED, PUF, 1956.

Tiers-Mondes : figures d'incertitude, sous la dir. de J.-L. Racine, L'Harmattan, 1991.

Touraine M., *Le bouleversement du monde*, Seuil, 1995.

Travaux et recherches de prospective. Schéma général d'aménagement de la France, La Documentation française, 1973.

UNESCO

— *La culture, clef du développement*, 1983.

— Mhd Fathallah EL Khatib, A. Wagner De Reyna, *L'UNESCO et le concept de développement*, 1989.

— *Histoire du développement scientifique et culturel de l'humanité*, Robert Laffont, 1968 ; vol. 6 : *Le vingtième siècle*, par C. F. Ware et autres, t. 2: *"La transformation des sociétés, les aspirations des peuples. Arts et Lettres"*.

— *Sociétés transnationales et développement endogène*, sous la dir. de J.-L. Reiffers, 1981.

— *Stratégies du développement endogène*, 1984.

— *Administration participative et développement endogène, 1986.*

— *Développement endogène : aspects qualitatifs et facteurs stratégiques*, 1988.

Wright R., *1 500 000 000 d'hommes*, Calmann-Lévy, 1955.

Bibliographie complémentaire :

"Interdépendance", vol. 2, ch. 4, n (85) à (90) ; ch. 6 n (7).

2 - CONTINENTS ET PAYS

(Afrique : histoire, société, littérature, pays divers ; Amérique latine ; Asie)

Afrique

• Histoire et sociétés africaines

Adotevi S., *Négritude et négrologues*, Union générale d'édition, "10-18", 1972.

L'Afrique des incertitudes, sous la dir. de Ph. Hugon, PUF, 1995.

L'Afrique noire depuis la Conférence de Berlin, Publications du CHEAM, 1985.

Les Afriques politiques, sous la dir. de Ch. Coulon, D. C. Martin, La Découverte, 1991.

Arboussier G. d', *L'Afrique vers l'unité*, éd. Saint-Paul, 1961.

Aujoulat L.P., *L'Afrique aujourd'hui*, Tournai, Paris, Casterman, 2e éd. 1958.

Bâ A. Hampaté, *Aspects de la civilisation africaine*, Présence africaine, 1972.

Ba A., Koffi B., Sahli F., *L'Organisation de l'unité africaine*, éd. Silex, 1984.

Banque mondiale, *L'Afrique sub-saharienne de la crise à une croissance durable. Étude de prospective à long terme* Washington D. C., 1990.

— *L'ajustement en Afrique*, 1994.

Bénot Y., *Idéologie des indépendances africaines*, Maspero, 1969.

Boutros-Ghali B., *L'Organisation de l'unité africaine*, A. Colin, 1969.

Cheikh Anta Diop, *Les fondements économiques et culturels d'un État fédéral d'Afrique noire*, Présence africaine, 2e éd., 1974.

Coquery-Vidrovitch C., *Afrique noire. Permanences et ruptures*, Payot, 1985.

— et H. Moniot, *L'Afrique noire de 1800 à nos jours*, PUF, 1974.

Cornevin M., *Histoire de l'Afrique contemporaine*, Payot, 2e éd., 1978.

Décolonisation et régimes politiques en Afrique noire, sous la dir. d'A. Mabileau et J. Meyriat, Presses de la FNSP, 1967.

Decraene Ph., *Le panafricanisme*, PUF, 5e éd., 1976.

Delavignette R., *L'Afrique noire française et son destin*, Gallimard, 1962.

Dia M., *L'économie africaine*, PUF, 1957.

Diakité T., *L'Afrique malade d'elle-même*, Karthala, 1986.

Dogbé Y.-E., *Lettre ouverte aux pauvres d'Afrique*, Lomé, éd. Akpagnon, 1978.

Dumont R., *L'Afrique noire est mal partie*, Seuil, 1962.

— *Pour l'Afrique, j'accuse*, Plon, 1986.

— et M. Mazoyer, *Développement et socialisme*, Seuil, 1969.

— et M.-F. Mottin, *L'Afrique étranglée*, Seuil, 1981.

Ela J.-M., *Le cri de l'homme africain*, L'Harmattan, 1980.

Études africaines en Europe, coord. par M.-J. Derive, Karthala/ACCT, 1981.

Fanon F., *L'an V de la révolution algérienne*, Maspero, 1959 (rééd. sous le titre *Sociologie d'une révolution*, 1968).

— *Les damnés de la terre*, Maspero, 1961.

— *Pour la révolution africaine*, Maspero, 1964.

— *Peau noire, masques blancs*, Seuil, 1975.

Caute D., *Fanon*, Seghers, 1970.

Zahar R., *L'œuvre de F. Fanon*, Maspero, 1970.

Bouvier P. *Fanon*, éd. universitaires, 1971.

Gendzier I., *Frantz Fanon*, Seuil, 1976.

L'actualité de Frantz Fanon, textes présentés par E. Dacy, Karthala, 1986.

Fottorino E., Guillemin Ch., Orsenna E., *Besoin d'Afrique*, Fayard, 1992.
Giri J., *L'Afrique en panne*, Karthala, 1986.
Hama, Boubou, *Enquête sur les fondements et la genèse de l'unité africaine*, Présence africaine, 1966.
— *Merveilleuse Afrique*, Présence africaine, 1971.
Jouve E., *L'Organisation de l'Unité africaine*, PUF, 1984.
Kabou A., *Et si l'Afrique refusait le développement ?*, L'Harmattan, 1991.
Kashamura A., *Culture et aliénation en Afrique*, éd. du Cercle, 1971.
Ki-Zerbo J., *Histoire de l'Afrique*, Hatier, 1972.
Kwam Kouassi E., *Organisations internationales africaines*, Berger-Levrault, 1987.
Kouyaté, Badian S., *Les dirigeants africains face à leurs peuples*, Maspero, 1964.
Lacouture J., *Quatre hommes et leurs peuples*, Seuil, 1969.
Lavroff D. G., *Les partis politiques en Afrique*, PUF, 1970.
Lisette G., *Le combat du Rassemblement démocratique africain*, Présence africaine, 1983.
Lusignan G. de, *L'Afrique noire depuis l'indépendance*, Fayard, 1970.
Mano Dayak, *Touareg, la tragédie*, J.-Cl. Lattès, 1992.
Mbembe A., *Afriques indociles*, Karthala, 1988.
M'Bokolo, Elikia, *L'Afrique au XXe siècle*, Seuil, 1985.
Meillassoux C. et autres, *L'esclavage en Afrique pré-coloniale*, Maspero, 1960.
Mélanges. Présence africaine 1947-1967.
Memmi A., *Portrait du colonisé*, Corréa, 1957.
— *L'homme dominé*, Payot, 1973.
Mémoire. Deuxième Congrès de l'Association des économistes du Tiers Monde, La Havane, éd. des Sciences sociales, 1982.
Meynaud J., Salah-Bey A., *Le syndicalisme africain*, Payot, 1963.
N'Dongo S., *"Coopération" et néo-colonialisme*, Maspero, 1976.
Négritude : tradition et développement, sous la dir. de G. Michaud, éd. Complexe, 1978.
Paroles pour un continent. La vie et l' œuvre d'Ibrahima Ly, L'Harmattan, 1990.
Schneider B., *L'Afrique face à ses priorités*, Economica, 1987, pour le Club de Rome.
Thomas L.-V., *Le socialisme et l'Afrique*, Paris, Le Livre africain, 2 vol., 1966.
Touré, Ben Yacine, *Afrique. L'épreuve de l'indépendance*, Genève, Institut universitaire de Hautes études internationales/PUF, 1983.
UNESCO
— *La traite négrière du XVe au XIXe siècle*, 1979.
— *Les relations historiques et socio-culturelles entre l'Afrique et le monde arabe de 1935 à nos jours*, 1984.
— et NEA, *Histoire générale de l'Afrique*, t. VII, 1987.
Wauthier Cl., *L'Afrique des Africains*, Seuil, 3e éd., 1977.

• Littérature africaine

Chevrier J., *Littérature nègre*, A. Colin, 1984, 1990.
Histoire des littératures, t. 1er, sous la dir. de R. Queneau, Gallimard NRF, "La Pléiade", 1967.
Kesteloot L., *Les écrivains noirs de langue française. Naissance d'une littérature*, éd. de l'Université de Bruxelles, 1963.

Littératures africaines et enseignement, Presses universitaires de Bordeaux, 1985.

Rouch A., Clavreuil G., *Littératures nationales d'écriture française*, Bordas, 1986.

Bâ, Amadou Hampaté, *Amkoullel, l'enfant peul. Mémoires*, Actes Sud, 1991.

— *L'étrange destin de Wangrin, ou les roueries d'un interprête africain*, U.G.E. "10-18", 1973.

Ba, Mariama, *Une si longue lettre*, Dakar, Abidjan, Lomé, NEA, 1979.

Bebey, Francis, *La poupée ashanti*, Yaoundé, éd. CLE, 1973.

Beti, Mongo, *Le pauvre Christ de Bomba*, R. Laffont, 1956.

— *Perpétue et l'habitude du malheur*, Buchet-Chastel, 1974.

— *Ville cruelle*, Présence africaine, 1954 (sous le pseudonyme d'Eza Boto).

Ewandé, Daniel, *Vive le Président !*, Albin Michel, 1968.

Fantouré, Alioum, *Le cercle des Tropiques*, Présence africaine, 1972.

Kane, Cheikh Hamidou, *L'aventure ambiguë*, Julliard, 1961.

Keita, Modibo Sounkalo, *L'archer bassari*, Karthala, 1984.

Kourouma, Amadou, *Les soleils des indépendances*, Seuil, 2e éd., 1970.

Lopès, Henri, *Le pleurer-rire*, Présence africaine, 1982.

Oyono, Francis, *Une vie de boy*, Julliard, 1956.

— *Le vieux nègre et la médaille*, Julliard, 1956.

Rabemananjara, Jacques, *Antsa*, dans *Œuvres complètes. Poésie*, Présence africaine, 1978.

Sadji, Abdoulaye, *Maïmouna*, Présence africaine, 1958.

Sembène, Ousmane, *Le docker noir*, éd. Debresse, 1956.

— *O pays, mon beau peuple*, Amiot - Dumont, 1957.

— *Les bouts de bois de Dieu*, Le Livre contemporain, 1960.

— *Le mandat*, Présence africaine, 1965.

• Pays africains

CAMEROUN : Beti, Mongo, *Main basse sur le Cameroun*, Maspero, 1972.

CÔTE D'IVOIRE : *Le Président Houphouët-Boigny et la nation ivoirienne*, Abidjan, Dakar, NEA, 1975.

Guerry V., *La vie quotidienne dans un village baoulé*, Abidjan, INADES, 1970.

Touré, Abdou, *La civilisation quotidienne en Côte d'Ivoire*, Karthala, 1981.

GHANA :

Nkrumah, Kwamé, *Autobiographie de K. Nkrumah*, Présence africaine, 1960.

— *L'Afrique doit s'unir*, Payot, 1964.

— *Le consciencisme. Philosophie et idéologie pour la décolonisation et le développement*, Payot, 1964.

— *La lutte des classes en Afrique*, Présence africaine, 1972.

— *Le néo-colonialisme, dernier stade de l'impérialisme*, Présence africaine, 1973.

Ikoku S. G., *Le Ghana de Nkrumah*, Maspero, 1971.

GUINÉE : Sekou Touré, A., *L'Afrique et la révolution*, Présence africaine, s. d.

MADAGASCAR : Rabemananjara, Jacques, *Nationalisme et problèmes malgaches*, Présence africaine, 1958.

NIGER : *Ajustement structurel, ajustement informel, le cas du Niger*, sous la dir. de P. et S. Guillaumont, L'Harmattan, 1991.

RWANDA : Ministère de l'Économie et des Finances, *L'économie rwandaise. 25 ans d'efforts (1962-1987)*, Kigali.

Braeckman C., *Rwanda. Histoire d'un génocide*, Fayard, 1994.

Krop P., *Le génocide franco-africain*, Lattès, 1994.

Verschave F.-X., *Complicité de génocide ? La politique de la France au Rwanda*, La Découverte, 1994.

SENEGAL :

Senghor, Léopold S., *Pierre Teilhard de Chardin et la politique africaine*, Seuil, 1962.

— "Nocturnes", dans *Poèmes*, Seuil, 1964.

— *Pour une relecture africaine de Marx et d'Engels*, Dakar, Abidjan, NEA, 1976.

— *Liberté 1. Négritude et humanisme*, Seuil, 1964.

— *Liberté 2. Nation et voie africaine du socialisme*, 1971.

— *Liberté 3. Négritude et civilisation de l'universel*, 1964.

— *Liberté 4. Socialisme et planification*, 1983.

SOUDAN : Monnot J., *Le drame du Sud-Soudan. Chronique d'une islamisation forcée*, L'Harmattan, 1994.

Pax Christi, *Génocide au Soudan ? La France, patrie des droits de l'homme, aide les auteurs du massacre*, 1996.

TANZANIE :

Nyerere, Julius K., *Socialisme, démocratie et unité africaine*, suivi de la *Déclaration d'Arusha*, Présence africaine, 1970.

— *Indépendance et éducation*, Yaoundé, éd. CLE, 1972.

— *Liberté et socialisme*, éd. CLE, 1972.

— *La Déclaration d'Arusha, dix ans après. Bilan et perspective*, L'Harmattan, 1978.

Joinet B., *Le soleil de Dieu en Tanzanie*, Cerf, 1977.

Urfer S., *Socialisme et Eglise en Tanzanie*, IDOC-France/L'Harmattan, 1975.

ZAÏRE : Braeckman C., *Le Dinauzaure. Le Zaïre de Mobutu*, Fayard, 1992.

Amérique latine et Caraïbes

L'Amérique latine : vingt-cinq ans de bouleversements, 1963-1988, sous la dir. de J. Baudot, éd. du CNRS, 1992.

Antoine Ch., *Le sang et l'espoir*, Centurion, 1978.

— *Ils ne seront plus humiliés*, Éd. ouvrières, 1985.

Barthélémy F., *Un continent en quête d'unité*, Éd. ouvrières, 1991

Benoist R. de, *Le cri d'un continent*, Fleurus, 1972.

CREDAL, *Pouvoirs locaux, régionalismes, décentralisation. Enjeux territoriaux et territorialité en Amérique latine*, CNRS, 1987.

Dumont R. et Mottin M.-F., *Le mal-développement en Amérique latine*, Seuil, 1981.

Galeano E., *Les veines ouvertes de l'Amérique latine*, Plon,1971.

Lambert D. C., *19 Amériques latines. Déclins et décollages*, Economica, 1984.

Madison A., *L'Amérique latine, la région des Caraïbes et l'OCDE. Dialogue sur la réalité économique et les politiques possibles*, OCDE, 1986.

Mattelart A., Schmucler H., *L'ordinateur et le tiers monde. L'Amérique latine à l'heure des choix télématiques*, Maspero, 1983.

Rudel C., *Les combattants de la liberté*, Éd. ouvrières, 1991.

— *Les Amériques indiennes. Le retour à l'histoire*, Karthala, 1985.

— *L'Équateur*, Karthala, 1992.

BRÉSIL : Bodard L., *Le massacre des Indiens*, Gallimard, 1969.

Dagonet Ph., *Brésil : plusieurs voix pour un cri*, Cerf, 1980.

Domingo J., Gauthier A., *Le Brésil. Puissance et faiblesse d'un géant du tiers monde*, Bréal, 1988.

Droulers M., *Le Brésil à l'aube du troisième millénaire*, IHEAL, 1990.

Centre français du commerce extérieur, *Brésil*, 1989.

Furtado, Celso, *Le Brésil après le miracle*, Maison des Sciences de l'homme, 1987.

Kotscho R., *Le massacre des poseiros*, Syros, 1983.

Lecaillon J.-F., *Résistances indiennes en Amérique*, L'Harmattan, 1989.

Ruellan, D. et A., *Le Brésil*, Karthala, 1989.

Taieb E., Barros O., *Économie et société brésilienne : croissance ou développement ?*, Nathan, 1989.

Théry H., *Le Brésil*, Masson, 1985.

HAÏTI : Ans A.-M. d', *Haïti. Paysage et société*, Karthala, 1987.

ANTILLES : Césaire, Aimé, *Cahier d'un retour au pays natal*, Présence africaine, 1956.

— *Discours sur le colonialisme*, Présence africaine, 1955.

Kesteloot L., *Comprendre le Cahier... d'A.C.*, éd. Saint-Paul, 1982. *Aimé Césaire*, Seghers, 1962.

Asie

Chaliand G., *Les Kurdes et le Kurdistan*, Maspero, 1978.

— *Le malheur kurde*, Seuil, 1992.

Chenevière A., *Asie. Des voix qui s'éloignent*, Nathan, 1990.

Étienne G., *Développement rural en Asie*, PUF/IEDES, 1982.

Mende, Tibor, *La révolte de l'Asie*, PUF, 1951.

— *Entre la peur et l'espoir*, Seuil, 1958.

— *De l'aide à la recolonisation. Les leçons d'un échec*, Seuil, 1972.

Morishima, *Capitalisme et confucianisme*, Flammarion, 1986.

La question kurde, sous la dir. d'E. Picard, éd. Complexe, 1991.

CAMBODGE : Ponchaud F., *Cambodge, année zéro*, Julliard, 1977.

CHINE : Domenach J.-L., *L'archipel chinois*, Fayard, 1992.

Pasqualini J., *Prisonnier de Mao : sept ans dans un camp de travail en Chine*, Gallimard, 1975.

Broyelle Cl. et J., Tschirhart E., *Deuxième retour de Chine*, Seuil, 1977.

Wu, Harry, *Retour au laogai. La vérité sur les camps de la mort dans la Chine d'aujourd'hui*, Belfond, 1996.

CORÉE : Chaponnière J.-R., *La République de Corée. Un nouveau pays industriel*, La Documentation Française, 1982.

INDE: *Inde, l'UN et le Multiple*, Publications du CHEAM, 1986.

Lapierre D., *La Cité de la Joie*, Robert Laffont, 1985.

Mende , Tibor, *L'Inde devant l'orage*, Seuil, 1950.

Milbert I., *L'Inde, évolution politique, économique et sociale*, La Documentation Française, 1981.

Heuzé G., *Où va l'Inde moderne ?*, L'Harmattan, 1993.

JAPON : Mazahico Aoki, *Économie japonaise*, Economica, 1991.

Deutsch M., *Banzai ! Le défi japonais*, Businessman/A. Michel, 1987.

Drancourt M., *L'économie volontaire, l'exemple du Japon*, éd. Odile Jacob, 1989.

3 - NATIONS UNIES

Blardone G., *Le Fonds monétaire international. L'ajustement et les coûts de l'homme*, Éd. de l'Epargne, 1990.

Ghebali V.-Y., *La crise du système des Nations unies*, La Documentation Française, 1988.

IDA, *Les vingt premières années de l'Association internationale de développement*, La Banque mondiale, Washington D. C., 1982.

Laïdi Z., *Enquête sur la Banque mondiale,* Fayard, 1989.

L'Hériteau M.-F., *Le Fonds monétaire international et les pays du tiers monde*, PUF/IEDES, 1986.

Les Nations unies, chantier de l'avenir, PUF/IEDES, 2 vol., 1961, 1962.

Les Nations unies. Paix, développement, droits de l'homme, La Documentation Française, 1972.

OCDE, *Vingt-cinq ans de coopération pour le développement*, Rapport 1985.

Osmont A., *La politique de la Banque mondiale*, Karthala, 1994.

Senarclens P. de, *La crise des Nations unies*, PUF, 1988.

SOLAGRAL–Formation, *GATT, la liberté des grands*, 1989.

Thérien J.-Ph., *Une voix pour le Sud. Le discours de la CNUCED*, l'Harmattan/ Les Presses de l'université de Montréal, 1990.

25 ans de Nations unies. Un bilan positif, sous la dir. de Ch. Chaumont et G. Fischer, L.G.D.J., 1970.

Virally M., *L'organisation mondiale*, A. Colin, 1972.

4 - DROIT

(Droit international, droit des peuples , droit des minorités ; droits humains : droits de l'homme et de la femme ; pauvreté, exclusion sociale, besoins essentiels ; questions d'éthique).

Amnesty International, *Rapport annuel.*

— *Amériques, les droits bafoués des populations indigènes*, 1992.

— *Les assassinats politiques. Rapport sur la responsabilité des États*, Seuil, 1983.

— *Soudan : désastre humanitaire et violation des droits fondamentaux, 1995.*

— *Timor oriental : le programme de terreur des troupes indonésiennes*, 1985.

Les aspects de maintien de la paix à l'occasion du conflit Irak–Koweït, Les Cahiers du CEDSI, 1993.

Association de défense des droits de l'homme et des libertés démocratiques dans le monde arabe, *Les droits de l'homme dans le monde arabe. Rapport annuel 1985*, L'Harmattan, 1985.

Barrère A., *L'enjeu des changements. Exigences actuelles d'une éthique économique et sociale*, Toulouse, Erès, 1991.

Bennouna M., *Droit international du développement*, Berger —Levrault, 1983.

Benchikh M., *Droit international du sous-développement*, Berger-Levrault, 1983.

Benoist R. de, *Le cri d'un continent*, Fleurus, 1972.

Besset J.-P., *Amnesty International, la conspiration de l'espoir*, éd. du Félin, 1991.

BIT, *Déclaration de principe et programme d'action adoptés par la Conférence mondiale tripartite sur l'emploi, la répartition du revenu, le progrès social et la DIT*, Genève, 4-17 juin 1976. Doc. WEC/CW/F.1.

— *L'emploi, la croissance et les besoins essentiels : problème mondial*, 1976.

— *Une stratégie des besoins essentiels pour l'Afrique*, 1977.

Bokatola I. O., *L'Organisation des Nations unies et le droit des minorités*, Bruxelles, Bruylant, 1992.

Buirette P., *La participation des Éats du tiers-monde à l'élaboration du droit international. Essai de qualification*, L.G.D.J., 1983.

Calogeropoulos-Stratis M., *Le droit des peuples à disposer d'eux-mêmes*, Bruxelles, 1973.

Cannat N., *Sous les bidons, la ville*, L'Harmattan, 1988.

— *Le pouvoir des exclus*, 1990.

— *La force des peuples*, 1993.

Carreau D., Flory Th., Juliand P., *Droit international économique*, L.G.D.J., 3e éd., 1990.

CETIM, *Multinationales et droits de l'homme*, Centre Europe-Tiers monde, Genève, 1978.

Les chrétiens et l'économie, Association française d'histoire religieuse contemporaine, Centurion, 1991.

Cinquin E., *Chiffonnière avec les chiffonniers*, Éd. ouvrières, 1977.

Clarke A., *Extra-terrestrial Relays : Can Rocket Stations give World-Wide Radio Coverage ?*, Wireless World, october 1945.

Commission française Justice et Paix, *Les catholiques et les droits de l'homme. Débats et enjeux*, 1992.

Commissions Justice et Paix d'Europe, *Justice sociale pour tous*, 1994.

Conseil de l'Europe. Centre d'information sur les droits de l'homme, *Sources de documentation en matière de droits de l'homme*, Strasbourg, 1994 (bibliographie).

Coste R., *L'Église et les droits de l'homme*, Desclée, 1982.

Dalle F., Bounine-Cabalé J., *L'entreprise du futur*, Calmann-Lévy, 1971.

Le développement progressif et la codification des principes du droit international. Mélanges Gugenheim, R.C.A.D.I., 1972, III, vol. 137.

Dormenval A., *Procédures onusiennes de mise en œuvre des droits de l'homme : limites ou défauts*, PUF, 1991.

Le droit au développement au plan international, La Haye, Sythoff et Noordhof, 1980.

Le droit de la famille en Afrique noire et à Madagascar, UNESCO, 1968.

Droit international et développement, Alger, 1978.

Duparc C., *La Communauté européenne et les droits de l'homme*, CEE, Office des publications officielles des Communautés européennes, Luxembourg, 1993.

Durand-Lasserve A., *L'exclusion des pauvres dans les villes du tiers monde*, L'Harmattan, 1986.

Eisemann P.M., *La Convention des Nations unies sur le droit de la mer*, La Documentation française, 1983.

Falise M., Régnier J., *Repères pour une éthique d'entreprise*, Centre d'éthique contemporaine, université catholique de Lille, 1992.

Famille, droit et changement social dans les sociétés contemporaines, Bruxelles, éd. E. Bruylant, 1978.

Fenet A. et autres, *Le droit et les minorités. Analyses et textes*, Bruxelles, éd. Bruylant, 1995.

Flory M., *Droit international du développement*, PUF, 1977.

Gaudier M., *Les besoins essentiels*, bibliographie analytique, Genève, Institut international d'études sociales, 1980.

Guilhaudis J.-F., *Le droit des peuples à disposer d'eux-mêmes*, Presses universitaires de Grenoble, 1976.

Hanbury-Tenison R., *Des mondes à part*, R. Laffont, 1984.

Hussein, Mahmoud, *Versant Sud de la liberté*, La Découverte, 1989.

Il faut manger pour vivre... Controverse sur les besoins essentiels et le développement, PUF / Genève, Institut universitaire d'études sur le développement, 1980.

Jaulin R. *La paix blanche*, Seuil, 1970.

Les Kurdes : droits de l'homme et identité culturelle, Institut kurde de Paris, 1991.

Levy J.-P., *La Conférence des Nations unies sur le droit de la mer ; histoire d'une négociation singulière*, Pedone, 1983.

Lucchini L., Voelckel M., *Droit de la mer*, Pedone, 1991.

McAuslan P., *Les mal-logés du tiers monde*, L'Harmattan, 1986.

Mélanges R. J. Dupuy, Pédone, 1991.

Mourgeon J., *Les droits de l'homme*, PUF, 3e éd. 1985.

Mutations internationales et évolution des normes, sous la dir. de Cao-Huy Thuan et A. Fenet, PUF, 1994.

Ngom B. S., *Les droits de l'homme et l'Afrique*, Silex, 1984.

Les nouvelles solidarités, sous la dir. de B. Kouchner, PUF, 1989.

OCDE :

— Cassen R., Wolfson M., *Prévision et satisfaction des besoins des populations en extension*, 1978.

— Blaikie M.P., Cameron J., Seddon J.D., *Lutte pour la satisfaction des besoins essentiels au Népal*, 1979.

— Alberti G., *Besoins essentiels dans un contexte de changement social: le cas du Pérou*, 1981.

— Harari D., Garcia-Bouza J., *Conflit social et développement. Besoins essentiels et stratégies de survie dans quatre contextes nationaux*, 1982.

Penders J., *Les droits de l'homme dans les pays signataires de la convention de Lomé*, Rapport au Parlement européen, 18 avril 1983. Réf. PE-81-813/5/def II.

Peuples et États du Tiers-Monde face à l'ordre international, PUF,1978.

PNUD, *Rapport mondial sur le développement humain* (annuel).

Pour un droit des peuples, Berger-Levrault, 1978.

Puel H., *L'économie au défi de l'éthique. Essai d'éthique économique*, Cujas, 1989.

Ravignan F. de, *L'économie à l'épreuve de l'Évangile*, Cerf, 1992.

Réalités du droit international contemporain, Faculté de droit de Reims.

Recherche pour le développement social. Activités de l'UNRISD 1991/1992 ; 30 ans de recherche pour le développement social, UNRISD, 1992, 1993.

Repenser la solidarité, sous la dir de Y. Bresson et H. Guitton, Éd. universitaires, 1991.

Rouland N., *Aux confins du droit*, éd. O. Jacob, 1991.

— Pierré-Caps S., Poumarède J., *Droit des minorités et des peuples autochtones*, PUF, 1996.

Salama P., Valier J., *Pauvretés et inégalités dans le Tiers-Monde*, La Découverte, 1994.

Salins A. de, Villeroy de Galhau F., *Le développement moderne des activités financières au regard des exigences éthiques du christianisme*, Conseil pontifical Justice et Paix, Libreria editrice vaticana, 1994.

Société française pour le droit international, *L'élaboration du droit international public*, Pedone, 1975.

— *La crise de l'énergie et le droit international*, 1976.

— *Les Nations unies et le droit international économique*, 1986.
Stern B., *Un nouvel ordre économique international*, Economica, 1983.
Sudre F., *Droit international et européen des droits de l'homme*, PUF, 1989.
Tévoédjrè A., *Pour un contrat de solidarité*, Genève, éd. de l'IIES, 1976.
— *Le contrat de solidarité, formule circonstancielle ou fondement prospectif d'un nouvel ordre économique international*, 1979.
Torrès D., *Esclaves. Deux cent millions d'esclaves aujourd'hui*, éd. Phébus, 1996.
UNESCO :
— *Les dimensions internationales des droits de l'homme*, sous la dir. de K. Vasak, 1978.
— *Le droit d'être un homme*, sous la dir. de J. Hersch, 1968.
— *Violations des droits de l'homme : quels recours, quelle résistance*, 1983.
Valette R., Boucaud P., *Éducation aux droits de l'homme. Les droits économiques*, "Document ACAT", n 42, 1991.
Welty-Domon A., Dutertre A., *Soleil de justice. Passions en Amérique latine*, Éd. ouvrières, 1984.
Bibliographie complémentaire : droit de l'espace : vol. 2, ch. 12, n (115)
droit des peuples : vol. 3, § 1, n (67).

5 - POLITIQUES DE COOPÉRATION

(Coopération européenne; coopération française : colonisation, zone franc)

Abelin P., *La politique française de coopération*, La Documentation Française, 1975.
Adda J., Smouts M.-C., *La France face au Sud. Le miroir brisé*, Karthala, 1989.
L'Afrique à Biarritz. Mise en examen de la politique française, par Agir ici et Survie, Karthala, 1995.
L'Afrique noire depuis la Conférence de Paris, Publications du CHEAM, 1995.
L'aide publique au développement aux pays du CILSS de 1980 à 1990, COBEA-OCDE, 1993.
Berque J., *Recherche et coopération avec le Tiers Monde*, La Documentation Française, 1982.
Berthelot Y., Bandt J. de, *Impact des relations avec le tiers monde sur l'économie française*, Documentation française, 1982.
Boisgallais A.-S., Verschave F., *L'aide publique au développement*, Syros, 1994.
Bourrinet J., *La coopération économique eurafricaine*, PUF, 1976.
Bruckner P., *Le sanglot de l'homme blanc*, Seuil, 1983.
Brunel S., *Le gaspillage de l'aide publique*, Seuil, 1993.
Brunschwig H., *Le partage de l'Afrique noire*, Flammarion, 1971.
Cadenat P., *La France et le Tiers Monde. Vingt ans de coopération bilatérale*, La Documentation Française, 1983.
Centre Nord-Sud de l'Institut de l'entreprise, *Pour un vrai partenariat avec l'Afrique*, 1985.
Chaliand G., *L'enjeu africain. Géostratégie des puissances*, Seuil, 1980.
CIRAD, *Science et coopération pour le développement rural*, s. d.
Commissariat général au Plan, *De l'aide au partenariat*, 1993.
Commission des Communautés européennes, *Le dialogue Europe – Amérique latine – Asie*, Bruxelles, 1990.
— *Le dialogue Europe-Sud sur le terrain*.
— *La politique de développement de la Communauté européenne 1981-1983*.

Coopérer autrement, Maison des Tiers Monde et CNEARC, Montpellier, 1992.

Cot J.-P., *A l'épreuve du pouvoir*, Seuil, 1983.

Delavignette R., *Du bon usage de la décolonisation*, Tournai, Casterman, 1968.

Delpal M.-Ch., *L'aide publique au développement. Évolution budgétaire de 1988 à 1991*, CLOSI, 1992.

Derogy J., Pontaut J.-M., *Enquête sur un carrefour dangereux*, Fayard, 1987.

Dévaluation du franc CFA. Une nouvelle donne, Réseaux GAO, SOLAGRAL, 1995.

Dossiers noirs de la politique africaine de la France, par Agir ici et Survie, L'Harmattan, 1996.

Duffaure A., *Développement du tiers-monde et croissance française*, Conseil économique et social, 1993.

Faucher J.-A., *Les Francs-maçons et le pouvoir de la Révolution à nos jours*, Perrin, 1986.

La France et l'Afrique. Vade-mecum pour un nouveau voyage, sous la dir. de S. Michailof, Karthala, 1993.

Gabas J.-J., *L'aide contre le développement*, Economica, 1989.

de Gaulle Ch., *Discours et messages*, vol. 3, Plon, 1970.

Gerardin H., *La zone franc. Histoire et institutions*, L'Harmattan, 1989.

Glazer A., Smith St., *Ces messieurs Afrique : le Paris-village du continent noir*, Calmann-Lévy, 1992.

Hardy G., *Histoire sociale de la colonisation française*, Larose, 1953.

Hessel St., *Les relations de la France avec les pays en développement*, Rapport au Premier ministre, 1989, non publié.

Isnard H., *Géographie de la décolonisation*, PUF, 1971.

Jospin L., *La Gauche et le tiers monde*, Éd. ouvrières, 1975.

Juppé A., Cazenave R., *Projet de coopération pour la France*, RPR, 1993.

Lecomte B., *L'aide par projet. Limites et alternatives*, OCDE, 1986.

Laïdi Z., *Les contraintes d'une rivalité : les superpuissances en Afrique (1960-1985)*, La Découverte, 1986.

Le Naëlou A., *Politiques européennes de développement avec le Sud*, L'Harmattan, 1995.

Marchant Cl., *Nord-Sud : de l'aide au contrat*, Syros-Alternatives, 1991.

Mende, Tibor, *De l'aide à la recolonisation*, Seuil, 1972.

Michaïlof S., *Les apprentis-sorciers du développement*, Economica, 1987.

Ministère des Affaires Étrangères, *Actes de la Conférence des chefs d'État et de gouvernement des pays ayant en commun l'usage du français*, La Documentation Française, 1986.

— et Ministère de la Coopération et du développement, *L'autre coopération. L'appui des pouvoirs publics à la coopération non gouvernementale*, 1991.

Ministère de la Coopération, *Recherche, vulgarisation et développement en Afrique noire*, 1987.

Ministère d'État chargé de la réforme administrative, *La politique de coopération avec les Pays en voie de développement*, (Rapport Jeanneney), La Documentation Française, 1963.

Ministère de la Recherche et de la technologie, *Coopération technologique et industrielle France-Tiers Monde*, La Documentation Française, 1984.

Montenay Y., *Le socialisme contre le tiers monde*, Albin Michel, 1983.

Moussa P., *Les chances économiques de la Communauté franco-africaine*, A. Colin, 1957.

Mureau A.-M., *L'Europe communautaire dans la négociation Nord-Sud*, PUF, 1984.

Observatoire permanent de la Coopération française, *Rapport annuel*, Desclée de Brouwer, 1995.

Postel-Vinay A., *Pour une nouvelle politique française à l'égard du tiers-monde*, compte d'auteur, 1989.

Prouteau J.-P., *La coopération française avec l'Afrique*, 1988.

Rangel C., *L'Occident et le Tiers-Monde. De la fausse culpabilité aux vraies responsabilités*, Robert Laffont, 1982.

Les relations de la France avec les pays en développement, Rapport à M. le Premier ministre, 1990 (Rapport Hessel).

Roy M.-P., *La CEE et le Tiers Monde*, La Documentation Française, 1985.

Samuel-Lajeunesse D., *Orientations à moyen terme de notre politique d'aide au développement*. Rapport à M. le Premier ministre, 1989.

Le Tiers Monde et la Gauche, Le Nouvel Observateur, Seuil, 1983.

Vallée O., *Le prix de l'argent CFA. Heurs et malheurs de la zone franc*, Karthala, 1989.

Vivien A., *La rénovation de la coopération française*, La Documentation Française, 1990.

6 - MOUVEMENTS TIERS-MONDISTES

(ONG, associations humanitaires, solidarité)

Armand Marquiset (1900-1981), par M. Christolholme, Les Frères du ciel et de la terre, 1981.

Blanc J., *Construire un monde solidaire; une logique nouvelle*, Les bergers et les mages, 1992.

Cabedoche B., *Les chrétiens et le tiers-monde, une fidélité critique*, Karthala, 1990.

CCFD, *30 ans d'affiches*.

Chaliand G., *Les faubourgs de l'histoire; tiers-mondismes et Tiers-Mondes*, Calmann-Lévy, 1984.

— *Mythes révolutionnaires du Tiers-Monde*, Seuil, 1976.

Chifflet J., *Les laïcs chrétiens en coopération internationale*, Fleurus, 1964.

Commission française Justice et Paix, *ONG du Sud et développement*, 1989.

Condamines Ch., *L'aide humanitaire entre la politique et les affaires*, L'Harmattan, 1989.

Des partenaires dans l'action pour le développement : les ONG, OCDE, 1988.

Follereau R., *Trente fois le tour du monde*, Flammarion, 1961.

Gray J., *Le développement à ras du sol*, éd. Entente, 1978.

Guillebaud Cl., *Les années-orphelines, 1968-1978*, Seuil, 1978.

Hatton J.-M., *Les organisations de solidarité internationale et de développement du CRID*, texte multigraphié, CRID, 1988.

Holzer B., *Développement, politique et foi, ou 15 ans de CCFD*, texte multigraphié, 1977.

Husson B. et autres, *Recherche pour la diversification et la contractualisation des rapports entre les ONG et les institutions publiques*, Commission Coopération et développement/CIEDEL, 1991.

Lebret L.-J., *Manifeste pour une civilisation solidaire*, supplt à la revue *Économie et humanisme*, n°122, nov.-déc. 1959.

Liauzu Cl., *Aux origines des tiers-mondismes*, L'Harmattan, 1982.

— *L'enjeu tiers-mondiste. Débats et combats*, L'Harmattan, 1987.

Nouveaux espoirs de développement chez les pauvres, Centurion, 1982.

Partenaires pour le développement. Les ONG, la CEE et les peuples du tiers monde, acteurs de nouvelles solidarités, Comité de liaison des ONG de développement auprès des Communautés européennes, 1986.

Les pays les plus pauvres : quelle coopération pour quel développement ?, Economica, 1982.

Pradervant P., *L'Afrique en marche*, Plon, 1990.

Provent A., Ravignan F. de, *Naître à la solidarité*, Desclée de Brouwer, 1981.

Que faire ?. Rapport Dag Hammarskjöld, n° spécial de *Development Dialogue*, 1975, Upsal, Suède.

Répertoire des Organisations non gouvernementales des pays membres de l'OCDE actives dans le domaine de la coopération pour le développement, 2 vol., Centre de développement de l'OCDE, 1981.

Rouillé d'Orfeuil H., *Coopérer autrement. L'engagement des ONG aujourd'hui*, L'Harmattan, 1984.

Schneider B., *La révolution aux pieds nus*. Rapport au Club de Rome, Fayard, 1985.

Verhagen K., *L'auto-développement ? Un défi posé aux ONG*, L'Harmattan / coll. UCI, 1991.

7 — ÉTAT

(Idéologies politiques, vie politique nationale, parti unique, armement, dictature, répression)

L'Afrique en transition vers le pluralisme politique, sous la dir. de G. Conac, Economica, 1993.

Aguessy D., *Pouvoir et démocratie à l'épreuve du syndicalisme*, Bureau régional de l'UNESCO à Dakar, 1994.

Amnesty International, *Les disparus, Rapport sur une nouvelle technique de répression*, Seuil, 1981.

Au cœur de l'ethnie, sous la dir. de J.-M. Amselle et E. M'Bokolo, La Découverte, 1985.

Autobiographie de Nkwame Nkrumah, Présence africaine, 1960.

Ba, A.O., *Camp Boiro, sinistre geôle de Sékou Touré*, L'Harmattan, 1986.

Balandier G., *Anthropologie politique*, PUF, 1967.

Bayart J.-F., *L'État en Afrique*, Fayard, 1989.

Barrillot B., Elomari B., *Les transferts d'armes de la France depuis la fin de la guerre du Golfe*, Commission française Justice et Paix, 1994.

Bergougniou A., Manin B., *La social-démocratie ou le compromis*, PUF, 1979.

— *Le régime social-démocrate*, 1989.

Bicudo H.P., *L'escadron de la mort*, Gamma, 1978.

Calvez J.-Y. et Tincq H., *L'Église pour la démocratie*, Centurion, 1992.

Comblin J., *Le pouvoir militaire en Amérique latine. L'idéologie de la Sécurité nationale*, J.-P. Delarge, 1977.

Comte A., *Les dictateurs du XXe siècle*, Robert Laffont, 1984.

Costa J.-P., *Les libertés publiques en France et dans le monde*, éd. STH, 1986.

Delmas Ph., *Le maître des horloges. Modernité de l'action publique en France et dans le monde*, Odile Jacob, 1991.

Démocratie et corruption en Europe, sous la dir. de D. della Porta et Y. Mény, La Découverte, 1995.

Depecker J.-P., Milano S., *Économie et société allemande*, Nathan, 1995.

Desouches Ch., *Le parti démocratique sénégalais, une opposition légale en Afrique*, Berger-Levrault, 1983.

Duval M., *Un totalitarisme sans État*, L'Harmattan, 1986.

Dynamiques et finalités des Droits africains, sous la dir. de G. Conac, Recherches Panthéon-Sorbonne, univ. Paris I, Economica, 1980.

Eboussi Boulaga F. *Les Conférences nationales en Afrique noire*, Karthala, 1992.

Encyclopédie juridique de l'Afrique, sous la dir. de P.-F. Gonidec, Abidjan, Dakar, Lomé, NEA, 1982, t. 1er.

L'État africain, LGDJ, 1970.

État et société en Afrique noire. Revue française d'Histoire d'outre-mer, t. LXVIII, n° 250-253, 1981.

États d'Afrique noire. Formations, mécanismes et crise, sous la dir. de J.-F. Médard, Karthala, 1991.

État et sociétés dans le Tiers Monde, Publications de la Sorbonne, 1993.

Glélé M.A., *Religion, culture et politique en Afrique noire*, Economica / Présence africaine, 1981.

Hermet G., *Les désenchantements de la liberté*, Fayard, 1993.

Les institutions constitutionnelles des États d'Afrique francophone et de la République malgache, sous la dir. de G. Conac, Economica, 1979.

Kamto M., *Pouvoir et droit en Afrique noire*, LGDJ, 1987.

Kehayan N. et J., *Rue du prolétaire rouge; deux communistes français en URSS*, Seuil, 1978.

Lacouture J., *Quatre hommes et leurs peuples : sur-pouvoir et sous-développement*, Seuil, 1969.

Lautier B., Miras Cl. de, Morice A., *L'État et l'informel*, L'Harmattan, 1991.

Lavroff D. G., *Les partis politiques en Afrique noire*, PUF, 2e éd., 1978.

Lecomte P., Denni B., *Sociologie du politique*, Presses universitaires de Grenoble, 1990.

Liniger-Goumaz M., *La Guinée équatoriale, un pays méconnu*, L'Harmattan 1979.

— *Guinée équatoriale ; de la dictature des colons à la dictature des colonels*, Genève, éd. du Temps, 1982.

— *De la Guinée équatoriale nguemiste*, 1983.

Lombard J., *Autorités traditionnelles et pouvoirs européens en Afrique noire*, A. Colin, 1967.

Marchesin Ph., *L'or des dictatures*, Fayard, 1993.

Michalon Th., *Quel État pour l'Afrique ?*, L'Harmattan, 1984.

Mignon J.-M., *Afrique : jeunesse unique, jeunesse encadrée*, L'Harmattan, 1984.

Mignone E. F., *Les "disparus" d'Argentine*, Cerf, 1990.

Milano S., *Allemagne. La fin d'un modèle*, Aubier, 1996.

Millon-Delsol Ch., *Les idées politiques au XXe siècle*, PUF, 1991.

— *L'État subsidiaire*, 1992.

Ministère de la Coopération et du développement, *La modernisation des fonctions publiques africaines*, La Documentation française, 1992.

NATIONS UNIES : Chr. Schmidt, *Conséquences économiques et sociales de la course aux armements*, Economica, 1983.

Le nouvel ordre international et l'administration publique, études coord, par G. Timsit, UNESCO, 1983.

Nyerere J., *La déclaration d'Arusha*, Présence africaine, 1970.

Observatoire international des prisons, *Rapport* (annuel).
Péan P., *Affaires africaines*, Fayard, 1985.
— *L'argent noir*, 1988.
Perret B., Roustang G., *L'économie contre la société*, Seuil, 1993.
Réinventer la démocratie : le défi latino-américain, sous la dir. de G. Couffignal, Fondation nationale des Sciences politiques, 1992.
Rezende R., *Terres violentes au Brésil. Chronique de Rio Maria*, Karthala, 1995.
Rivière Cl., *Les liturgies politiques*, PUF, 1988.
Rouquié A., *L'État militaire en Amérique latine*, Seuil, 1982.
Schwarzenberg R.-G., *Sociologie politique*, Montchrestion, 3e éd., 1987.
Sorman G., *La solution libérale*, Fayard, 1984.
— *L'État minimum*, A. Michel, 1985.
— *La nouvelle richesse des nations*, Fayard, 1987.
Sylla, Lanciné, *Tribalisme et parti unique en Afrique noire*, Université nationale de Côte d'Ivoire/Paris, Fondation nationale des Sciences politiques, 1977.
Thomas L.-V., *Le socialisme et l'Afrique*, Paris, Le Livre africain, 1966, 2 vol.
Yakemtchouk R., *Les transferts internationaux d'armes de guerre*, A. Pedone, 1980.

8 - DÉMOGRAPHIE

(Migrations)

Boserup E., *Évolution agraire et pression démographique*, Flammarion, 1970.
CRID, FNUAP, *Population et développement durable*, texte ronéoté, 1994.
Les défis de la démographie, sous la dir. de L. Lassonde, La Découverte, 1996.
Evolution agraire et croissance démographique, sous la dir. d'A. Fauve-Chamoux, Liège, éd. Ordina, 1987.
Fauve-Chamoux A., *Malthus hier et aujourd'hui*, éd. du CNRS, 1984.
Jacques A., *Les déracinés. Réfugiés et migrants dans le tiers monde*, La Découverte, 1985.
Noin D., Collignon B., Doudeau G., "Six milliards d'hommes", *Documentation photographique*, n° 7023, juin 1994, La Documentation Française.
Poursin J.-M., *La population mondiale*, Seuil, 1971 et 1976.
Sauvy A., *De Malthus à Mao Tsé Toung*, Denoël, 1958.
— *La population*, PUF, 1966.
— et autres, *Éléments de démographie*, PUF, 1976.

9 - MONDE RURAL

(Agriculture, paysannerie, problèmes alimentaires, agro-industrie)

Ajustement structurel, ajustement informel, le cas du Niger, sous la dir. de P. et S. Guillaumont, L'Harmattan, 1991.
Alaux J.-P., Norel Ph., et autres, *Faim au Sud, crise au Nord*, L'Harmattan, 1985.
Banque mondiale, *La pauvreté et la faim*, 1986.
— *L'ajustement en Afrique*, 1994.
Barbier J.-C., Courade G., Tissandier J., *Complexes agro-industriels au Cameroun*, ORSTOM, 1980.
Belloncle G., *Jeunes ruraux du Sahel*, L'Harmattan, 1979.
— *Participation paysanne et aménagements hydro-agricoles*, Karthala, 1985.
Berthelot J., Ravignan F. de, *Les sillons de la faim*, L'Harmattan, 1980.

Bertrand J.-P., Laurent C., Leclercq V., *Le monde du soja*, La Découverte / Maspero, 1983.

Bessis S., *L'arme alimentaire*, Maspero, 1981.

Blanc J., *Malnutrition et sous-développement*, Presses universitaires de Grenoble, 1975.

Blanc-Pamard C., *Politiques agricoles et initiatives locales. Adversaires ou partenaires*, ORSTOM, 1993.

Bombal J. Chalmin Ph., *L'agro-alimentaire*, PUF, 1980.

Buijsrogge P., *Initiatives paysannes en Afrique de l'Ouest*, L'Harmattan, 1989.

Castro J. de, *Le Livre noir de la faim*, Economie et humanisme/ Ed. ouvrières, 1961.

Chleq L., Dupriez H., *Eau et terres en fuite*, Dakar, ENDA / L'Harmattan, 1984.

Chonchol J., *Le défi alimentaire*, Larousse, 1987.

CICIBA, *Facteurs culturels et projets de développement en Afrique centrale*, L'Harmattan, 1990.

Comité information Sahel, *Qui se nourrit de la famine en Afrique ? Données politiques de la faim au Sahel*, Maspero, 1974.

Derriennic H., *Famines et domination en Afrique noire*, L'Harmattan, 1977.

Dinham B., Minès C., *Agrobusiness in Africa*, Earth Resources Research, 1983.

Drogat N., *Les pays de la faim*, Flammarion, 1963.

Dumont R., *Paysannerie aux abois*, Seuil, 1972.

— *La croissance... de la famine !*, 1975.

— et Ch. Paquet, *Quelques réflexions sur la désertification, le développement rural et la société de développement en République du Niger*, 1984, ronéoté.

— et B. Rosier, *Nous allons à la famine*, Seuil, 1966.

Dupriez H., *Paysans d'Afrique noire*, Nivelles (Belgique), Imprimerie Havaux, 1980.

D'un savoir à l'autre. Les agents de développement comme médiateurs, sous la dir. de J.-P. Olivier de Sardan et E. Paquot, Ministère de la Coopération / GRET, 1991.

Économie des politiques agricoles dans les pays en développement,

— t. 1er, coord. par M. Griffon, *Les conditions internationales*;

— t. 2, coord. par P. Guillaumont, *Les aspects macro-économiques*;

— t. 3, coord. par M. Benoît-Cattin, *Les fondements micro-économiques, Revue française d'économie*, 1994.

Ela J.-M., *L'Afrique des villages*, Karthala, 1982.

ENDA Graf Sahel, *La ressource humaine, l'avenir des terroirs*, Karthala, 1993.

Fabre R., *Paysans sans terre*, Dunod/Bordas, 1978.

FAO :

— *La situation mondiale de l'alimentation et de l'agriculture*, 1977.

— *La FAO. Ses quarante premières années*, 1985.

— *Formation pour l'agriculture et le développement rural*, 1986.

— *Besoins énergétiques et besoins en protéines*, (FAO, OMS, UNU) 1986.

FENU, *Forum de Tokyo*, 1991.

FIDA, *Rapport annuel* 1990.

Gallais J., *Hommes du Sahel*, Flammarion, 1984.

Gentil D., Fournier Y., *Les paysans peuvent-ils devenir banquiers ? Épargne et crédit en Afrique*, Syros, 1993.

Gilhodes P., *La question agraire en Colombie*, A. Colin, 1974.

Giri J., *Le Sahel demain : catastrophe ou renaissance ?*, Karthala, 1983.

Goldin I., Castro de Rezende G., *Agriculture et crise économique : les leçons du Brésil*, OCDE, 1990.

Goossens F., Minten B., Tollens E., *Nourrir Kinshasa. L'approvisionnement local d'une métropole africaine*, L'Harmattan, 1994.

Gourou P., *Terres de bonne espérance, le monde tropical*, Plon, 1982.

Green R., Laurent C., *Bunge et Born, puissance et secret dans l'agro-alimentaire*, Publisud, 1985.

Guiffan J., *Surpopulation et malnutrition*, A. Colin, 1969.

Gutelman M., *Réforme et mystification agraire en Amérique latine. Le cas du Mexique*, Maspero, 1971.

Harrison P., *L'Empire Nestlé*, P. M. Favre, 1983.

Klatzmann J., *Nourrir 10 milliards d'hommes*, PUF, 1975.

— *Aide alimentaire et développement rural*, 1988.

— *Nourrir l'humanité, espoirs et inquiétudes*, INRA / Economica, 1991.

Koffi Ehul B., *Le pouvoir de la brousse : ni démocratie, ni développement en Afrique sans des paysans organisés*, L'Harmattan, 1993.

Lappé F., Collins J., *L'industrie de la faim*, Québec, éd. L'Étincelle, 1977.

Enjeux fonciers en Afrique noire, sous la dir. de E. Le Bris, E. Le Roy, F. Leimdorfer, ORSTOM / Karthala, 1982.

Lenoir R., *Le tiers monde peut se nourrir*, Fayard, 1984.

Linhart R., *Le sucre et la faim*, Minuit, 1980.

Madjri J., *Villages en marche*, CESAO, Bobo-Dioulasso, 1981.

Mangeart R., *Paysans africains*, L'Harmattan, 1984.

Mayoukou C., *Le système des tontines en Afrique. Un système bancaire informel*, L'Harmattan, 1994.

Ministère de la Coopération, *Action de la France en matière de développement vivrier en Afrique tropicale*, par M. Jeanguyot et M. J. Meunier, 1981.

— *Politique agricole et développement rural en Afrique subsaharienne*, 1990.

Mutation des campagnes du tiers monde, CNRS, Centre régional de Publications de Toulouse, 1981.

Nations unies, Conseil économique et social, *Conséquences sociales de la révolution verte*, 1979.

OUA, *Autosuffisance alimentaire, autonomie technologique et progrès social en Afrique*, Genève, IIES, 1984.

Ouedraogo B. L., *Entraide villageoise et développement. Groupements paysans au Burkina Faso*, L'Harmattan, 1990.

PAM, *Projet Thaïlande 2460*, WFP / CFA : 8 / 10 (WPMF) Add. 4, 1979.

La participation populaire au développement en Afrique noire, sous la dir. de A.-C. Mondjanagni, Karthala / Douala (Cameroun), Institut panafricain pour le développement, 1984.

Les paysans d'abord. Les innovations des agriculteurs et la recherche agronomique, sous la dir. de R. Chambers, A. Pacey, L. A. Thrupp, CTA / Karthala, 1994.

La pêche, enjeu Nord-Sud, sous la dir. de A. Le Sann, F. Bellec, 2 vol., CCFD / SOLAGRAL, 1986.

Pélissier P., *Les paysans du Sénégal*, Imprimerie Fabrègue, Saint Yrieix, 1966.

Pradervand P., *Une Afrique en marche. La révolution silencieuse des paysans africains*, Plon, 1989.

Provent A., Ravignan F. de, *Le nouvel ordre de la faim*, Seuil, 1977.

Ravignan F. de, *La faim, pourquoi ?*, Syros, 1982.

Recherche, vulgarisation et développement rural en Afrique noire, sous la dir. de G. Belloncle, Ministère de la Coopération, 1987.

Salhins M., *Âge de pierre, âge d'abondance. L'économie des sociétés primitives*, Gallimard, 1976.

Schneider B., *La révolution aux pieds nus*, Fayard, 1985.

Schneider H., *Groupements paysans et productivité agricole, expériences africaines*, OCDE, 1988.

SOLAGRAL, *L'aide alimentaire*, Syros, 1984.

Tabatabai H., *Food crisis and development policies in sub-saharian Africa*, BIT, working paper, WEP 10-6/WP 72, July 1985.

Traoré, Bakary, *L'intégration économique de la paysannerie en Afrique subsaharienne*, L'Harmattan, 1989.

Yung J.-M., Bosc P.-M., *Le développement agricole au Sahel*, t. 4, CIRAD, 1992.

10 - INDUSTRIE

(Emploi, conditions de travail, transfert de technologie, multinationales, Nouveaux pays industriels)

Andreff W., *Les multinationales*, La Découverte, 1990.

Arthuis J., *Les délocalisations et l'emploi*, éd. d'Organisation, 1993.

Balassa B., *The structure of protection in developing countries*, Johns Hopkins, 1971.

Benko G., *Géographie des technopoles*, Masson, 1991.

Bertin G.-Y., *Les sociétés multinationales*, PUF, 1975.

BIT, *Effets des entreprises multinationales sur l'emploi dans les pays en développement*, Genève, 1983.

— *Le travail dans le monde*, t. I, III, 1984, 1987.

Cadet W., *La percée industrielle du Tiers Monde*, éd. Silex, 1987.

Caty G., *L'Europe technologique*, A. Colin, 1969.

Centre des Nations unies sur les sociétés transnationales, *Les sociétés transnationales dans l'industrie de production de l'aluminium à partir de la bauxite*, 1982, ST/CTC/20.

— *Les sociétés transnationales dans l'industrie des engrais*, 1983, ST/CTC/25.

Centre Nord-Sud de l'Institut de l'entreprise, *Pour un vrai partenariat industriel avec l'Afrique*, 1985.

Chaponnière J.-R., *La République de Corée. Un nouveau pays industriel*, La Documentation Française, 1982.

Chardonnet J., *Un miracle économique, la République de Corée*, France Empire, 1980.

— *Une œuvre nécessaire : l'industrialisation de l'Afrique*, Genève, Droz/Paris, Minard, 1958.

Chauleur P., *Le développement industriel de l'Afrique noire française*, CHEAM, note ronéotée, 1959.

— *L'Afrique industrielle*, Maisonneuve et Larose, 1979.

Collectif Paulo Freire (CEDAL), *Multinationales et travailleurs au Brésil*, CEDETIM/Maspero, 1977.

Communauté européenne. Cour des comptes, *Rapport annuel relatif à l'exercice 1983*.

Courlet Cl., *Les industrialisations du tiers monde*, Syros-Alternatives, 1990.

Delalande Ph., *Gestion de l'entreprise industrielle en Afrique*, Agence de coopération scientifique et technique/Economica, 1987.

L'entreprise multinationale face au droit, sous la dir. de B. Goldman, Ph. Francescakis, Librairies techniques (LITEL), 1977.

Entreprises et entrepreneurs en Afrique (XIXe- XXe siècle), sous la dir. de C. Coquery-Vidrovitch et A. Forest, L'Harmattan, 1983.

Etrillard G., Sureau F., *À l'Est du monde*, Fayard, 1983.

Gauthier A., *Les pays-ateliers d'Extrême-Orient*, Montreuil, Bréal, 1981.

Gendarme R., *Des sorcières dans l'économie : les multinationales*, Cujas, 1981.

Germidis D. et autres, *Transfert technologique par les firmes multinationales*, Centre de développement de l'OCDE, 1977.

Grou P., *Atlas mondial des multinationales*, t. 1er, *L'espace des multinationales*, éd. Reclus/Documentation Française, 1990.

— *L'émergence des géants du Tiers Monde*, Publisud, 1988.

Hamilton G., *Les entreprises multinationales : effets et limites des codes de conduite internationaux*, Paris, PUF/Genève, IRM, 1984.

Harrison P., *L'Empire Nestlé. Faits et méfaits d'une transnationale en Amérique latine*, Lausanne, Favre, 1983.

Industrialisation et société, UNESCO/Mouton, 1963.

L'innovation, clé du développement, Trajectoires de pays émergents, sous la dir. de F. Nicolas et L. Krieger Mytelka, Masson/IFRI, 1995.

Judet P., *Les Nouveaux pays industriels*, Économie et humanisme/Éd. ouvrières, 1981.

Labonne E., *Industrialisation et équipement stratégique*, 1949.

Lae J. F., Murard N., *L'argent des pauvres. L'économie informelle en cité de transit*, Seuil, 1986.

Lall, Sanjaya, *Les multinationales originaires du Tiers Monde*, PUF, 1984.

Lambert D.C., *Le mimétisme technologique du Tiers Monde*, Economica, 1979.

Lipietz A., *Mirages et miracles. Problèmes de l'industrialisation dans le tiers monde*, La Découverte, 1985.

Lorot P., Schwob T., *Singapour, Taïwan, Hong-Kong, Corée du Sud, les nouveaux conquérants ?*, Hatier, 1986.

Morgaut M.-E., *Un dialogue nouveau : l'Afrique et l'industrie*, Fayard, 1959.

NATIONS UNIES :

— Commission économique pour l'Afrique, *Développement industriel en Afrique. Situation et perspectives*. Texte ronéoté.

— *Développement industriel. Asie et Extrême-Orient. Rapport de la deuxième Conférence asiatique sur l'industrialisation*, 1971.

— *Méthodes et problèmes de l'industrialisation des pays sous-développés*, 1955.

OCDE, *La mondialisation industrielle. Quatre études de cas*, 1992.

ONUDI, *Industrialisation et productivité*, 1988.

Ordonneau P., *Les multinationales contre les États*, éd. Économie et humanisme/Éd. ouvrières, 1975.

Perrin J., *Les transferts de technologie*, La Découverte, 1984.

Problèmes d'industrialisation dans les pays en développement, GRET, 1983.

Ruffini P.-B., *Les banques multinationales*, PUF, 1983.

Salama P., Tissier P., *L'industrialisation dans le sous-développement*, Maspero, 1982.

Sampson A., *ITT, l'État souverain*, A. Moreau, 1973.

Sheahan J., *Early industrialisation and violent reactions : Argentine and Brazil*, Institute of Development Studies, Brighton, 1982.

Steel W.F., Evans J.W., *L'industrialisation en Afrique au Sud du Sahara. Stratégie et réalisations*, Banque mondiale, 1986.

Travailler en Inde, sous la dir. de G. Heuzé, éd. EHESS, 1992.

UNIAPAC, *L'entreprise en Afrique et son dirigeant*, 1973.
— *L'entreprise en Afrique et son environnement*, 1976. Textes ronéotés.
Willame J.-Cl., *L'épopée d'Inga. Chronique d'une prédation industrielle*, L'Harmattan, 1986.
Yakemtchouk Y., *Assistance économique et pénétration industrielle des pays de l'Est en Afrique*, Institut de recherches économiques et sociales , Université Lovanium, Léopoldville, Congo, 1966.

11 - VILLE ET BIDONVILLE

(Problèmes d'urbanisation, secteur informel, pauvreté, exclusion sociale, besoins essentiels)

Banque mondiale, *Projets de trames d'accueil*, 1974.
Bisilliat J., *La construction populaire au Brésil*, Karthala/ORSTOM, 1995.
Body-Gendrot S., *Ville et violence. L'irruption de nouveaux acteurs*, PUF, 1993.
Bonetti M., Conan M., Allen B., *Développement social urbain. Stratégies et méthodes*, L'Harmattan, 1991.
Chauveau F., *Contribution à l'étude démographique du développement des villes moyennes en Amérique latine*, IHEAL, 1988.
Cinquin E., *Chiffonnière avec les chiffonniers*, Ed. ouvrières, 1977.
Cités géantes, sous la dir. de J. Planchais, Le Monde/Fayard, 1978.
La croissance urbaine en Afrique noire et à Madagascar, 2 vol. CNRS, 1972.
Le droit et l'accès pour tous à l'habitat et à la ville, CRID, 1995.
Ela J.-M., *La ville en Afrique noire*, Karthala, 1983.
Gaudier M., *Pauvretés, inégalités, exclusion. Renouveau des approches théoriques et des pratiques sociales*, Genève, IIES, 1993.
Gilbert A., *The latin-american city*, Latin-Américan Bureau, Londres, 1994.
La grande ville en Amérique latine, sous la dir. de Cl. Bataillon, J. Gilard, CNRS, Centre régional de Publications de Toulouse, 1988.
Granotier B., *La planète des bidonvilles*, Seuil, 1980.
Il faut manger pour vivre... Controverse sur les besoins fondamentaux et le développement, PUF/Genève, Institut universitaire d'études du développement, 1980.
Interdépendance ville-campagne en Afrique, sous la dir. de C. Coquery-Vidrovitch, H. d'Almeida-Topor, J. Sénéchal, L'Harmattan, 1996.
Kradolfer S., *Dynamique des villes secondaires et migration en Afrique de l'Ouest*, Neuchâtel, Centre de recherche sur le développement, 1991.
Lae J.-F., Murard N., *L'argent des pauvres. L'économie informelle en cité de transit*, Seuil, 1986.
Lautier B., Pereira J. M., *Recompositions sociales, libéralisme économique et démocratisation (Brésil, Mexique)*, rapport MRT, 1995.
Massiah G., Tribillon J.-F., *Villes en développement*, La Découverte, 1988.
Nouvelles approches du secteur informel, sous la dir. de D. Turnham, OCDE, 1990.
Pauvretés, sous la dir. de Cl. Brisset, Hachette, 1996.
Penouil M., Lachaud J.-P., *Le développement spontané. Les activités informelles en Afrique*, Pedone, 1985.
Pinatel J., *La société criminogène*, Calmann-Lévy, 1971.
Politiques et pratiques urbaines dans les pays en développement, sous la dir. de N. Haumont et A. Marie, 2 vol., L'Harmattan, 1987.
Prévôt-Schapira M.-F., *Du PAN au plan Justice sociale. Les politiques de lutte contre la pauvreté dans les banlieues de Buenos Aires, en période démocratique (1984-1994)*, Rapport MRT, 1995.

Quelles politiques économiques de construction dans les pays en voie de développement, sous la dir. de F. de Vesvrotte, Publisud, 1989.

Sachs C., *Sao Paulo. Politiques publiques et habitat populaire*, éd. de la Maison des Sciences de l'Homme, 1990.

Santos M., *Les villes du Tiers Monde*, éd. M.-Th. Génin, 1971.

Soto H. de, *L'autre sentier. la révolution informelle dans le tiers monde*, La Découverte, 1994.

Touré A., *Les petits métiers à Abidjan*, Karthala, 1985.

Urban management and urban violence in Africa 2 vol., Institut français de recherche en Afrique, Ibadan (Nigeria), 1994.

Van Dijk P., *Burkina faso, le secteur informel de Ouagadougou*.

— *Sénégal, le secteur informel de Dakar*, L'Harmattan, 1986.

Vivre et survivre dans les villes africaines, sous la dir. de I. Deblé et Ph. Hugon, IEDES/PUF, 1982.

Wolf L., *La démocratie au quotidien*, Syros, 1993.

Bibliographie complémentaire : pauvreté, marginalisation : vol. 3, § 2, n (107).

12 - ENVIRONNEMENT

Agarwal A., Narain S., *Quand reverdiront les villages. Environnement et démocratie*, Lorient, CRISCA, 1992.

Alphandéry P., Bitoun P., Dupont Y., *L'équivoque écologique*, La Découverte, 1992.

Avenir des terroirs : la ressource humaine, sous la dir. de Ph. de Leener, Dakar, ENDA, 1992.

Rapport Brundtland, *Notre avenir à tous*, éd. du Fleuve, 1988.

Coste R., *Paix, justice, gérance de la création*, Nouvelle Cité, 1989.

— et J.-P. Ribaut, dir., *Sauvegarde et gérance de la création*, Desclée, 1991.

— *Les nouveaux horizons de l'écologie. Dans le sillage de Rio*, Centurion, 1993.

Club de Rome :

— Gabor D., Colombo U., *Sortir de l'ère du gaspillage*, Dunod, 1978.

— Montbrial Th. de, *Énergie, le compte à rebours*, J.-Cl. Lattès, 1978.

Crabbé C., Pellet T., Raboud G., Schümperli C., *Privé de planète ?* Déclaration de Berne-Orcades-Oxfam, 1992.

CRID, *Un monde avenir. Après Rio*. Texte ronéoté, 1993.

Debeir J.-C., Deléage J.-P., Hémery D., *Les servitudes de la puissance. Une histoire de l'énergie*, Flammarion, 1986.

Deléage J.-P., *Histoire de l'écologie*, La Découverte, 1991.

Drouin J.-M., *Réinventer la nature*, Desclée de Brouwer, 1991.

Eslin J., Théry H., *Le pillage de l'Amazonie*, Maspero, 1982. *L'état de la planète* 1995, par Lester R. Brown, C. Flavin, S. Postel, La Découverte.

L'état de l'environnement dans le monde, sous la dir. de M. et C. Beaud, M. Larbi Bouguerra, La Découverte/FPH 1993.

Falloux F., Talbot L., *Crise et opportunité. Environnement et développement en Afrique*, Maisonneuve et Larose/ACCT, 1992.

Faucheux F., Noël J.-F., *Les menaces globales sur l'environnement*, La Découverte, 1990.

Fondation pour le progrès del'homme, *Regards sur l'avenir de la planète*, 1993.

Ganoczy A., *Théologie de la nature*, Desclée, 1988.

Gaudier M., *Écologie, monde du travail, participation sociale*, Genève, IIES, 1986.

Goldsmith E., *Le défi du XXIe siècle. Une vision écologique du monde*, éd. du Rocher, 1994.

Harrison P., *Une Afrique verte*, Karthala, 1991.

Kabala D.M., *Protection des écosystèmes et développement des sociétés. État d'urgence en Afrique*, L'Harmattan, 1994.

Laulan Y., *Le tiers monde et la crise de l'environnement*, PUF,1974.

lazarev G., *Vers un éco-développement participatif*, PNUD/FENU/L'Harmattan, 1993.

Lipietz A., *Vert espérance. L'avenir de l'écologie politique*, La Découverte, 1993.

Magasins du monde-OXFAM, *La planète n'est pas à vendre*, 1990.

Moltmann J., *Dieu dans la création. Traité écologique de la création*, Cerf, 1988.

Moscovici S., *Essai sur l'histoire humaine de la nature*, Flammarion, 1977.

Phongphit S., *Savoirs populaires et développement rural*, UPC / éd. Descartes et Cie / Fondation pour le progrès de l'homme, 1995.

Rassemblement œcuménique européen de Bâle, *Paix et justice pour la création entière*, Cerf, 1989.

Religion et écologie, sous la dir. de D. Hervieu-Léger, Cerf, 1993.

Robins N., *L'impératif écologique*, Calmann-Lévy, 1992.

Rochette R.M., *Le Sahel en lutte contre la désertification*, CILSS / PAC / GTZ, Verlag Joseph Margraf, 1989.

Roelants du Vivier F., *Les vaisseaux du poison : la route des déchets toxiques*, éd. Sang de la terre, 1988.

Romi R., *L'Europe et la protection juridique de l'environnement*, éd. Victoires, 1990.

Sachs I., dir., *Initiation à l'éco-développement*, Privat, 1981.

INESTENE, *Stratégies énergétiques entre les risques du nucléaire et de l'effet de serre*, au Sénat, 1994.

Barrère M., dir., *Terre, patrimoine commun*, La Découverte / Association Descartes, 1992.

— *L'éco-développement*, Syros, 1993.

L'usufruit de la terre, coord. par J.-P. Ribaut et M.-J. Del Rey, Pax Christi / Fondation pour le progrès de l'homme, 1997.

F.-D. Vivien, *Économie et écologie*, La Découverte, 1994.

Les voies du développement durable, XIes Journées Jeunes chercheurs sur le développement. *Les Cahiers de l'Association Tiers Monde*, n° 11, 1996.

Worldwatch Institute, *Tableau de bord de la planète*, La Découverte, 1993.

Worster D., *Les pionniers de l'écologie*, éd. Sang de la terre, 1992.

Ya Wananchi, éd. par le CLOSI / CEDI, 1991.

Bibliographie complémentaire : vol. 2, chap. 6, n (19), (23), (24)
vol. 3, § 2, n (49), (52).

13 - ÉCHANGES INTERNATIONAUX

(Produits de base, NOEI, dette, libre-échange, mondialisation économique, régionalisation)

Arnaud P., *La dette du Tiers-Monde*, La Découverte, 1984.

Banque mondiale et OCDE, *Libéralisation des échanges : conséquences pour l'économie mondiale*, OCDE, 1993.

Bertrand J.-P., Laurent L., Leclercq V., *Le monde du soja*, La Découverte, 1983.

Bourguinat H., *La tyrannie des marchés*, Economica, 1995.

Byé M., Destanne de Bernis G., *Relations économiques internationales*, Dalloz, 5e éd., 1987.

Chalmin Ph., *Les marchés mondiaux des matières premières*, PUF, 1984.

— *Négociants et chargeurs. La saga du négoce international des matières premières,* Economica, 2e éd. 1985.

— et J. L. Gombeaud, *CYCLOPE. Les marchés mondiaux*, Economica (annuel).

Charbonneau J. et R., *Marchés et marchands d'Afrique noire*, La Colombe, 1961.

CNUCED, *Rapport sur le commerce et le développement*, 1992.

— (UNCTAD) *International monetary and financial issues for the 1990 s.*, vol. 6, 1995.

Commission des Communautés européennes, *Un grand marché sans frontières, avril 1989.*

Commission pontificale Justice et Paix, *Au service de la communauté humaine, une approche éthique de l'endettement international*, Cerf, 1987.

Emmerij L., *Nord-Sud. La grenade dégoupillée*, Document First, 1992.

Entreprises et entrepreneurs en Afrique (XIXe-XXe siècle), L'Harmattan, 1983.

FAO, *Ressources phytogénétiques*, (C 83/25, août 1983).

Forrester V., *L'horreur économique*, Fayard, 1996.

Germidis D., Michalet Ch.-A., *Banques internationales et places financières dans les pays en développement*, OCDE, 1984.

Jacmart M.-Cl., *Le commerce mondial des produits de base*, La Documentation Française, 1980.

Jeanneney J.-M., *Pour un nouveau protectionnisme*, Seuil, 1978.

Khavand, Fereydoun A., *Le nouvel ordre commercial mondial. Du GATT à l'OMC*, Nathan,

Lassudrie-Duchêne B., Reiffers J.-L., *Le protectionnisme. Croissance, limites, voies alternatives*, Economica, 1985.

Leclercq V., *Conditions et limites de l'insertion du Brésil dans les échanges mondiaux du soja.* Thèse 3e cycle, ENSAM/INRA, 1988.

Madeuf B., *L'ordre technologique international, production et transfert*, La Documentation Française, 1981.

Messerlin P., *La nouvelle organisation mondiale du commerce*, IFRI / Dunod, 1995.

Michalet Ch.-A., *Le capitalisme mondial*, PUF, 5e éd., 1987.

— *L'intégration de l'économie française dans l'économie internationale*, sous la dir. de, Economica, 1984.

Négocier la flexibilité, pratiques en Europe, sous la dir. de D. Kaisergruber, éd. d'Organisation, 1996.

Norel Ph., *Les banques face aux pays endettés*, Syros, 1989.

OCDE : *L'emploi. Faits, analyse, stratégies. Le chômage dans la zone de l'OCDE, 1950-1995* ; OCDE, 1994.

— *Financement et dette extérieure des pays en développement, 1990.*

Ordonneau P., *La bataille mondiale des matières premières*, Économie et humanisme/Éd. ouvrières, 1979.

Panoramiques, 1er trimestre 1993, "Finalement, pillons-nous vraiment le Tiers Monde ?".

Ruffini P. B., *Les banques multinationales*, IRM/PUF, 1983.

Saint-Marc Ph., *L'économie barbare*, éd. Frison-Roche, 1994.

Schooyans M., *La dérive totalitaire du libéralisme*, Mame, 1995.

Semaines sociales, *Concurrence et solidarité. L'économie de marché, jusqu'où ?*, éd. ESF, 1992.

Sépulchre C., *L'ASEAN, carrefour du Pacifique*, Sudestasie, 1987.

Solomon R., *Le système monétaire international*, Economica, 1990.

Terpend M.-N., *La filière haricot vert. La filière café*, CCFD, textes ronéotés, 1980, 1981.

Une Europe plus favorable à l'emploi, sous la dir. de P. Maillet, W. Kosters, L'Harmattan, 1996.

Vigier J.-P., *Finances et développement*, Syros, 2e éd. 1995.

World investissement report. The Triad in the foreign direct investissement, United Nations Centre on transnational Corporations, New York, 1991.

Bibliographie complémentaire :

dette : vol. 2, ch. 6, n (90)

libre-échange, mondialisation : vol. 3, § 2, n (103), (131).

14 - FEMMES DES TIERS MONDES

(Condition féminine, marginalisation sociale, femmes et développement, droits de la femme; enfants au travail, droits de l'enfant)

Amnesty International, *Une égalité de droits*, 1995.

Anglade M.-N., *Haïti : le travail des femmes, ou comment s'enrichissent les hommes*, thèse, université de Paris III, IHEAL, 1986.

Bequele A., Boyden J., *L'enfant au travail,* Fayard, 1990.

Bisilliat J., Fieloux M., *Femmes du tiers monde*, Le Sycomore, 1983.

BIT : *Le développement rural et la femme en Afrique*, 1983.

— *Le travail des enfants*, sous la dir. de E. Mendelievich, 1980.

Burgos E., *Moi, Rigoberta Menchu*, Gallimard, 1983.

Coloni M.-J., *Sans toît ni frontière. Les enfants de la rue*, Fayard / Le Sarment, 1987.

Cordonnier R., *Femmes africaines et commerce. Les revendeuses de tissu de la ville de Lomé*, L'Harmattan, 1987.

Dallais J., Fischer E., *Philippines : les enfants du mépris*, Fayard, 1989.

Domitilla, *Si on me donne la parole*, Maspero, 1978.

La femme noire dans la société africaine, par Sr Marie-André du Sacré-Coeur, et autres, Bibliothèque de l'Union missionnaire du clergé, 1940.

Femmes et multinationales sous la dir. de A. Michel, Karthala/ACCT, 1981.

Dayras M., *Femmes et violence dans le monde*, L'Harmattan, 1995.

Ferchiou S., *Les femmes dans l'agriculture tunisienne*, Edisud / Cérès Productions 1985.

Mianda, G., *Femmes africaines et pouvoir. Les maraîchères de Kinshasa*, L'Harmattan, 1996.

Monimart M., *Femmes du Sahel. La désertification au quotidien*, Karthala / OCDE / Club du Sahel, 1989.

Nations unies :

— Boudhiba A., *Exploitation du travail des enfants*, 1981.

— Desmond Longfort M., *Séminaire sur les moyens d'éliminer l'exploitation du travail des enfants partout dans le monde*, 1985.

OCDE, *Les femmes et l'égalité des chances*, 1979.

Pélissié du Rausas Ch., *Au plus petit d'entre les miens : les gamins de Colombie*, Fayard, 1987.

Pirenne J., *Mes fils de la rue à Addis-Abeba*, Fayard, 1989.

PNUD, *Participation des femmes rurales au développement. Évaluation 3*, 1980.

Rimbaud C., *Cinquante-deux millions d'enfants au travail*, Plon, 1980.

Rondeau C., *Les paysannes du Mali*, Karthala, 1994.

Songué P., *La prostitution en Afrique noire*, L'Harmattan, 1986.

Syndicat des employées de maison de Cuzco, *On demande une bonne*, trad. et coord. par A. Guttierez, éd. du Chiendent, 1982.

Terre des femmes, sous la dir. d'E. Paquot, La Découverte / Montréal, éd. du Boréal Express, 1982.

UNESCO :

— Orlansky D., Dubrovski S., *Effets de l'exode rural sur le rôle et la condition de la femme en Amérique latine*, 1981.

UNICEF : *La situation des enfants dans le monde* (annuel).

— *Le travail des enfants*, 1988.

Bibliographie complémentaire : Femmes et développement: vol. 3, § 2, n (29).

15 - SANTÉ

Agarwal A., Muller M., Watts G., *Vers un nouvel ordre de la santé*, Éd. ouvrières, 1981.

Brisset Cl., *La santé dans le tiers monde*, La Découverte/Le Monde, 1984.

Brudon P., *L'industrie pharmaceutique suisse dans les pays sous-développés*, mémoire, Institut universitaire d'étude de développement, Genève, 1981.

Burstall M.L., Dunning J.H., Lake A., *Les entreprises multinationales, les États et la technologie. L'industrie pharmaceutique*, OCDE, 1981.

Charles L., *Les médicaments et l'industrie pharmaceutique*, Bruxelles, éd. Vie ouvrière, 1973.

Chetley A., *A healthy business ? World health and the pharmaceutical industry*, Zed Books, Londres, 1990.

Chowdhury Dr. Z., *Médicaments essentiels pour les pauvres : mythe et réalité au Bangladesh 1980-1982.*

Dalier M., *Sous-développement sanitaire dans le Tiers Monde et actions possibles pour une amélioration*, thèse, Toulouse, 1985.

Herz B., Measham A. R., *Programme pour la maternité sans danger*, doc. Banque mondiale, 1987.

Lazio J.-P., *La mafia pharmaceutique suisse dans les pays sous-développés*, mémoire IUED, Genève, 1981.

Levinson Ch., *Les trusts du médicament*, Seuil, 1974.

Manévy J.-V., *Nicole Grasset, médecin du bout du monde*, Balland, 1982.

OMS, *Les soins de santé primaires*, Conférence de Alma Ata, 1978.

— *Critères éthiques applicables à la promotion des médicaments*, 1988.

— *The national use of drugs in the management of acute diarrhea in children*, 1990.

— *Le secteur pharmaceutique dans les pays de la zone CFA*, WHO/DAP/94/17, 1994.

— *Rapport sur la santé dans le monde*, 1995.

— avec Banque mondiale et FNUAP, *Prévenir la mort tragique de la mère*, par A. Starrs, 1987.

Velasquez G., *L'industrie du médicament et le Tiers Monde*, L'Harmattan, 1983.

Bibliographie complémentaire : vol. 2, ch. 8, n (33).

16 - ENSEIGNEMENT

(système scolaire et universitaire, coopération scientifique et technique)

Ajustement, éducation, emploi, sous la dir. de M. Vernières, Economica, 1995.

Alternatives à l'école traditionnelle, Yaoundé, Imprimerie Saint-Paul, 1982.

Apprendre à être, sous la dir. d'E. Faure, Fayard/UNESCO, 1972.

Balous S., *L'action culturelle de la France dans le monde*, PUF, 1970.

Belloncle G., *La question éducative en Afrique noire*, Karthala, 1984.

Bonneuil, Ch., *Des savants pour l'Empire. La structuration des recherches scientifiques coloniales au temps de la "mise en valeur des colonies française" 1917-1945*, éd. ORSTOM, 1991.

Cruiziat A., *Économie et éducation en milieu rural*, Secrétariat d'État aux Affaires étrangères, 2 vol. ronéotés, 1975.

L'enseignement en Afrique tropicale, sous la dir. de Le Thanh Khôi, PUF/IEDES, 1971.

Erny P., *L'enfant et son milieu en Afrique noire*, Payot, 1972.

— *L'enseignement dans les pays pauvres. Modèles et propositions*, L'Harmattan, 1977.

Fédération internationale des universités catholiques, *Technologie et Tiers Monde*, Secrétariat de la FIUC, Paris, 1980.

Images et visages. L'ORSTOM a cinquante ans, par L. Perrois, Cl. Mounet, Cl. Lissalde, éd. ORSTOM, 1994.

Meister A., *Alphabétisation et développement*, Anthropos, 1973.

La politique scientifique et les relations scientifiques internationales, texte ronéoté, université de Strasbourg, 1967.

La recherche scientifique et technique en France, par la Délégation générale à la Recherche scientifique et technique, 1969.

Sciences au Sud. Dictionnaire de 50 années de recherche pour le développement, éd. ORSTOM, 1994.

Touscoz J., *La coopération scientifique internationale*, éd. techniques et économiques, 1973.

UNESCO :

— *L'emploi des langues vernaculaires dans l'enseignement*, 1953.

— *L'avenir de l'enseignement supérieur en Afrique*, 1963.

— Dumont B., *L'alphabétisation fonctionnelle au Mali : une formation pour le développement*, 1973.

— Deblé I., *La scolarité des filles*, 1980.

— Rapport McBride, *Voix multiples, un seul monde*, UNESCO/Documentation Française/Dakar, NEA, 1980.

— Lestage A., *Analphabétisme et alphabétisation*, 1981.

— Bartels F. L., *L'éducation de base en Afrique : tendances et innovations*, 1981.

— Pearce D., *Production de manuels scolaires dans les pays en développement*, 1982.

— Salifou A., *Perspectives du développement de l'enseignement supérieur en Afrique dans les prochaines décennies*, 1983.

— *Réflexion sur le développement futur de l'éducation*, 1984.

— Yacine Cissé S., *L'éducation en Afrique à la lumière de la Conférence de Hahare (1982)*, 1985.

— *Les politiques de l'éducation et de la formation en Afrique subsaharienne. Problématique, orientations, perspectives*, 1987.

— *L'éducation de base et l'alphabétisation : un défi pour l'Amérique latine et les Caraïbes*, UNESCO/UNICEF, 1987.

— *Répondre aux besoins éducatifs fondamentaux : une vision pour les années 90*, Conférence mondiale de Jomtien, 1990.

— Vinokur A., *Transformations économiques et accès aux savoirs en Afrique subsaharienne,* 1993.

Université et développement solidaire, Berger-Levrault, 1982.

Universités et développement urbain dans le tiers-monde, coord. par M.-P. Brugnes, éd. du CNRS, Centre régional de Publications de Toulouse, 1989.

17 - MEDIAS

Balle F., *Médias et société*, Montchrestien, 1980.

Eudes Y., *La conquête des esprits. L'appareil d'exportation culturelle du gouvernement américain vers le tiers monde*, Maspero, 1982.

Mattelard M. et A. , *Le carnaval des images : la fiction brésilienne,* La Documentation Française / INA, 1987.

— *La culture contre la démocratie*, La Découverte, 1983.

Nora S., Minc A., *L'informatisation de la société*, La Documentation Française, 1978.

Peguin D., *Les sociétés transnationales dans les secteurs de la communication et de l'information*, UNESCO, 1983. SS-83/WS/69.

Thibaud J., *La France colonisée*, Flammarion, 1980.

18 - CULTURE

(Organisation sociale traditionnelle, influence culturelle Nord-Sud, culture et développement, UNESCO)

Acogny G., *Danse africaine,* Francfurt Verlag Dieter Fricke / Abidjan, Dakar, NEA, 1980.

L'autre et l'ailleurs, Berger-Levrault, 1976.

Badie B., *Culture et politique,* Economica, 3e éd., 1993.

Balandier G., *Afrique ambiguë*, Plon, 1957.

— *Anthropologie politique*, PUF, 1984.

Binet J., *Psychologie économique africaine*, Payot, 1970.

Calvet L.-J., *La tradition orale*, PUF, 1984.

Cazeneuve J., *Les dieux dansent à Cibola*, Gallimard, 1957.

Colloque sur les religions, Présence africaine, 1962.

Desroche H., *Sociologies religieuses,* PUF, 1968.

— *Sociologie de l'espérance,* Calmann-Lévy, 1973.

Devèze J.-Cl., *Réflexions sur l'enjeu culturel du développement rural africain*, Caisse centrale de coopération économique, 1992.

Ethnologie générale, sous la dir. de J. Poirier, Gallimard, 1968.

Etounga-Mandelle D., *L'Afrique a-t-elle besoin d'un ajustement culturel ?*, Nouvelles du Sud, 1991.

Études africaines en Europe. Bilan et inventaire, ACCT / Karthala, 1981.

Frères des Hommes, *Une seule terre, une seule pub*, 1983.

Guernier E., *L'apport de l'Afrique à la pensée humaine*, Payot, 1952.

Histoire des littératures, sous la dir. de R. Queneau, Gallimard, 1977.

Identités collectives et changements sociaux, sous la dir. de P. Tap, Toulouse, Privat, 1980.

Institut France. Tiers Monde, *Dialogue pour l'identité culturelle,* Anthropos, 1982.

— *Identité culturelle et révolution technologique*, 1983.

Iribarne Ph. d', *La logique de l'honneur. Gestion des entreprises et cultures nationales,* Seuil, 1989.

Kä Mana, *L'Afrique va-t-elle mourir ?*, Cerf, 1991.

Ladrière J., *Les enjeux de la rationalité*, Aubier/UNESCO, 1977.

Maheu R., *La civilisation de l'universel*, Robert Laffont, 1966.

Ministère de l'Éducation, de la Jeunesse et de la Culture, Yaoundé, *Danses du Cameroun*.

Mveng E., *L'art d'Afrique noire. Liturgie cosmique et langage religieux*, Yaoundé, éd. CLE, 1974.

— *L'art et l'artisanat africain*, 1980.

Naipaul V. S., *Sacrifices*, Albin Michel, 1984.

Pieds nus sur la terre sacrée, textes rassemblés par T. C. McLuhan, Denoël, 1974.

Secrétariat d'État aux Affaires Étrangères, *Le service de la coopération culturelle, scientifique et technique avec les États francophones africains et malgache. Bilan et perspectives*, La Documentation Française, 1971.

Talayesva, Don C., *Soleil hopi*, Plon, 1957.

Teilhard de Chardin P., *Le phénomène humain*, Seuil, 1955.

Paternostre de la Mairieu B., *Ultra-évolution et développement*, Louvain-la-Neuve, éd. Cabay, 1985.

Solages B. de, *Teilhard de Chardin. témoignage et étude sur le développement de sa pensée*, Toulouse, Privat, 1967.

Tierou A., *La danse africaine, c'est la vie*, Maisonneuve et Larose, 1983.

UNESCO :

— *AIA : une chance à saisir*, 1990.

— *Alphabétiser : parlons-en !*, 1990.

— *Colloque d'Avignon. Rencontre entre les communautés culturelles de l'Afrique, de l'Europe et du monde*, 1982.

(*Séminaire du Prieuré de Corsendonk. Rapport général*, 1982, par la Commission française pour l'UNESCO). Texte ronéoté.

— *La culture, clef du développement*, sous la dir. de J. C. Sanchez Arnau, 1983.

— *Domination ou partage ?*, 1980.

— Dupuis X., *Culture et développement*, 1991.

— Kellermann L., *La dimension culturelle du développement*, 2 vol., bibliographie sélective et annotée, L'Harmattan/UNESCO, 1986, 1992.

Varine H. de, *La culture des autres*, Seuil, 1976.

Verhelst Th., *Des racines pour vivre*, Paris-Gembloux, Duculot, 1987.

19 - RELIGIONS

(Religions traditionnelles en Afrique, Islam africain, religions chrétiennes)

• Religions traditionnelles en Afrique

Asch S., *L'Église du prophète Kimbangu*, Karthala, 1983.

Colloque sur les religions africaines, Présence africaine, 1962.

Desroche H., *Dieux d'hommes. Dictionnaire des messianismes et millénarismes de l'ère chrétienne*, Paris-La Haye, Mouton, 1969.

Glélé M.A., *Religion, culture et politique en Afrique noire*, Economica/Présence africaine, 1981.

Nkashama, Pius N., *Églises nouvelles et mouvements religieux*, L'Harmattan, 1990.

Les religions traditionnelles en Afrique, Seuil, 1964.

Société africaine de culture, *Les religions africaines comme source de valeurs de civilisation*, Présence africaine, 1972.

— *Civilisation noire et Église catholique*, Présence africaine / Abidjan, Dakar, NEA, 1978.

Thomas L. V., Luneau R., *Les sages dépossédés*, R. Laffont, 1977.

• Islam africain

Berque J., *Les Arabes d'hier à demain*, Seuil, 1960.

Carré O., Michaud G., *Les Frères musulmans (1928-1982)*, Gallimard / Julliard 1983.

Coulon C., *Le marabout et le prince (Islam et pouvoir au Sénégal)*, Pedone, 1981.

— *Les musulmans et le pouvoir en Afrique noire*, Karthala, 1983.

Le défi du fondamentalisme islamique, Genève, Labor et Fides, 1988.

Les défricheurs de l'Islam en Afrique occidentale, sous la dir. de B. Jewsiewicki, Triaud J.-L., Québec, 1985.

Dia, Mamadou, *Islam, sociétés africaines et culture industrielle*, Dakar, Abidjan, NEA, 1975.

Dynamique de l'Islam au sud du Sahara, Publications orientalistes de France, 1981.

Étienne B., *Islamisme radical*, Hachette, 1987.

Gardet L., *Islam, religion et communauté*, Desclée de Brouwer, 1970.

Iqbal Mhd, *Reconstruire la pensée religieuse de l'Islam*, Adrien Maisonneuve, 1955.

L'Islam, la philosophie et les sciences, UNESCO, 1981.

Jomier J., *Introduction à l'Islam actuel*, Cerf, 1964.

Kerdoun A., *La coopération arabo-africaine*, Berger-Levrault / Alger, Office des Publications universitaires, 1987.

Monteil V., *L'Islam noir, une religion à la conquête de l'Afrique*, Seuil, 3e éd., 1980.

Moreau R.-L., *Africains musulmans*, Présence africaine / Abidjan, INADES, 1982.

Nasr, Seyyed H., *Sciences et savoir en Islam*, Sindbad, 1979.

Rencontre islamo-chrétienne. Conscience musulmane et conscience chrétienne aux prises avec les défis du développement, Imprimerie officielle de la République tunisienne, 1974.

Rodinson M., *Islam et capitalisme*, Seuil, 1966.

Rondot P., *L'Islam et les musulmans d'aujourd'hui*, 2 vol., L'Orante, 1958, 1960.

• Religions chrétiennes

Agostini N., *L'option communautaire*, Cerf, 1990.

Annuaire de l'enseignement privé en Afrique occidentale, centrale, orientale et à Madagascar, Union internationale pour la liberté de l'enseignement, 1963.

Assemblée plénière des évêques de France, *Communion et solidarité*, Centurion, 1987;

— *Servir Dieu, servir l'homme*, 1988.

— *Des communautés*, 1989.

— *La solidarité*, 1994.

À Temps nouveaux, mission nouvelle, Centurion, 1963.

Barbé D., *Demain, les communautés de base*, Cerf, 1970.

— *La grâce et le pouvoir. Les communautés de base au Brésil*, 1982.

Benoist J.-R. de, *Église et pouvoir colonial au Soudan français*, Karthala, 1987.

Bodmer de Traz C. et J.G., *New-Delhi*, Genève, Labor et Fides, 1962.

CCFD, *Partenaires pour que la terre soit à tous : le défi de la solidarité*, 1982.

— *Le défi de la solidarité : un monde à créer*, 1983.

Centre de Villemétrie :
— *L'appel aux hommes et aux femmes d'espérance*, Centurion, 1983.
— *Vers une éthique politique. L'éthique face à l'ingouvernabilité du monde actuel*, coord. par G. Markhoff, Maison des Sciences de l'homme, 1987.
CESAO, *Le discours socio-pastoral de l'Église d'Afrique (1969-1985)*, Bobo-Dioulasso, 1987.
Le christianisme et les religions du monde sous la dir. d'H. Küng, Seuil, 1986.
Commission française Justice et Paix, *Coopérer au développement aujourd'hui*, Centurion, 1986.
— *Les cent mots du développement et du tiers monde*, La Découverte, 1990.
— *Les évêques et la vague démocratique en Afrique*, 1992.
— *Solidarité et développement. L'engagement de l'Eglise catholique*, Cerf, 1992.
Conférence des Églises de toute l'Afrique, *Le temps propice pour le changement ; quelle espérance pour une Afrique en crise ?*, Nairobi, 1991.
Conférence de Puebla, *Construire une civilisation de l'amour*, Centurion, 1980.
Conseil œcuménique des Églises :
— *Le développement économique dans une perspective mondiale. Église et société*, t. 3, Genève, Labor et Fides, 1966.
— *Rapport d'Upsal 1968*, 1969.
— *Rompre les chaînes injustes*, 1970.
— *Upsal-Nairobi, 1968-1975*, 1975.
— *Briser les barrières*, IDOC-France / L'Harmattan, 1976.
— *De Nairobi à Vancouver, 1975-1983*, 1983.
— et CCPD, *Vers une Église solidaire des pauvres*, 1980.
Conseil pontifical Justice et Paix, *Une terre pour tous les hommes. La destination universelle des biens*, 1991.
Costantini, cardinal, *Réforme des missions au XXe siècle*, Tournai, Casterman, 1960.
Delavignette R., *Christianisme et colonialisme*, Fayard, 1960.
Des prêtres noirs s'interrogent, Cerf, 1957.
Duclercq M., *Cris et combats de l'Église en Amérique latine*, Cerf, 1979.
Eboussi Boulaga F., *Christianisme sans fétiches, révélation et domination*, Présence africaine, 1980.
— *À contre-temps. L'enjeu de Dieu en Afrique*, Karthala, 1991.
Les Églises chrétiennes et la décolonisation, sous la dir. de M. Merle, A. Colin, 1967.
L'Église dans la transformation actuelle de l'Amérique latine, Cerf, 1992.
Église et histoire de l'Église en Afrique, éd. par G. Ruggieri, Beauchesne, 1988.
L'Église et la paix. Vingt-cinq ans de messages pontificaux pour la paix, présentés par F. Mabille, Centurion, 1993.
Église Réformée de France, *Appel en faveur du développement*, Synode national, Dijon, 1970.
Les enseignements sociaux de l'épiscopat d'Afrique 1960, Rome, éd. CIPA, 1963.
Les évêques africains parlent, 1962-1992. Documents pour le synode africain, Centurion, 1992.
Exhortation pastorale des évêques du Zaïre, Kinshasa, 1988.
Fondation Jean Rodhain, *Les exclus de la solidarité : nouveau défi pour la charité*, éd. SOS, 1990.
— *Qui est mon prochain ?*, Desclée de Brouwer, 1992.

— *Droit d'asile, devoir d'accueil*, 1994.

Gravrand H., *Visage africain de l'Église. Une expérience au Sénégal*, L'Orante, 1961.

Gutiérrez G., *Théologie de la libération. Perspectives*, Bruxelles, Lumen vitae, 1974.

Histoire universelle des missions catholiques, sous la dir. de Mgr S. Delacroix, éd. Grund, t. III, 1957, et IV, 1958.

Holzer B., *Les leçons de la solidarité. Vingt ans au service du CCFD*, Centurion, 1994.

— et F. Lenoir, *Les risques de la solidarité. Entretiens sur le CCFD*, Fayard, 1989.

INADES, *Rapport d'activité 1983-1984*, texte ronéoté.

Kange, Ewane, *Le politique dans le système religieux catholique romain en Afrique, de 1815 à 1960*, Librairie H. Champion, 1976.

Laverdière L., *L'Afrique et le missionnaire*, Montréal, éd. Bellarmin, 1987.

Lesourd P., *L'œuvre civilisatrice et scientifique des missionnaires catholiques dans les colonies françaises*, Desclée de Brouwer et Cie, 1931.

Libération ou adaptation ? La théologie africaine s'interroge, L'Harmattan, 1979.

Meester P. de, *Où va l'Église d'Afrique ?*, Cerf, 1980.

Merle M., Montclos Chr. de, *L'Église catholique et les relations internationales*, Centurion/Ceras,1988.

Mveng E., *L'Afrique dans l'Église. Paroles d'un croyant*, L'Harmattan, 1985.

Millot R. P., *Missions d'aujourd'hui*, Fayard, 1960.

Mosmans G., *L'Église à l'heure de l'Afrique*, Tournai, Casterman, 1962.

Nolan A., *Dieu en Afrique du Sud*, Cerf, 1991.

Nouvelle évangélisation, promotion humaine, culture chrétienne. Conclusions de Saint-Domingue, Cerf, 1993.

Nouvelle histoire de l'Église, t. V, *L'Église dans le monde moderne*, par R. Aubert et autres, Seuil, 1975.

Paix et justice pour la création entière, Cerf, 1989.

Parlement des religions du monde, *Manifeste pour une éthique planétaire*, Cerf, 1995.

Peelman A., *Le Christ est amérindien*, éd. Novalis, Québec, 1992.

Pourraz R., *La force des pauvres. Communautés chrétiennes au Brésil*, Cerf, 1980.

Ratzinger, cardinal, Congrégation pour la doctrine de la foi, *Instruction sur la liberté chrétienne et la libération*, Centurion, 1986.

Renault F., *Lavigerie, l'esclavage africain et l'Europe 1868-1892*, 2 vol., de Boccard, 1971.

Les réveils missionnaires en France du Moyen-Age à nos jours (XIIe-XXe siècles), Beauchesne, 1984.

Reviers de Mauny R.P. de, *Les heures glorieuses du pavillon des missions catholiques*, éd. Paul-Martial, s. d.

Roux A., *Missions des Églises, mission de l'Église*, Cerf, 1984.

Sanon A.T., *Tierce Église, ma Mère*, Beauchesne/NEA, 1972.

— *Auto-promotion et solidarité ; une lecture africaine de la question sociale selon Jean-Paul II*, CESAO, 1990.

Santa Ana J. de, *L'Église de l'autre moitié du monde ; les défis de la pauvreté et de l'oppression*, Karthala, 1979.

Secrétariat pour les non-chrétiens, *À la rencontre des religions africaines*, Rome, éd. Ancora, 1969.

Semaines sociales de France,

1930 – *Le problème social aux colonies*, éd. Chronique sociale de France, J. Gabalda, E. Vitte.

1936 – *Les conflits de civilisations.*

1948 – *Peuples d'outre-mer et civilisation occidentale.*

1959 – *La montée des peuples dans la communauté humaine*, Chronique sociale de France.

1967 – *Le développement, la justice et la paix.*.

1991 – *Concurrence et solidarité. L'économie de marché, jusqu'où ?*, éd. ESF.

1996 - *Entre mondialisation et nations, quelle Europe ?*, Bayard/Centurion.

La situation œcuménique dans le monde, IDOC, Centurion, 1967.

Synode des évêques, *L'Église des cinq continents*, Centurion, 1974.

Théologies du tiers monde. Du conformisme à l'indépendance, L'Harmattan, 1977.

Le Tiers-Monde, l'Occident et l'Église, Cerf, 1967.

Verger Ch., *Pratiques de développement*, CCFD/Karthala, 1995.

Saint-Siège, éd. Spes, Action populaire, Cerf, Centurion

Jean XXIII, encyclique *Mater et Magistra*, 1961.
encyclique *Pacem in terris*, 1963.

Paul VI, encyclique *Populorum progressio*, 1967.
lettre apostolique *Octogesima adveniens*, 1971.
exhortation apostolique *Evangelii nuntiandi*, 1975.

Jean-Paul II, encyclique *Laborem exercens*, 1981
encyclique *Mulieris dignitatem*, 1988.
encyclique *Sollicitudo rei socialis*, 1988.
encyclique *Centesimus annus*, 1991.
Lettre aux familles, 1994.

Concile Vatican II

— Déclaration sur les relations de l'Église avec les religions non chrétiennes, Centurion, 1965.

— Déclaration sur la liberté religieuse, 1966.

— Décret sur l'activité missionnaire de l'Église, 1966.

— Constitution pastorale *Gaudium et spes*, sur l'Église dans le monde de ce temps, 1966.

Bibliographie complémentaire : L'Église catholique et la paix : vol. 3, § 1, n(107), (108).

TABLE DES MATIÈRES

www.ingramcontent.com/pod-product-compliance
Lightning Source LLC
LaVergne TN
LVHW010930051026
849532LV00003B/921
9782738463050